JN014149

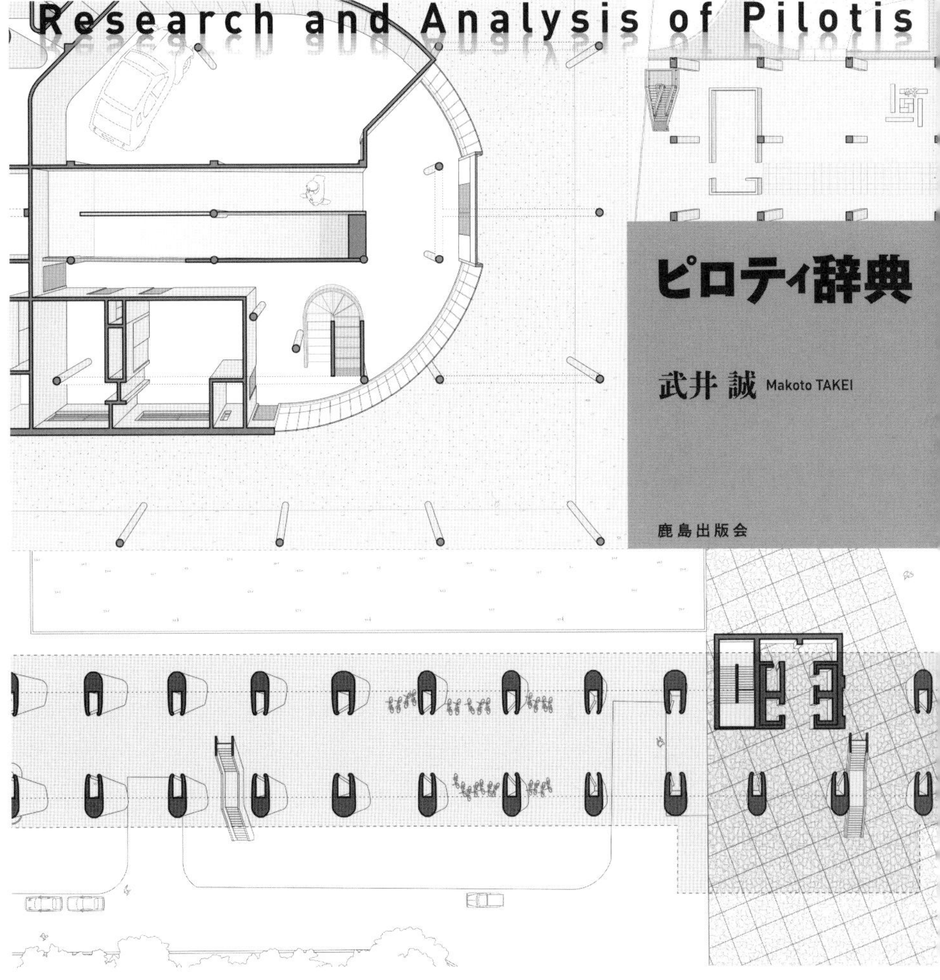

Research and Analysis of Pilotis

ピロティ辞典

武井 誠 Makoto TAKEI

鹿島出版会

はじめに

「ピロティ」(pilotis) は新しい建築を実現する建築手法の一つとして 1926 年にル・コルビュジエらによって提唱されてから世界各地で頻繁に用いられ、近代建築の空間構成要素において、重要な位置を占めてきた。2016 年にル・コルビュジエ設計の国立西洋近代美術館が世界遺産に登録され、「ピロティ」は重要な近代建築の技法の一つとして日本で改めて認知されるようになったわけであるが、遡れば、1995 年 1 月 17 日に発生した阪神・淡路大震災ではピロティ形式の建築の多くが被害を受け、1 階にあるピロティは危ないというレッテルが貼られた。一方で、2011 年 3 月 11 日に発生した東日本大震災ではピロティ形式の建築が津波の力をかわして、大地に凛と建ち続ける光景に、人々は心を打たれたのである。2020 年代になると、個人住宅の 1 階をピロティにすることで、視覚的だけでなく活動の場所として街に開こうとする試みがみられている。このように「ピロティ」の性格や機能は常に揺らいでおり、時代と共に変化し続けているのである。

そこで、ピロティに関する書物を調べてみると、意外にもその多くは建築構造に関する技術的な研究内容が多く、意匠・計画の分野においても、ル・コルビュジエに関係する専門的な研究は多くなされているが、「ピロティ」そのものを網羅的に扱った本はなかったのである。そこで、本書では、ピロティとはそもそも何なのか？ピロティの役割は何なのか？に迫り、ピロティの歴史を振りかえりながら、特徴的なピロティをもつ建築作品を通して、今日にも通じるピロティの新たな可能性を探ることにした。独自に書き起こしたパースによって、ピロティの役割を分類し、空間の特徴を明らかにすることにした。

この本によって、ピロティの知見を深め、設計者にとってピロティを考えるうえでの標になればと考えている。

目次

contents

IV 地面からの浮遊

V 内外を隔てる間

VI 前庭的アプローチ

VII プライベートな裏庭

VIII 分散型エントランス

ピロティとは

２階以上を部屋とし、１階を柱だけの吹放ちにした建物の、１階部分。ル＝コ ルビュジエが提唱した近代建築の一技法。

（新村出編『広辞苑第六版』、岩波書店、2008 年）

杭（くい）の意。建物の２階以上に室を設け、１階は柱を残し吹きさらしにしておく建築様式。また､その柱。建築家ル＝コルビュジエの提唱。

（松村朗編『大辞林第３版』、三省堂、2006 年）

建物の１階部分が吹放ちの空間になるように建物上部を支持している独立柱。 さらに広く、こうした独立柱群によって作られた、建物基部の、開放的な空間全体をいうこともある。もともとは、フランス語で建物を支持する杭を意味する語であったが、1920年代よりル・コルビュジエが近代建築の新しい方法として主張したことに伴って一般化した。すなわちその主張とは、近代都市においては､地上は歩行者や自動車のために開放されるべきであり、そのためには近代建築はピロティをもつべきであるという考えである。

（加藤周一『世界大百科事典第２版』、平凡社、2006 年）

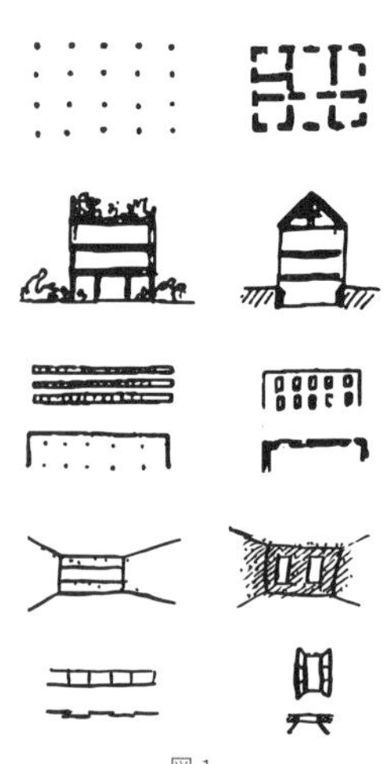
図 1

1. ピロティの歴史

1.1 ル・コルビュジエのピロティ

ル・コルビュジエ (1887–1965) は飛行機や船といった地球から自由になる技術を獲得した乗り物のように、建築の分野においても新しい技術によって新しい空間を実現することを目指した。ル・コルビュジエは 1927 年に「新しい建築の 5 つの要点」注 1 と題して、①ピロティ、②屋上庭園、③自由な平面、④水平連続窓、⑤自由な立面、という未来に向けた建築の作り方を世の中に発表する。(図 1)　ル・コルビュジエがピロティの産みの親というわけである。

彼の著書「建築をめざして」に掲載されている飛行機の翼のかたち (図 2) はドミノシステムの原型、延いてはピロティのようにもみえる。地面からの解放を意図するル・コルビュジエのピロティは人間をただ地上から引き離そうとしているわけではない。「住宅は住むための機械」と言ったように、ピロティはその機械の部品のひとつに過ぎず、目的は別にあった。

図 2

ル・コルビュジエは、ピロティの代表作となるサヴォア邸 (図 3) の建設において、鉄筋コンクリートを使うことで、床は互いに 離れて築かれた細い支持柱の上に設けることができ、それらの支持柱は小さな穴を掘り下げ適当な地盤に到達させることができる。通常の基礎工事に伴う残土処分の必要がなく建築コスト が安く済むという経済的な理由から、結果として家の下の地面が自由に使えるようになるのだと、述べている。注 2) また、アルゼンチンの田園都市ではピロティ形式の住宅を樹木に実る果実の如く、大地に自由に配置した。(図 4)　これはまだ工事中であったサヴォア邸のもつ非正面性を反復し、農場においても大地から建物を切り離すことで農地を取り戻し、最大限に有効活用しようとした。リオ・デ・ジャネイロの都市のための自動車専用道路 (図 5) は、ただの高速道路ではなく、大渋滞の問題を抱えていたブラジルの都市からピロティによって持ち上げられた巨大な帯状の建築物の屋上を走る道路の計画である。

図 3

したがって、ル・コルビュジエにとってのピロティは、機械文明の象徴でもある飛行機の如く「建築を空中に浮かす」ことによって、住宅地、農地、都市部に関わらず、社会問題を克服しようとする重力へ抗う普遍的な手法であり、延いては国を超えて人々の生活を豊かにするものであった画期的な提案だったのである。

ル・コルビュジエ(共同設計を除く)が計画し、実際に建設され現存する建築でピロティが顕著にみられるものは以下の15件である。

1926年　クック邸
1927年　ワイゼンホフ・ジードルンクの住宅2軒
1931年　サヴォア邸
1932年　スイス学生会館
1951年　デュヴァル織物工場
1952年　マルセイユのユニテ・ダビタシオン
1957年　アーメダバード美術館
1957年　ナント・ルゼのユニテ・ダビタシオン
1957年　ブリエ・アン・フォレのユニテ・ダビタシオン
1958年　ベルリンのユニテ・ダビタシオン
1958年　チャンディガール美術館
1959年　ブラジル学生会館
1960年　ラ・トゥーレットの修道院
1963年　カーペンター視覚芸術センター
1968年　フェルミニのユニテ・ダビタシオン

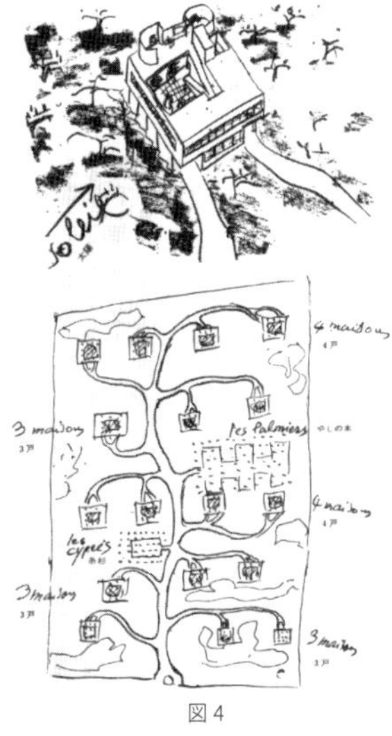

図4

図5

ワイゼンホフ・ジードルンクの住宅２軒

サヴォア邸

スイス学生会館

デュヴァル織物工場

マルセイユのユニテ・ダビタシオン

ナント・ルゼのユニテ・ダビタシオン

ブリエ・アン・フォレのユニテ・ダビタシオン

ベルリンのユニテ・ダビタシオン

ブラジル学生会館

ラ・トゥーレットの修道院

カーペンター視覚芸術センター

フェルミニのユニテ・ダビタシオン

1.2 ピロティの伝播

日本にル・コルビュジエの「Pilotis」という言葉 (正確にはその内容) を最初に
えたのは、1929 年の国際建築の『ル・コルビュジエ特集号』である。そこで蔵田
忠が執筆した『現代建築五項』には、一 . 角柱、二 . 屋上庭園、三 . 自由なる平面構成
四 . 長い窓、五 . 表面形成の自由、と記載されている。蔵田の新鮮な翻訳によって当初
ピロティ は「ピロティ」でも「杭」でもなく「角柱」として伝えられた。注記に添
られた住宅のスケッチに書かれた構造図 (図 6) が角柱だったからかもしれない。で
日本で最初に pilotis を“ピロティ”と訳したのは誰か。それは「蔵田周忠先生に謹
でこの拙訳を捧ぐ」という印象的な頁からはじまるル・コルビュジエ著『闡明（プ
シジョン)』(1942 年) を翻訳した古川達雄である。古川は、巻頭に突如「新しい建
の 5 つの要点」（一般的に使われる「近代建築の五原則」は誤訳）を以下のように
している。

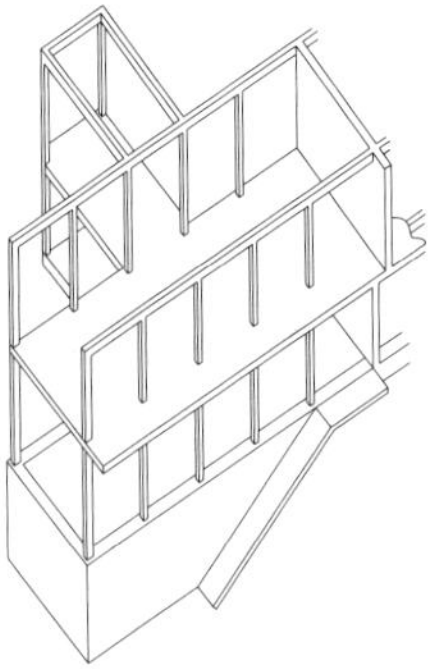

図 6

一．　ピロティ（基柱）
二．　獨立骨體
三．　自由なる平面
四．　自由なるファサード
五．　屋上庭園

ル・コルビュジエが、「ピロティ」を初めて提唱して 15 年経っても、適切な日本
訳を見出せなかったことは、「ピロティ」は建築手法として画期的であり、また多機能
多用途であるが故の、一言で表現できない多義的な用語である証なのである。この
点で、ようやくル・コルビュジエの Pilotis は日本における“ピロティ”になった
である。

ル・コルビュジエが 1931 年にサヴォア邸を発表してから、実は 20 年もの間、ピ
ティ建築はほとんど建設されなかった。日本で最も早くピロティを取り入れたのは

倉準三であった。ル・コルビュジエのアトリエから帰国した坂倉は日本的な解釈のもとピロティの活用を模索したのである。パリ万博日本館 (1937 年) では、ピロティの下部に庭園の飛び石を配置し内部と外部を曖昧にしながらも、サヴォア邸でみられた閉ざされたスロープをひっくり返して外部に露出させ、空間に回遊性をもたせている。柱を強調した鉄骨造は日本に於いては実現不可能な時代背景であったことは言うまでもない。また、満州国の首都に計画された新京南湖住宅地計画案 (1940 年) ではアパート棟に坂倉がル・コルビュジエのもとで直接学んだピロティが採用されている。外観はスイス学生会館、棟配置は輝く都市に非常に酷似しているが、地面をすべてピロティとして開放するのではなく、連続するボリュームの雁行に呼応するように、建物の奥行きを変化させ、部分的に壁で閉じたりしている。ピロティの形状は地面から 2 層にまたがるアーチ状にくり抜かれた壁柱で支えられ、このピロティは、後にル・コルビュジエが設計するユニテ・ダビタシオンを予感させるものとなっている。

スイス学生会館

1955 年頃になると世界各国でピロティ建築が登場し始める。注目すべき点は、ピロティ建築は日本から世界に広まり始めたということだ。最初に本格的なピロティを採用した建築は坂倉準三の「神奈川県立近代美術館」(1951 年竣工) である。日本には 1928 年～ 1930 年にル・コルビュジエのアトリエで働いていた前川國男、1931 年～ 1936 年に同じく働いていた坂倉準三、1950 年～ 1952 年に働いていた吉阪隆正がいた。その弟子達によって早い段階から日本にピロティが広まったことは想像に難くない。1955 年には、ル・コルビュジエは最初で最後となる訪日を果たしている。その時期にあわせるかのように、フランスの L' Architecture D' Aujourd' Hui は 1956 年に、アメリカの Architectural Record は 1958 年と 1961 年、イギリスの Architectural Review は 1962 年、イタリアの Casa Bella は 1963 年と、世界各国の雑誌が相次いで日本特集を組んでいる。そのモダニズム建築の多くは、ピロティ空間を備えており、日本のピロティ建築が世界へ発信されたことになる。

しかし、ピロティ建築がフランスを初めとする西欧各地において、ある特定の時代に数多く建てられた形跡はみられない。西欧諸国ではピロティ建築の評価を棚上していているようにもみえる。単体の建築は既存の周辺環境との関係性から発生する都の一部として考えられていた訳であるから、サヴォア邸のような自律した構築物、なわちまったく新しい形式性を放ったピロティは、一般的に理解し難い空間のひとだったのかもしれない。

1960 年代中期、ピロティ建築は日本で全盛期を迎えた後、アメリカ・中南米地で建設のピークを迎える。アメリカでは 1951 年にミース・ファン・デル・ローエが『イクショア・ドライブ・アパートメント』を皮切りに、ブラジルではオスカー・ニー・マイヤーが、ピロティ建築を数多く完成させた。また、フランスやイギリスの植地の影響が残る発展途上国においても、ピロティ建築が荒野の中に突如として出現たことも述べておきたい。ピロティは、国境を越えて今までの地理的、歴史的文脈関係なく、新しい未来都市を描く建築形式の象徴であったのだ。

ニテロイ現代美術館

一方、1960 年代後期に入ると建築単体のピロティが実際の建築空間として定着なかった西欧諸国において、『メガストラクチャー』によるアンビルドな都市計画なかで、数々の巨大ピロティの風景が建築家によって描かれた。

1955 年	ラ・デファンス地区の摩天楼案	ベルナード・ゼルフュス（仏）
1957 年	フィラデルフィア計画	ルイス・カーン（米）
1958 年	空間力学都市	ニコラ・シェフェール（仏）
1959 年	ニュー・バビロン	コンスタンツ（蘭）
1960 年	空間都市	ヨナ・フリードマン（仏）
1961 年	メサ・シティ	パオロ・ソレリ（米）
1961 年	ファン・パレス	セドリック・プライス（英）
1962 年	浮かぶ都市	ポール・メーモン（仏）
1962 年	パリの空中都市計画	ヨナ・フリードマン（仏）
1964 年	ウォーキング・シティ	ロン・ヘロン（英）
1964 年	プラグ・イン・シティ	ピーター・クック（英）
1966 年	漏斗建築	ワルター・ヨナス（仏）

共通して言えることは、ル・コルビュジエの都市計画の中ではピロティは、人間本位の新しい住環境を生み出す建築方法であったのに対して、メガストラクチャーによるピロティは、人間寸法や身体的スケールを逸脱し、いつのまにか人間のための手法ではなくなってしまったのである。この都市と人間のスケールの断絶こそが、メガストラクチャーがつくるピロティ的空間が２次元の域を出なかった理由の一つであり、このイメージとしてのピロティの台頭は、ピロティの時代の終焉を物語っていた。

1970 年代に入るとピロティ建築の数は一気に減少し、1980 年になると建築雑誌の誌面上からその姿を消す。これは 1977 年にチェールズ・ジェンクスの発表した『ポストモダンの建築言語』が告げた近代建築の終焉、すなわちポストモダニズム期の到来と重なる。ピロティはモダンムーブメントの原動力であり、特に 1955 年から 1970 年の 15 年間は「ピロティの時代」だったのである。

ブラジル学生会館

2. ピロティの役割

2.1 ピロティと高床

岸田日出刀は個人的な意見として、著書『縁』（1958 年）の中で、広い庭の真んに小さなピロティ作りの家が新刊の雑誌に発表されるのをみると、これみよがしでり、うんざりとさせられることがあるという。一方で、ピロティは住宅で用いられことがいちばんピッタリする[注3)]とし、その利点を下記のようにまとめている。

①床が高いので、湿気対策に効果的である。夏が涼しい。
②車庫や物置き等に利用できる。但し、１階には部屋は何もないことが必要条件。
③地上との連結部分である階段を用心すれば良いので防犯上安心感がある。
④２階の住まいは、高いところから下を見下ろす快味を覚えることができる。

加えて、ピロティの建築というものは、最近の発明でもなんでもなく、ごく古くら南方民族のすまいなどにみられる素朴な高床の家はその立派な例である[注4)]と述べ奈良の正倉院、京都の清水寺、三徳寺の投入堂、京都御所の紫宸殿、伊勢神宮の正殿桂離宮の新書院を同じピロティ的表現の注目すべき遺構として挙げている。ねずみ動物の害から食料を守るために作られた高床の倉が世界中の各地に認められるが、床の穀倉、あるいは祖礼信仰や農耕儀礼を行った高床の祭場は日本においては、村共有物として集落の中心に建てられ、住人一人一人の食料を保管するための、個人住居の収納に代わる共同の集積場であった。それは、神社建築様式のひとつである明造の原型ともいえる、村の象徴的建造物であった。このように、日本における高は、温暖湿潤気候という風土に則した建物の記念碑的性格を併せ持つ建築の共有空として、社会に自然と受け入れられる形式なのである。本書では、ピロティを人間営みと積極的に関係する空間と仮定しているために、単に床が浮いている状態の“床”とピロティとは区別した。しかし、モダニズムのピロティの発生段階で、高床

三徳寺投入堂

の建築の歴史が大きな影響を与えていることは間違いないだろう。

ル・コルビュジエのピロティの原点は、幼少期にラ・ショード・フォンの小学生時代に本で見た、スイスの考古学者 F・ケラーの描いた湖上集落であるという説もある。杭の上に載っていて、水面から浮いている湖上の高床式の建物は、幼い頃から建築に興味のあったル・コルビュジエ少年にとって、土着的な建築として以上に、地球から切り離された新しい建築のイメージとして映っていたのかもしれない。

.2 境界空間と中間領域

建築物と建築物の平面的な「すきま」は狭まると路地のような場になり、広がると広場や中庭といった場になる。この「すきま」の距離と大きさ次第で、様々な都市の中にパブリックスペースをつくりだす。オランダの建築家、ヘルマン・ヘルツベルハー(Herman Hertzberger) は、「私たちはオブジェクトとオブジェクトの場所に価値を見出さなければならない。(中略) それはすなわち住宅の延長でもあり、街路の延長でもある。つまり、両者の 一部である住宅と街路の threshold(スレショルド) すなわち、閾(いき) のような中間領域の具象化である。」注5) と語り、「すきま」すなわち、中間領域の重要性を述べている。ここで、ピロティについて考えてみると、ピロティは地面と建築物との中間に位置するものの、建築物の足元であることから必ずその建築物に従属していることから、単なる中間領域とは異なる。そこで、図7に示すように「境界空間」(boundary space) の概念を設定する。

例えば図中の A と B の空間をそれぞれひとつの建築空間と見る時、両者の関係性を考える上で C の空間の在り方は重要な意味を持つ。しかし一般的には A と B の建築はそれぞれ独立した敷地の上に存在し、実際の設計者の視点に立てば A、B、C の全ての空間を設計の対象に含めることは現実的に難しいだろう。しかし C を A に従属するものとして捉えて A と C の両方を設計の対象として設定、すなわち一つの敷地内に A と C をつくり、B の空間の在り方とは独立しながらもそこに柔軟に対応できる冗長

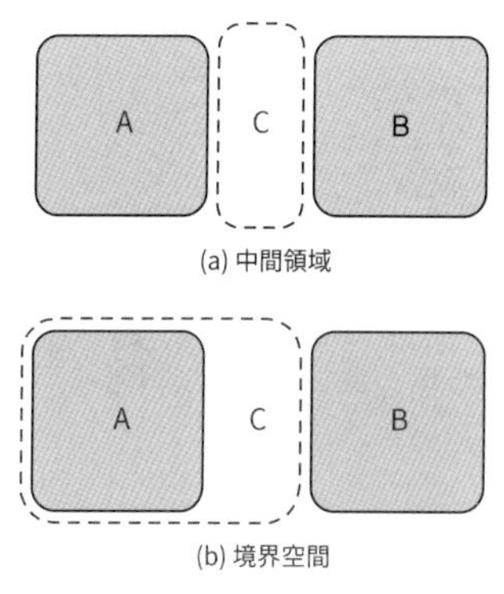

図 7
空間 C によって媒介される空間 A と空間 B の関係

性に富んだCの在り方を探求することは、AとBのより良い関係性を構築するための有効な設計手法の提案につながるものと期待できるだろう。ピロティはCにあたり、AはCを所有する建築物であり、Bはピロティに接する周辺環境である。

2.3 他者を引き込む境界空間

境界空間のあり方を探求する上で、そこに引き込む他者としてどのようなものを想定するかが重要な視点になってくるだろう。例えば建築の内部空間を自己と見たときの他者として外部空間を捉えることは境界空間を考える上での最も基本的な視点である。芦原義信は、ある特定の個人しか入れない、あるいは入る必要のない空間は、たとえそれが外気に触れる空間であっても外部とは考えられず、むしろ内部であり、逆に個人的に閉鎖された私的な空間が一見内部のように見えても、外部と空間的に繋がっていればそれは外部であると考えた。(図8)注6) 外気に触れるピロティ空間も、そこにどのようにして他者としての外部が入り込んでくるかによって、その内部・外部の空間的な性格は大きく変わるのである。

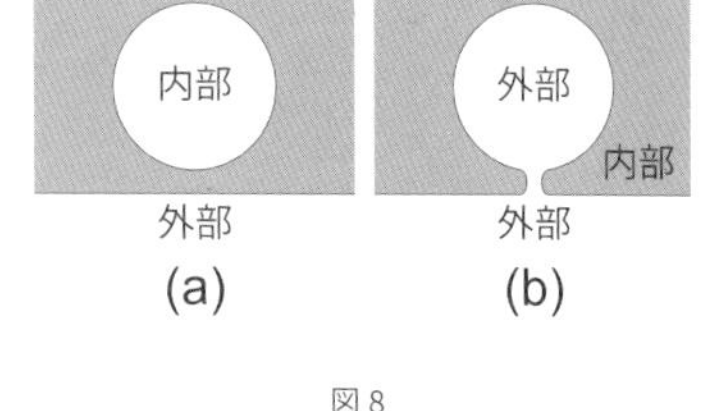

図8

また人と人のつながりやコミュニティの重要性が明らかになり、建築の公共性が改めて問われる今日の状況においては、自己を「私」、他者を「公」として捉える境界空間の見方も重要になってくるだろう。先に述べたヘルツベルハーは、中間領域の概念を公共の空間に展開し、公共空間に対する私的な要求に対応するための中間領域の必要性を説いた。同様に斎藤純一は公共性の条件の一つとして、オープンであり、閉じた領域をもたず、誰もがアクセスしうる空間であることを挙げ、更に異なる複数の価値や意見が生成される<間>の空間が公共性の成立に不可欠であると述べている。その意味で中間領域である境界空間の手法によって「公」と「私」の新しい関係を建築的操作によってかたちづくることが可能になるだろう。その他にも、地球環境問題やエコロジーの問題を背景にするとき、建築空間が自然環境といかに共生できるかは大きな課題の一つとして挙げられるだろう。そのとき建築という構築物が、その支えとなる大地や周囲の木々や風、光等とどのような関係をかたちづくるのか、つまり人工物と自然物という自己・他者の相互関係に対しても、その調整役としての境界空間の意義は大きいのだ。

.4 境界空間としてのピロティ

ピロティに限らず、縁側や軒下、土間、バルコニー、ロッジア、ポルチコなど境界空間の定義に当てはまる建築的操作や要素は数多く存在する。その中でもピロティはその定義上、地面に接しながら上部にある建築空間を支えるという関係性をつくり、そのあり方が建築の全体構成に大きく影響する建築手法であるという点において他の境界空間とは大きく異なる性格を持っている。その意味において、ピロティを着眼点とした新しい境界空間の形式を探求することは、これまでの建築のあり方を大きく変える可能性を持った設計思考の枠組みの提示につながるだろう。

フラマットの集合住宅

3. ピロティのかたち

一般にピロティ空間は外部であり、各事例のビルディングタイプにおける主たる用途が明確にピロティ空間に割り当てられることは少ない。従ってピロティ空間に対する機能的・性能的な要求は比較的少なく、そこにはビルディングタイプとは直接的には関係しない設計者の意図や設計手法上の傾向等が多く現れるだろう。ピロティの空間の形状や寸法、素材といった要素の中でも特に境界空間の性質に関わり得るものに着目した分析を行うことで、その傾向や設計者の意図などを読み取っていく。

3.1 ピロティのプロポーション

ピロティは建築を大地から引き離しそこに空間を生み出す設計手法のひとつといえるが、ある一つの領域に対して、それとは別の領域を持ちたいと望むことは人間の自然な欲求と考えて良いだろう。この 2 つ領域が鉛直方向へ展開したものがピロティである。本来 2 階以上と地面が繋がり一つであった空間が、二つに分裂して尚相互に強く結びついていることは、ピロティが「隔てられている」という境界の構造をもつ相補的関係の空間であり、そうした観点からは建築がどれほど大地から引き離されているか、その物理的な鉛直距離、すなわちピロティの高さはその空間の重要な要素となってくる。

香川県庁舎

ピロティ空間の天井高さは、天井の凹凸や地面の傾斜によって変化する。そこで図 9 に示すようにピロティの天井高さ (横軸) と、その高さの占める天井伏図における面積の百分率 (縦軸) を計測した。天井や地面が傾斜してピロティの天井高さが連続的に変化する場合は、グラフを斜めに表記し、高さの変化と百分率を示している。

図 10 には前記の手順に基づいて各事例のピロティ空間の天井高さとその百分率を設計者ごとに示している。これを見ると建物の用途、設計者ごとの天井高の設定に傾向を読み取ることができる。まず住宅よりも公共施設や集合住宅のピロティ空間におい

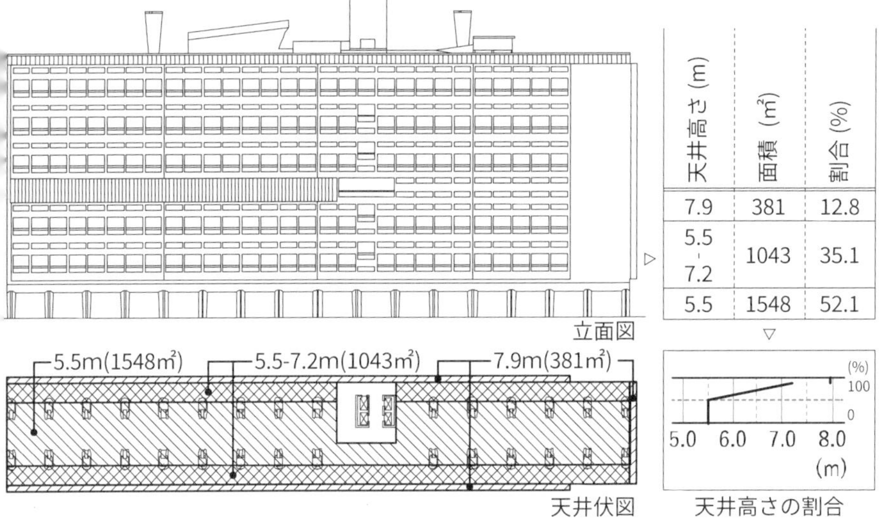

天井高さ (m)	面積 (㎡)	割合 (%)
7.9	381	12.8
5.5 - 7.2	1043	35.1
5.5	1548	52.1

図 9　高さの算出方法例（マルセイユのユニテ・ダビタシオン）

フェルミニのユニテ・ダビタシオン

て天井高が高いことが分かる。具体的な事例でピロティ高さをみてみると、ル・コルビュジエの一連のユニテ・ダビタシオンは 4.3m ～ 8m、丹下健三の香川県庁舎 (12)、広島平和記念資料館 (30) では 5m ～ 7m、菊竹清訓の佐渡グランドホテル (46) や島根県立博物館 (04) も大部分は 6m を超えており、全体として高いピロティ空間をつくっている。一方、住宅は菊竹清訓によるスカイハウス (31) 等の特殊な事例を除けば、4m を超える事例はほとんどなく、2.5m ～ 3m 程度の事例が多く見受けられる。

※香川県庁舎 (12) の 12 は事例紹介の番号

また、設計者毎にも天井高さの設定に一定の傾向が見られる。例えば吉村順三と吉阪隆正が設計する住宅のピロティ空間は 2.5m 未満の低い天井のものが多いが、一方でル・コルビュジエや菊竹清訓のつくるピロティには、3m を超えるものが多く存在する。以上のような傾向は、それぞれの設計者のピロティに対する考え方に対応するものであろう。「ル・コルビュジエのピロティは上に伸び上がり、眺望を獲得する。

広島平和記念資料館

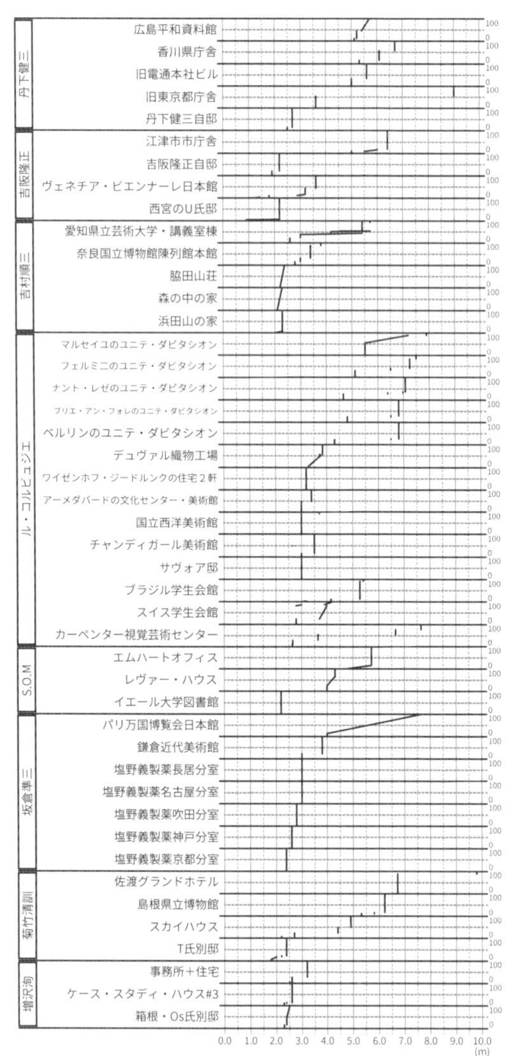

図 10　ピロティの高さとその割合

対する吉阪のピロティは、地面との関係を重視したために、眺めにはさほど重きが置かれなかった。」注7) と倉方俊輔が述べているように、ピロティの天井高さの設定の仕方と設計者のピロティに対する意図との対応を確認することができる。

3.2 ピロティの構成要素

ピロティ空間の立体的な形状はその構成要素である天井と床の形式によって大きく決定される。本節ではそれぞれの要素についてまず分類を行い、その傾向を読み取る。

3.2.1 ピロティの柱

ピロティの柱の形状にどのような傾向が見られるのかを調査した。まず、地面と天井を真直ぐに結ぶ柱【1. 垂直】、地面に向けて平断面が小さくなる柱【2. 末窄】、逆に平断面が大きくなる柱【3. 末広】、枝分かれして天井を支える柱【4. 樹状】、天井と地面の間でくびれている柱【5. 鼓状】の 5 種類に大きく分類て

きる。(図 11)

全資料の約８割が【1. 垂直】の柱であり、中でも柱の断面を変化させる作品は限られており、いくつかの傾向が見られた。【2. 末窄】に分類された作品は、ピロティの時代の初期に多くみられ、ル・コルビュジエも多用した柱形状であり、その殆どが鉄筋コンクリート造である。例えば、野球体育博物館 (24) は、後楽園球場の拡張に伴い建物を曳家する可能性があり、また永年保存を必要とする資料館自体の性格から、計画当初より基礎と柱脚を切り離す設計になっている。また、鉄骨柱そのものにテーパーをかけた SH-22 湖南の週末住宅 (23) も 1950 年代において、鉄骨の断面を応力図に呼応する形状で露出した特筆すべき作品である。【3. 末広】に分類された作品の柱はすべて鉄筋コンクリートで作られているのが特徴である。登別温泉科学館 (21)、佐渡グランドホテル (46) のように柱の接地地盤の環境が悪い場合、構造上柱の寸法が足元に近くに従って広がった方が合理的なため、足元で踏ん張っているように映る姿は自然に感じる。また、中野邸 (37)、武蔵野美術大学鷹ノ台校舎・アトリエ棟 (52) のようにピロティの天井高さが 2.1m ～ 2.3m しかなく上部のボリュームが頭上近くにある場合、柱が上部構造を「支えている」とみせるのではなく、基礎が地面から隆起して柱頭の細い柱となり、上部構造を「載せている」ようにみせている。【4. 樹状】に分類される作品の多くは、周囲に景色が広がっているので眺望を確保するために比較的高いピロティになっている。また、マリンハウス (22)、多賀の家 (28)、IBM 研究所 (51) のように柱の接地部分を小さくすることで柱が上部に向かって方杖のように広がり、足元の地面や森を極力荒すことなく、上部構造を支える柱をつくることができる。最後の【5. 鼓状】に分類されたピロティの柱はイエール大学図書館 (06)、ヴィラ・クーペ (47)、などのわずかしかない。この形状は、柱の中間にくびれ、あるいは構造の切替えジョイントがあり、柱が分節されている。このように、柱は構造的な制約に左右され、形状の自由度は低い一方で、形態操作によって空間全体に及ぼす効果は大きい。例えば、マルセイユのユニテ・ダビタシオン (45) において、本来であれば柱とは別に

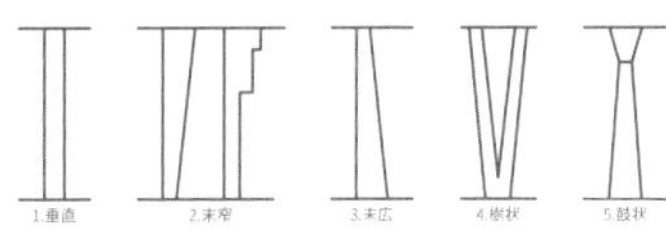

図 11　ピロティの柱形状

リオデジャネイロ近代美術館

イエール大学図書館

露出する設備の配管などを柱の断面の中に納めている。そうすることで、地面と繋がっているはずのインフラを潜在化し、柱を構造としてだけではなく、建築全体を成立させるためのアキレス「腱」として空中の人間の営みと大地とを繋ぐ重要な骨格になっているのだ。

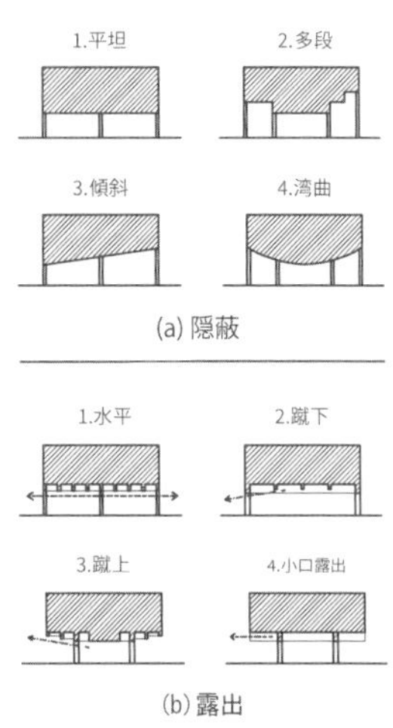

図 12　ピロティの天井の類型別事例

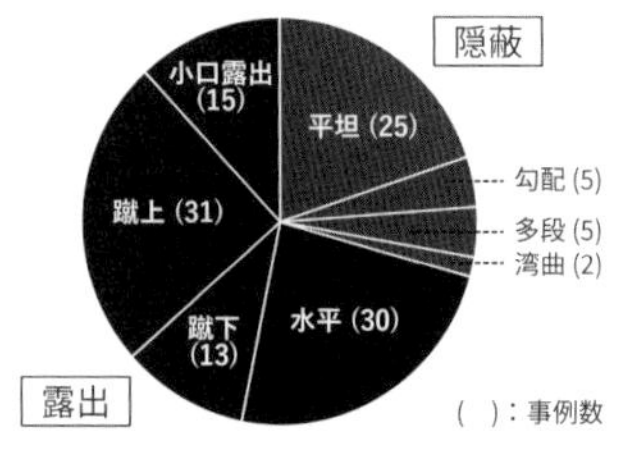

図 13　天井形状の各分類における事例数

3.2.2 ピロティの天井

一般に天井は床や柱等の他の要素と比べると性能的な制約条件が少なく、仕上げや構造部材に対する表現の自由度が高いため、ピロティ空間を構成する設計者の意図が表出しやすい部分と考えることができるだろう。ここでは各事例におけるピロティの天井についてその形状に関する類型化を行う。(図 12)

まず天井のタイプをその梁の見せ方によって、各事例を大きく 2 つに、すなわち仕上げを施すことによって梁を見えないようにした「(a) 隠蔽」と、梁が直接見える「(b) 露出」に分類する。その結果「(a) 隠蔽」が 37 件、「(b) 露出」が 89 件となり、2 階の床の構造の梁をそのままピロティの天井の仕上げとして表現しているピロティが多いことがわかる。(図 13)

「(a) 隠蔽」のピロティを天井の形状について更に詳しくみていくと、久我山の家 (02) のように平らに仕上げられ、均質な空間を生み出している【a-1:隠蔽・平坦】や、佐渡グランドホテル (46) のように高さの異なる天井が存在し、多様な空間がつくられる【a-2：隠蔽・多段】、ヴィラ・クーペ (27) のように天井が傾斜し、多くの事例ではピロティ空間の外周部にむけて高くなり外へ開いていく【a-3：隠蔽・傾斜】、ブリッジハウス (48) のように天井が反ったりむくったりすることでピロティ空間の開閉が調整される【a-4：隠蔽・湾曲】に分類することができる。同様に「(b) 露出」についても、ヴェネチア・ビエンナーレ日本館 (20) のように梁の下端の高さが揃い、ピロティ空間に現れる大梁と小梁の違いのない【b-1：露出・水平】、名古屋大学豊田講堂 (14) のように外周の梁せいがピロティ内の他の梁の中で最も大きく、それが輪郭となるこで内側に囲われたピロティ空間となる【b-2：露出・段下げ注 1)】、広島平和記念資料館 (30) のように建物の中央付近に大梁が架けられ、外周部の梁せいが最も小さく、外側に向かって天井高さが高くなり開かれた場所になる【b-3：露出・段上げ】、S さんのはなれ (26) のようにピロティの外周部に梁の小口面が露出し、空間を支える梁組がそのままピロティの外観の一部となる【b-4:露出・小口】に分類することができる。

それぞれの分類の集計結果を図 13 に示すが、【a-1：隠蔽・平坦】や【b-1：露出・水平】といった簡素な形式のピロティが事例数としては多い一方で、【b-3：露出・段上げ】の事例も多く見られ、周辺環境に開こうとするピロティの設計意図の傾向を読み取れる。

名古屋大学講堂

.2.3 ピロティの床

ピロティの構成要素に関して、次に「床」に着目する。床といってもそこに仕上げが施されることもあれば、地面の土がそのままであることもあるが、ここでは床の断面形状に着目した。分類としては、ピロティ内でレベル差のない【1. 平坦】、段階的にレベル差が設けられる【2. 段差】、連続的にレベルが変化する【3. 傾斜】という図 14 に示す 3 つの分類を行った。

サヴォア邸 (01) を始めとするピロティ内でレベル差のない【1. 平坦】は壁等で仕切られない限り、大きく一つの領域として捉えられる。ピロティの床に高低差のある【2. 段差】は、もとの敷地の高低差をそのまま利用したものや、工学院大学八王子図書館 (10) のように、造成して段差を作り出したもの、平坦な場所に敢えて段差をつけたもの等、様々なかたちでピロティ内の領域が区切られる。また【3. 傾斜】について、例えばラ・トゥーレット修道院 (50) や多賀の家 (28) は自然地形の傾斜を残し、できるだけ元の地形を崩さずに保持することによって、周辺環境に溶け込むピロティ空間がつくられている。

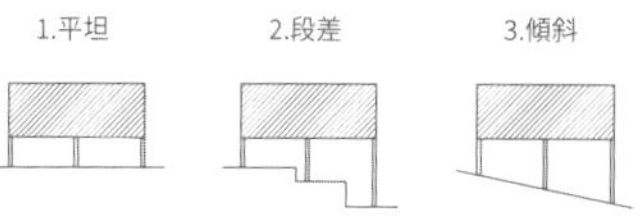

図 14　ピロティの床の類型別事例

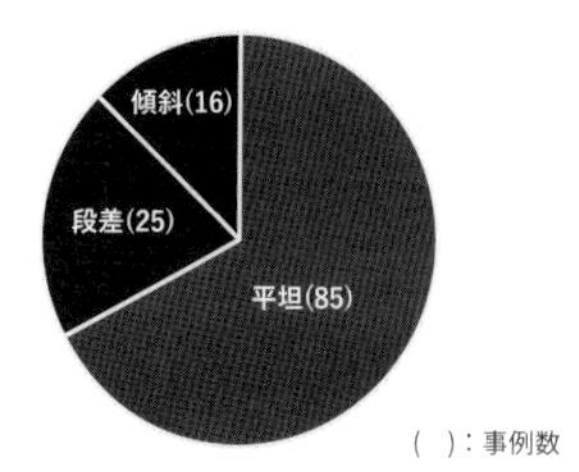

図 15　床形状の各分類における事例数

ここで図 15 には床の形状についての各分類における、天井の類型の事例数の割合

を示している。これをみると床が【3. 傾斜】の場合、天井の形状の分類【隠蔽−水平
と【露出−平坦】が全体の傾向と外れて、少ないことから天井をフラットにするこ
は避けられる事が多いという傾向がある。このことから地面が傾斜している場合、
を反り上げたり、梁持出したりすることによってピロティの高さにさらに変化をつ
ようとする設計者の意図が読み取れる。それは、地面の傾斜から上部の室内空間を
り離す行為であり、斜面という大地の形状を活かす建ち方である。ピロティ空間は
自然環境のダイナミックさをより増幅させるように天井高を高くする傾向があり、
井の梁も隠されていないため、仕上げのない、より自然な境界空間が生まれる。一方で
傾斜する大地において、天井の梁を隠蔽し、水平に仕上げることは事例が少ないので
新しい境界空間を作る上で鍵となるだろう。(図 16)

ヴェネチア・ビエンナーレ日本館

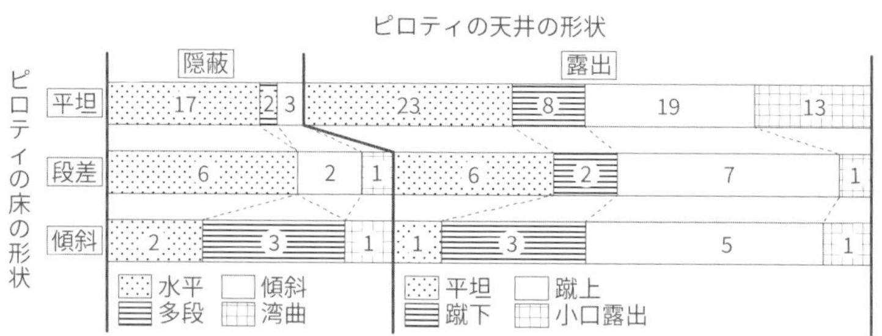

図 16 ピロティの天井と床の関係

2.2.4 ピロティのランドスケープ

活動の場の内部化・外部化はピロティの地面の仕上げ方、すなわちランドスケープに影響される。本節ではピロティ空間の内外における仕上げの種類、および仕上げ切替えの有無を調査し、ピロティの周辺との関係性を読み解く事を試みる。

まずはピロティの地面を【非舗装】【舗装】で分類する。砂利敷きの地面は舗装していないように見えるが、歩行・通行を容易にするべく人為的に土の上に砂利を被せていることから、【舗装】に分類した。次に、内外の仕上げの繋がりを分類する。仕上げがピロティの外まで連続している場合、もしくはピロティ外の仕上げがピロティ内にまで入り込む場合を【連続】、ピロティの輪郭を境に仕上げが切り替わる場合に【切断】とした。最後に、その仕上げの素材について分類した。床が単一の材料で仕上げられているものを【単一】、複数の素材によって構成されているものを【複数】とした。(図 17)

舗装されていないピロティの多くで、ピロティの境界に関係なく地面の仕上げが連続し、また素材が単一で繋がっていることから、その場所の自然をありのままに取り込む設計者の意図が読み取れる。特に多賀の家 (28) のように傾斜がついている地面は舗装することが容易でないため、仕上げを施さない方が合理的であるともいえる。一方で T 氏別邸 (43) やヴィラ・フィジーニ (29) のように平坦な敷地であっても敢えて非舗装とすることは、建設コストによる仕上げの取りやめなどが行われない限り、建物内部の活動とピロティとの関連づけを行わないという強い意思の表れである。それはピロティが外部であるということの裏返しでもある。ラ・トゥーレット修道院 (50) のように地面が植栽に覆われたり、ピロティが川や湖の水に浸かったりすることは、ピロティが自然環境と建築が強く繋がっていることを象徴する。多雪地に建つ研究所 (41) などは、アプローチ部分を飛び石や砂利で最小限に仕上げ、土を最大限残そうとしている。地面にはなるべく手を入れずにありのままの自然を残そうとするピロティも存在する。

仕上	境界	素材	件数
非舗装 32	連続 32	単一	21
		複数	11
	切断 0	単一	0
		複数	0
舗装 94	連続 52	単一	29
		複数	23
	切断 42	単一	34
		複数	8

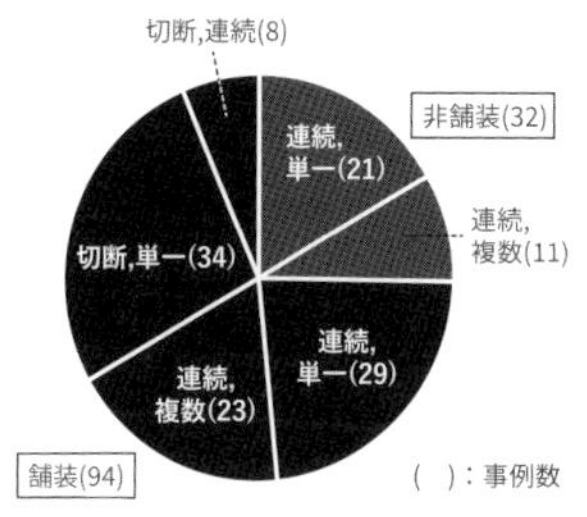

図 17 ランドスケープとピロティの類型別事例

ラ・トゥーレット修道院

対象資料の約 7 割がそうであるように、基本的にピロティは舗装されている。しか
し、舗装と一口に言ってもそのランドスケープは様々である。ピロティの地表の仕上
げにおける内と外の繋がりと素材の種類の関係によって 4 つに分類される。まず、ピ
ロティの床の素材が外部まで連続していて尚且つ単一の材料で仕上げられているもの
【連続】・【単一】である。塩野義製薬の一連の事務所建築 (15 他) や名古屋大学豊田
講堂 (14) あるいはヴィラ・クーペ (27) など、それぞれコンクリートの土間、玉砂利
洗出し、砂利といったもので駐車場、広場、アプローチと同様の素材を連続して仕上
げることで周囲との一体化を図っている。それは、機能上の理由だけでなく、ピロティ
空間を外部と同じ環境下で利用することを想定している。外部を取り込むピロティと
言っても良いだろう。

次に、ピロティの床の素材が外部まで連続しているものの、複数の材料が仕上げに
使われており、外部の自然や構築物がピロティに入り込んできている【連続】・【複
数】がある。香川県庁舎 (12)、兵庫県立近代美術館 (47) などは、主機能となるアプロー
チの舗装は施されているものの、隣接する庭や池などのランドスケープを少しだけ取
り込むことで、内部と外部を曖昧にしようとする意図が見受けられる。また、スカイ
ハウス (31) や旧電通本社ビル (07) のように道路がピロティ内を貫入し、プライベー
トな領域とパブリックな領域とを曖昧にしている場合も存在する。

サヴォア邸

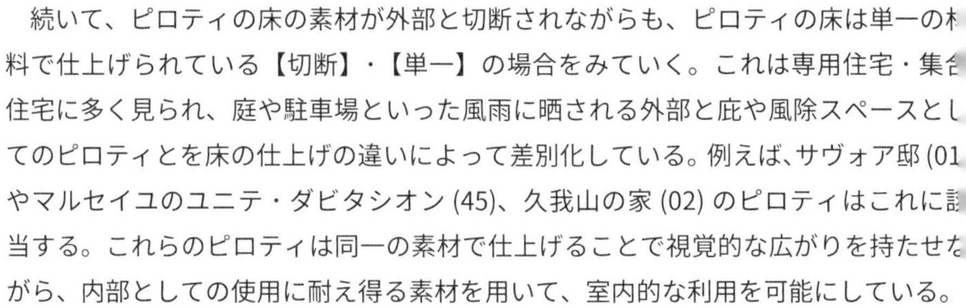

続いて、ピロティの床の素材が外部と切断されながらも、ピロティの床は単一の材
料で仕上げられている【切断】・【単一】の場合をみていく。これは専用住宅・集合
住宅に多く見られ、庭や駐車場といった風雨に晒される外部と庇や風除スペースとし
てのピロティとを床の仕上げの違いによって差別化している。例えば、サヴォア邸 (01)
やマルセイユのユニテ・ダビタシオン (45)、久我山の家 (02) のピロティはこれに該
当する。これらのピロティは同一の素材で仕上げることで視覚的な広がりを持たせな
がら、内部としての使用に耐え得る素材を用いて、室内的な利用を可能にしている。

最後に、ピロティの床の素材が外部と切断され、ピロティの床は複数の材料で仕上げら

れている【切断】・【複数】の場合に触れる。事例は少ないが、武蔵野美術大学鷹ノ台校舎アトリエ棟 (52) のように、ピロティ内部に家具を作り付けのように地面にインストールし、外部環境とは切り離された、身体を通してその場所と密接に関わる空間になっている。

このようにピロティのもつ「ウチの機能」と「ソトの機能」は、ピロティ空間にある内部空間、エントランスに至るまでのアプローチの経路、ピロティの地面の仕上げの切替え位置、仕上げの素材種類などの周辺環境を含めたランドスケープによってその割合が変動することがわかった。

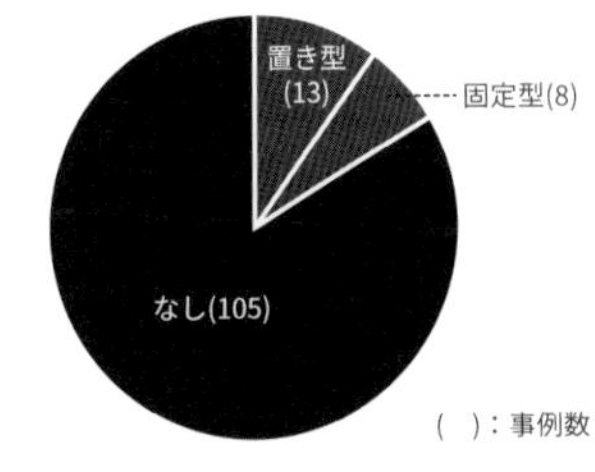

図 18　ピロティ空間の家具類

.2.5 ピロティの家具

天井や床といった建築的な要素に限らず室内から持ち出された家具類、あるいは作り付けで設置された遊具などはその空間の使われ方に大きな影響を与える。本節では対象資料の雑誌の写真から判別できる範囲で、各事例のピロティ空間における家具等の有無を調べた。(図 18)

その結果家具の設置を確認できた事例は 21 件であったが、その内可動式の家具が設置されていたものが 13 件確認できた。残りの 8 件は固定型の家具が設置されていたもので、具体的には、水飲み場や手洗い場、ベンチやテーブル等が設けられ、内外を問わない創作活動が可能な武蔵野美術大学鷹ノ台校舎アトリエ棟 (52) や、敷地の高低差を活かした円形の劇場に加え、生徒のための掲示コーナーなどが設けられ、学生の活動を広報する空間としても使われる工学院大学八王子図書館 (10)、海沿いの砂地をピロティに引き込みバーベキュー炉が作られ、遊び場としての空間をもつ T 氏別邸 (43) 等が挙げられる。これらはすべて作り付けのものであるが、その設計の意図はピロティ内での活動を促すことだけでなく、ピロティと内部空間や外部のパブリックな領域と連続した空間の使われ方にもあり、事例数は少ないものの境界空間としてピロティを捉えるための重要な観点となるものであろう。

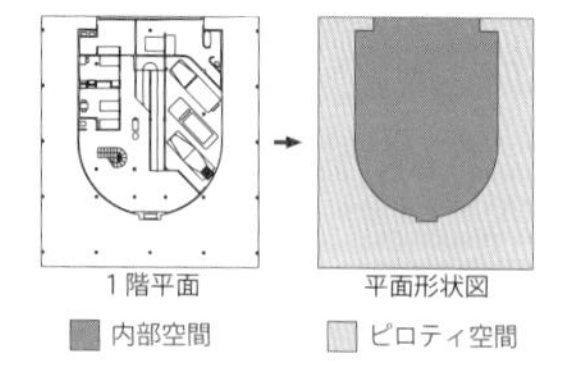

図 19　内部空間とピロティ空間の平面形状

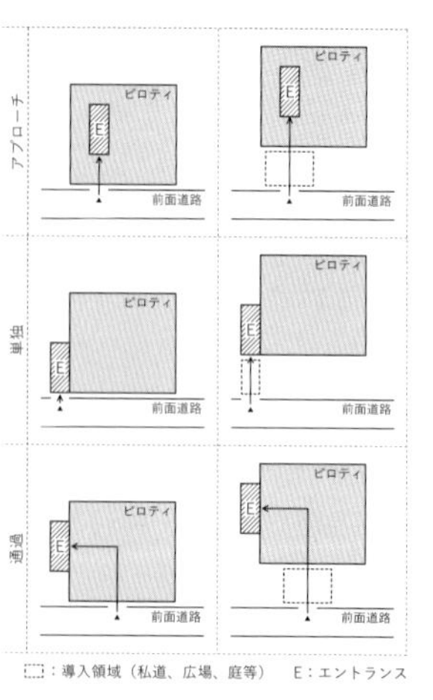

図 20　ピロティ空間と前面道路の関係

4. 建築空間の内外を媒介するピロティ

3 章ではピロティの寸法や形状といった空間要素の属性の次元から対象事例の分
を行ったが、ピロティの境界空間としての特性を捉えるためには空間単体の分析だ
では不十分であり、ピロティ空間とそこに接する他の空間との関係性を読み解く必
がある。そこで本章では、建築の外部から内部に至るメインアプローチに着目し、
のルートとピロティ空間の関係に関して対象事例を整理し、ピロティが建築の内部
間や周囲の外部空間に対してもつ役割やその位置付けに関して、各事例の類型化を
う。

4.1 ピロティ空間と内部空間の平面図形の抽出

まずは図 19 に示すように、各対象事例の 1 階平面図をもとに内部空間とピロテ
空間を区別し、両者の平面形状を抽出する。ただしピロティ空間内にある外部階段
壁や柱等の構造体等は無視し、すべてピロティ空間の領域に含めるものとする。ま
このとき、外部から内部に至るメインアプローチのルートと、内部空間へのエント
ンスの位置も確認した注 8)。

4.2 外部からのアプローチと内部空間との関係による分類

前節で抽出した各事例の平面形状に対して、①外部からのアプローチと②内部空
がそれぞれピロティ空間とどのような関係をもつか (図 20) を基準にした分類を行う
図 21 にはその結果を示している。図中で大きく左右にはピロティ空間と外部から
アプローチの関係について、上下にはピロティ空間と内部空間の関係によって各事
が配置されている。

この図を見ると外部から内部空間へのメインアプローチがピロティ空間を通るも
は、過半数 (75/126 件) 存在することがわかる。またピロティ空間と内部空間の関

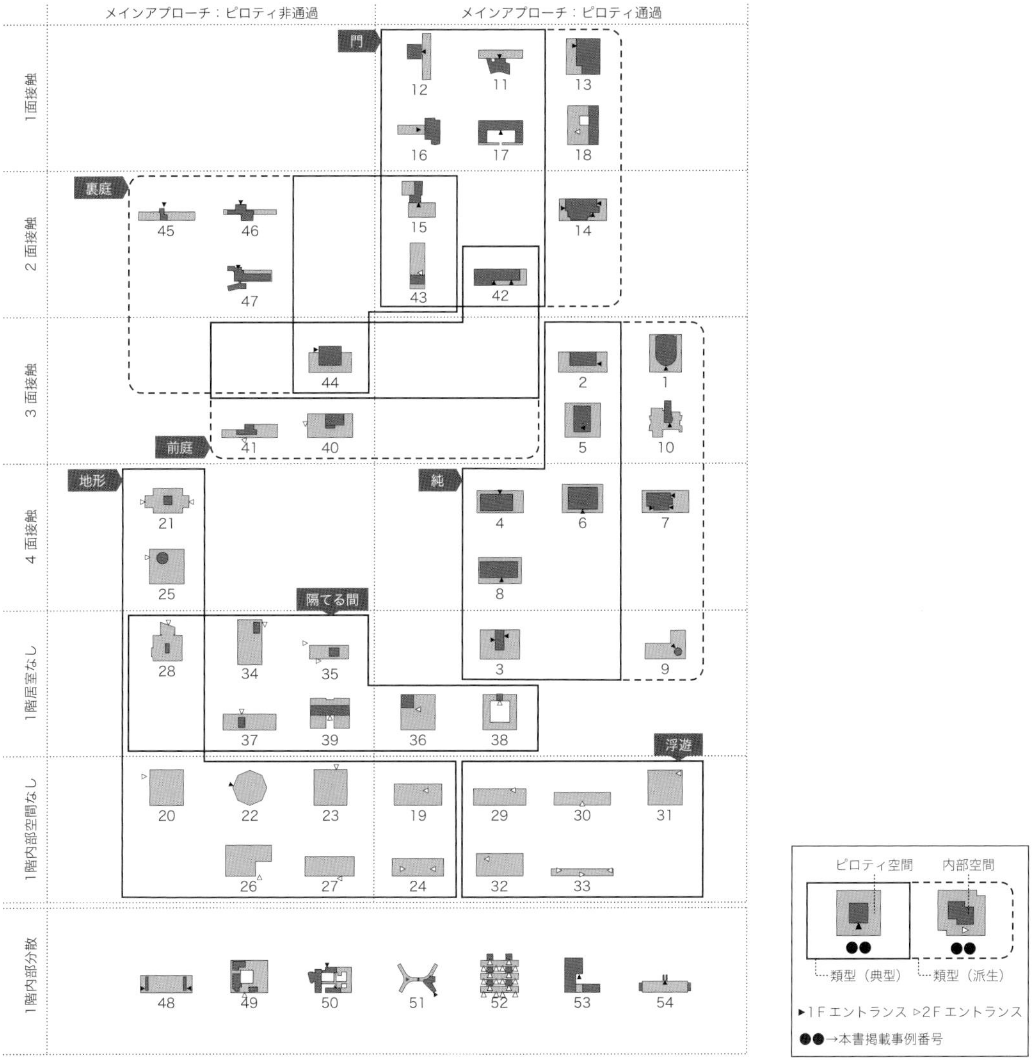

メインアプローチ：ピロティ非通過
メインアプローチ：ピロティ通過
1面接触
2 面接触
3 面接触
4 面接触
1階居室なし
1階内部空間なし
1階内部分散
門
裏庭
前庭
地形
純
隔てる間
浮遊
12
11
13
16
17
18
45
46
15
14
47
43
42
44
2
1
41
40
5
10
21
4
6
7
25
8
28
34
35
3
9
37
39
36
38
20
22
23
19
29
30
31
26
27
24
32
33
48
49
50
51
52
53
54
ピロティ空間
内部空間
●●
●●
類型（典型）
類型（派生）
▸1F エントランス ▹2F エントランス
●●→本書掲載事例番号

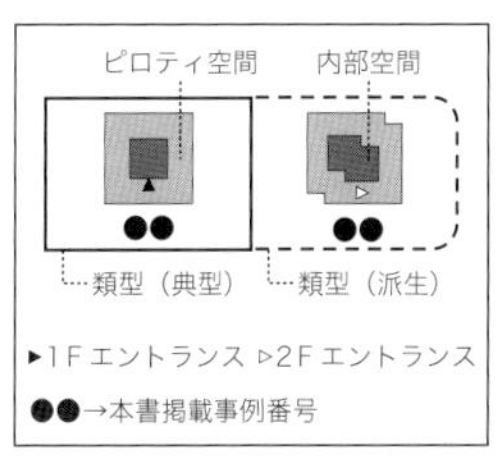

図 21 ピロティ空間と内部空間の関係 注 9)

については、1 階の内部空間に 4 つの方向を設定した上で、①ピロティ空間に 1 面接しているもの (13/126 件)、② 2 面で接しているもの (21/126 件)、③ 3 面で接しいるもの (14/126 件)、④ 4 面で接しているもの (14/126 件)、⑤ 1F 内部空間が階や廊下、倉庫、機械室等のコアのみになっているもの (19/126 件)、⑥内部空間が階になく、外部階段から 2 階のメインエントランスにアプローチするもの (26/126 件⑦その他内部空間がピロティ空間内に複数あるもの (19/126 件) がみられた 注 10) 。尚エレベーターのみがピロティ空間にある場合、そのボリュームは内部空間やコアとみなさないこととした。

4.3 外部と内部に対するピロティ空間の役割

前節で各対象事例の平面形状を配置した 図 21 をみると、それぞれの位置づけのでピロティが建築の外部や内部の空間に対して持つ特徴的な役割を見出すことがでる。ここでは図 21 の配置を基準としながら、類似する平面形状の事例に対して類化を行うことによって、ピロティの役割を発見的に示していく。

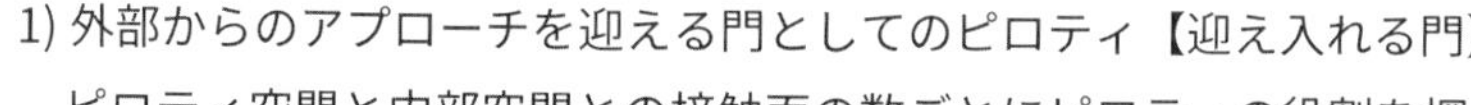

1) 外部からのアプローチを迎える門としてのピロティ【迎え入れる門】

【迎え入れる門】
サンパウロ郊外の住宅

ピロティ空間と内部空間との接触面の数ごとにピロティの役割を探るとその違い明らかになってくる。まず内部空間の 1 面のみがピロティ空間に接する事例を見てると、今回の対象の範囲では全て内部空間へのアプローチがピロティ空間を通過すものであった。この時、香川県庁舎 (12) のようにエントランスやエントランスに面る中庭などをピロティの空間越しに見せることで建築のファサードをかたちづくる同時に、車寄せやエントランスの軒先空間としての機能も果たし、そこに訪れる人迎え入れる「門」としての役割を果たすものとしてピロティを捉えることができよう

ここに分類される各事例を見渡すと、門としてのピロティの典型例としている 1例の内、12 例のピロティが天井の仕上げがなく梁が直接見える「(b) 露出」の天井

つことがわかる。このことから建築の内部に人を迎え入れる門としてのピロティ空間に、梁や柱といった建築構造の力強さを生かした表現を用いる傾向を読み取ることができる。

) アプローチとは独立した裏庭的空間としてのピロティ【プライベートな裏庭】

次に内部空間の2面がピロティ空間に接する事例を見ていく。2つの接触面ごとにピロティ空間の役割を詳しく見ていくと、先に述べた通り、アプローチがピロティ空間を通過するものは「門」としての役割を果たすのであるが、堀の家 (44) で見られるようにそれ以外のピロティ空間でアプローチと全く関係を持たないものが存在する事例が多く確認できる。こうしたピロティ空間にアクセスするためには一度内部空間に入るか、建物の脇を通り抜け裏側に廻り込む必要が生じるなど、内部空間と連続するプライベートな外部空間となる「裏庭」のような役割を果たすものと言えよう。

ここに典型例、もしくはそれに準ずる例として分類される17事例の内、10事例はそのピロティの天井形状が【a-2：隠蔽・多段】もしくは【b-3：露出・段上げ】となっており、事例全体の傾向に比べ多くなっていることがわかる。それぞれ天井面に凹凸を作りながら、ピロティの外側に向かって天井高さを高くするというピロティ空間の作り方の特徴を確認することができる。

) アプローチとの弱い関係を持つ前庭としてのピロティ【前庭的アプローチ】

内部空間の2面がピロティ空間に接する事例のうち、前記のような裏庭としてのピロティが現れるのは、内部空間の4つの方向のうち、逆方向の2面がピロティ空間と接するものにおいてであるが、その一方で、4方向のうち隣り合う2面にピロティ空間が接する事例も複数件存在し、一方の面に接するピロティ空間が前述した「門」としての役割を担う時、もう一方は前述の「門」や「裏庭」とは異なる性格の空間となる。すなわち、メインアプローチはその空間を通過しないものの、視覚的・あるいは動線的にはつながり、パブリックとプライベートの間に立ちながら選択的なアプローチが生まれる「前庭」としての役割を果たすものである。

【プライベートな裏庭】
マルセイユのユニテ・ダビタシオン

典型例やそれに準ずる例としてここに分類される6事例の内、5事例は、そのピロティの天井形状が【a-1：隠蔽・平坦】もしくは【b-1：露出・水平】となっており、梁など以外には天井面のレベルに変化をつけない傾向が認められる。

以上のピロティの役割は内部空間の3面もしくは4面とピロティ空間が接する場合にも、内部空間に対するそれぞれのピロティ空間の位置関係によって、対応づけることができる。

4) 内外の関係性を持たないピロティ【内外を隔てる間】

ここまでは1階に居室が存在する事例を見てきたが、ここでは1階に内部空間は存在するがすべて階段室や便所、倉庫など、居室でないもので構成された事例をみていく。するとその中では1階で内部空間にアクセスするのではなく、身延山久遠寺宝蔵 (39) のように外部階段で直接2階に上がってから内部空間にアクセスする事例が過半数を占めた。1階に内部空間が存在する事例の中では、最も内外の関係が希薄な類型である。

この類型の空間的特徴としては、2m前後の低いピロティの天井高さとその変化の少なさが挙げられ、居室でない閉じた室と隣り合うピロティ空間に対して、積極的な人の活動を想定しなかったことがその要因の一つと考えられる。

【地形との対話】
パウロ・メンデス・ロシャ自邸

5) 地形との関係を媒介するピロティ【地形との対話】

最後に1階に内部空間が存在しない事例について見ていく。このときピロティ空間の中には柱や屋外階段などのみが存在し、4) の類型と同じく内部空間とピロティ空間はあまり関係を持たず、互いに独立したつくられかたをしているものが多い。逆に言えば、パウロ・メンデス・ロシャ自邸 (25) のような地面の状況に制約されない、ピロティ空間の上部の自由な構成が可能になっている。3.2.2で述べたようなピロティ空間の床の形状に着目すると、森や湖、砂浜といった自然地形を利用したものや、庭に築山をつくったり、擁壁を活かして建物を支えたりといった人工地形を構築したものなど、周辺環境から連続する地面の起伏と、建築の2階以上の内部空間との関係を取り繋ぐ媒介空間としての役割を果たしているものとしてこのピロティ空間を捉えることができるだろう。

このタイプの事例を見渡すと、まず自然地形を利用したピロティについてはその地形に 4m を超える大きな高低差があるものが多く、傾斜が緩い、もしくは水平な地盤面を保つ場合には人が入ることができないほどに天井高さが低く、ピロティの上部と地盤面が近くなっているものが多い。一方で人工地形を構築したピロティの事例には傾斜の地盤面を持つものはなく、そこには家具や遊具といった設えが施され、ピロティ空間に人を滞在させる仕掛けが多く見られた。

) 内部空間を地面から分離し、パブリックに開くピロティ【地面からの浮遊】

１階に内部空間が存在しない事例の中には、前述の地形的操作が加えられたものの他に、ピロティ空間の天井高を大きく確保することで、より建築の本体が大地から分離されたような表現を強めているものが多く見られた。このときピロティ空間は、2階以上の内部空間との関係は希薄になる一方で、周囲と空間的に連続し、パブリックな性格がより強まっている。天井高さは 4m 以上の比較的高く、そしてその変化の少ないピロティの事例が多い。その中でも、広島平和記念資料館 (30)、愛知県立芸術大学・講義室棟 (33)、スカイハウス (31) などは、大きなピロティ空間の中にある階段の途中に大きな踊り場や中間層を設けることで、分離した地面と内部空間を身体的なスケールで結ぶ操作が行われていた。

【地面からの浮遊】
広島平和記念資料館

) フレキシブルなアプローチと多様な場を生むピロティ【分散型エントランス】

前述の６つの役割のほかに、内部空間がピロティ空間内に複数あるものがみられる。その多くがエントランスを複数箇所設けて、アプローチに選択の余地を与えていることである。武蔵野美術大学鷹ノ台校舎・アトリエ棟（52）などは、均質なグリッド上の中にエントランスがあるため、より自由度の高いアプローチ空間になっている。一方で、ブリッジハウス（48）やフェデラル・リザーブ銀行（54）のように２つのコアを設けることで、内部空間に挟まれたピロティは、周辺環境を分離したり、繋げたりする媒体になる。このように、エントランスを分散させることで、上階の機能的要請に応えつつ、内部空間同士がピロティ空間内を緩やかに区切ることで、多様な活動を育む余白になっている。

研究対象一覧　その１

掲載番号	名称	設計者	分類	竣工年	構造	ピロティ天井高 (m)	
						最低	最高
1	サヴォア邸	ル・コルビュジエ	（純ピロティ）	1931	RC	3	3
50	ラ・トゥーレット修道院	ル・コルビュジエ	分散	1960	RC	1	8.5
45	マルセイユのユニテ・ダビタシオン	ル・コルビュジエ	（裏庭）	1952	RC	5.5	7.9
11	スイス学生会館	ル・コルビュジエ	門	1932	RC	2.8	4.2
	ベルリンのユニテ・ダビタシオン	ル・コルビュジエ	（裏庭）	1958	RC	4.3	6.8
	ブリエ・アン・フォレのユニテ・ダビタシオン	ル・コルビュジエ	門、裏庭	1957	RC	4.8	6.8
30	広島平和記念資料館	丹下健三	浮遊	1955	RC	5.1	5.7
25	パウロ・メンデス・ロシャ自邸	パウロ・メンデス・ロシャ	地形	1960	RC	2	2.5
	パリ万国博覧会日本館	坂倉準三	裏庭	1937	S	3.9	5.5
54	フェデラル・リザーブ銀行	グンナー・バーカーツ	分散	1973	S	5.6	8.1
	レヴァー・ハウス	S.O.M	（門）	1952	S	4	4.3
20	ヴェネチア・ビエンナーレ日本館	吉阪隆正 +U 研究室	地形	1956	RC	1.1	3.6
6	イエール大学図書館	S.O.M	純ピロティ	1958	RC	2.2	2.2
48	ブリッジハウス（Williams house）	アマンシオ・ウイリアムス	分散	1942	RC	2.9	3.9
32	サンパウロ美術館（MASP）	リナ・ボバルディ	浮遊	1968	RC	7.5	7.5
38	ローマ英国大使館	バジル・スペンス	内外	1971	RC	3.6	3.6
33	愛知県立芸術大学・講義室棟	吉村順三	浮遊	1970	RC	2.6	5.7
31	スカイハウス	菊竹清訓	浮遊	1958	RC	2.2	4.9
22	マリンハウス	ジョン・ロートナー	地形	1960	RC	2	15.5
	チャンディガール美術館	ル・コルビュジエ	（裏庭）	1958	RC	3.5	3.5
15	塩野義製薬吹田分室	坂倉準三	門、裏庭	1961	RC	2.8	2.8
	塩野義製薬長居分室	坂倉準三	純ピロティ	1963	RC	3	3
	塩野義製薬名古屋分室	坂倉準三	分散	1965	RC	3	3
	バカルディ・オフィスビル	ミース・ファン・デル・ローエ	分散	1961	S	3	3
	岡山総合文化センター	前川國男	門	1962	RC	3.4	7.5
24	野球体育博物館	森京介	地形	1959	S	3.7	3.7
51	IBM 研究所	マルセル・ブロイヤー	分散	1962	RC	7.5	7.5
	カーペンター視覚芸術センター	ル・コルビュジエ	（門）（裏庭）	1963	RC	2.7	7.7
28	多賀の家	デザインシステム	内外、地形	1972	S	4.5	12
3	ケース・スタディ・ハウス #3	増沢洵	純ピロティ	1959	RC	2.1	2.5
	平戸観光ホテル蘭風	国建設計工務	（門）	1977	RC	6.5	7.4
8	奈良国立博物館陳列館本館	吉村順三	純ピロティ	1973	RC	2.8	3.8
	自邸＝スキナヤ	鋤納忠治	内外	1975	S	2.6	2.6

掲載番号	名称	設計者	分類	竣工年	構造	ピロティ天井高 (m)	
						最低	最高
	ブラジル学生会館	ル・コルビュジエ	(門)（裏庭）	1976	RC	3.8	4.8
52	武蔵野美術大学鷹ノ台校舎・アトリエ棟	芦原義信	分散	1964	RC	2.1	2.4
	鎌倉の家	大江宏	純ピロティ	1962	RC	2.2	2.2
	信州新町福祉センター	滝沢健児・吉田襄	浮遊	1968	RC	4.2	4.2
	T 氏邸	美建築設計事務所	(門)（純ピロティ）	1962	RC	2.5	3.2
	ワイゼンホフ・ジードルンクの住宅２軒	ル・コルビュジエ	(門)	1927	S	2.6	3.2
	N 邸	磯崎新	前庭	1964	RC	2.5	3.3
7	旧電通本社ビル	丹下健三	（純ピロティ）	1967	SRC	5	5.6
19	丹下健三自邸	丹下健三	地形	1953	W	2.5	2.7
12	香川県庁舎	丹下健三	門	1958	RC	5.3	6.7
	SH-１６	広瀬鎌二	純ピロティ	1958	RC	1.9	1.9
	L.G.S. による小事務所	小沢行二	内外	1957	S	2.3	2.3
21	登別温泉科学館	太田実	地形	1957	RC	4.3	9.4
	軽量鉄骨の高床住宅	飯塚五郎蔵	内外	1958	S	2	2
	芦屋のＨ．Ｆ邸	RIA 建築総合研究所大阪分室	門	1957	RC	2.9	2.9
	片瀬コーナーハウス	久米建築事務所	内外、地形	1954	RC	3.7	4.1
	西宮のＵ氏邸	吉阪隆正	（純ピロティ）	1956	RC	0.9	2.2
	試みられた起爆空間	林泰義、富田玲子	内外	1966	RC	2.3	2.3
	事務所＋住宅	増沢洵	地形	1966	RC	2.5	3.2
	墨田区立体育館	カトー建築事務所	分散	1967	RC	2.7	5.7
	府中市立図書館・郷土館	日建設計工務 K.K 東京事務所	内外	1966	RC	6.5	6.5
46	佐渡グランドホテル	菊竹清訓	(門)（裏庭）	1967	RC	6.7	7.1
	レイクショアドライブ・アパートメント	ミース・ファン・デル・ローエ	分散	1951	S	5.9	5.9
	道幸邸	竹中工務店	純ピロティ	1968	S	2.5	2.5
27	ヴィラ・クーペ	吉田研介	地形	1971	RC	2.5	6.9
	箱根町役場新庁舎兼国立公園観光施設	中村登一	地形	1955	RC	1.6	2.1
	塩野義製薬京都分室	坂倉準三	純ピロティ	1962	RC	2.4	2.4
	塩野義製神戸分室	坂倉準三	内外	1962	RC	2.6	2.6
41	多雪地に建つ研究所	梓建築事務所	（前庭）	1961	RC	2	2.4
16	江津市市庁舎	吉阪隆正	門	1962	RC	5.3	5.6
	あしやのまろや	山本明夫	地形	1964	W	1.5	3.1
	千代田区立麹町小学校講堂	キタ建築設計事務所	門	1963	RC	3	3.2
36	箱根・Os 氏別邸	増沢洵	内外	1962	RC	2.3	2.5

研究対象一覧　その２

掲載番号	名称	設計者	分類	竣工年	構造	ピロティ天井高(m)	
						最低	最高
	M 氏邸	九州大学、光吉研究室	内外	1963	RC	2	2
	Ki 氏邸	永松建築設計事務所	浮遊	1963	RC	4	4
	Wa 氏邸	渡辺明次	内外	1965	S	2	2
39	身延山久遠寺宝蔵	内井昭蔵	内外	1976	RC	2	2
9	O 邸	近澤可也	（純ピロティ）	1979	RC	2.6	4.6
	エムハートオフィス	S.O.M	（純ピロティ）	1965	RC	3.5	6.5
49	鎌倉近代美術館（鎌倉館）	坂倉準三	分散	1951	S	3	3
	ウエストコースト・ビルディング	ローン・エイド・アイアデル	純ピロティ	1971	RC	9.1	10.2
	サイコロの主題による家	相田武文	地形	1974	RC	0.6	1.8
	フラマットの集合住宅	アトリエ５	浮遊	1961	RC	3.3	3.3
18	サンパウロ郊外の住宅	リナ・ボバルディ	（門）	1969	S	2.5	4.5
2	久我山の家	篠原一男	純ピロティ	1954	S/RC	2.5	2.5
34	吉阪隆正自邸	吉阪隆正	内外	1954	RC	1.9	2.2
5	森の中の家	吉村順三	純ピロティ	1963	RC	2.1	2.3
	浜田山の家	吉村順三	純ピロティ	1965	RC	2	2.3
	ナント・レゼのユニテ・ダビタシオン	ル・コルビュジエ	（裏庭）	1955	RC	4.5	7
	Yo 氏邸	吉永秀年	内外	1968	RC	1.9	1.9
23	SH- ２２	広瀬鎌二	地形	1958	S	2.3	2.3
	崖の家	林雅子	裏庭	1974	RC	2	8.3
	ギアナのプレファブ住宅	M・コステロ	隔てる間	1951	W	2.5	2.5
47	兵庫県立近代美術館	村野藤吾	（裏庭）	1970	RC/S	2.9	3.9
35	K さんの家	曾原国蔵	隔てる間	1959	RC	1.8	1.8
4	島根県立博物館	菊竹清訓	純ピロティ	1959	RC	3.1	6.2
	金子邸	高須賀晋	門、裏庭	1969	RC	2.2	2.2
	島崎邸	菊竹清訓	分散	1963	RC	1.6	4
43	T 氏別邸	菊竹清訓	門、裏庭	1960	RC	1.8	2.4
	坂出人工土地	大髙正人	分散	1968	RC	4	7
26	S さんの離れ	高矢晋	地形	1966	RC/W	1.9	1.9
	寿岳邸	二宮順	地形	1966	RC/W	2.2	2.4
	池田邸	高矢晋	（門）	1967	W	2	2.6
	加瀬さんの家	杉坂建築事務所設計部	内外	1965	RC	1.8	2.2
37	中野邸	RIA 建築綜合研究所	内外	1966	RC	2.1	2.1
	田中速夫自邸	田中速夫	地形	1968	RC	3	4.5
	水本重樹自邸	水本重樹	純ピロティ	1967	S	2	2

掲載番号	名称	設計者	分類	竣工年	構造	ピロティ天井高 (m)	
						最低	最高
	B 氏邸	伴弘好	(純ピロティ)	1958	RC	2.2	2.5
	脇田山荘	吉村順三	分散	1970	RC	2.2	2.4
	モントリオール万国博覧会日本館	芦原義信	(門)	1967	RC	2.3	4.6
44	堀の家	阿久井喜孝	裏庭、前庭	1963	W	3	3
	槻橋邸	INA 新建築研究所	内外	1958	W	2	2
40	水馬さんの家	田中清	(前庭)	1958	W	1.7	1.7
	四天王寺学園女子短期大学・大学	中島龍彦	分散	1965	RC	6.6	6.6
	デュヴァル織物工場	ル・コルビュジエ	分散	1951	RC	4.5	4.5
	フェルミニのユニテ・ダビタシオン	ル・コルビュジエ	門、裏庭	1967	RC	5.3	6.6
	オリヴェッティ本社ビル	エゴン・アイアーマン	分散	1974	RC	18.2	30.3
	アーメダバードの文化センター・美術館	ル・コルビュジエ	(門)	1957	RC	2.5	2.5
	山口邸	柳英男	純ピロティ	1958	RC	2.1	2.4
	番町アパート	現代建築研究所	分散	1958	RC	1.9	1.9
	帯広の永祥寺	蔵田研究室	内外	1958	RC	1.6	1.9
	こどもの国林間学校・キャビン	菊竹清訓	(純ピロティ)	1966	RC	0.5	5.3
	武井邸	武井正昭	(純ピロティ)	1954	W	2.6	2.6
29	ヴィラ・フィジーニ	ルイジ・フィジーニ	浮遊	1935	RC	4.3	4.3
	石神井の家	石野建築設計事務所	裏庭、前庭	1960	W	2.2	2.2
53	京都会館	前川國男	分散	1960	RC	5	5.8
14	名古屋大学豊田講堂	槇文彦	(門)	1960	RC	6.3	9.3
	新潟市庁舎	佐藤武夫	分散	1958	RC	3.5	3.5
42	旧東京都庁舎	丹下健三	門、前庭	1958	RC	3.6	9
13	国立西洋美術館	ル・コルビュジエ	(門)	1959	RC	3	3
17	奈良県庁舎	片山光生	門	1965	RC	4	4
	佐賀県立博物館	第一工房 + 内田祥哉	(純ピロティ)	1971	RC	2.2	7.3
10	工学院大学八王子図書館	武藤章	(純ピロティ)	1980	RC	2.6	3.7

分類の表記について

門→「迎え入れる門」
裏庭→「プライベートな裏庭」
前庭→「前庭的アプローチ」
内外→「内外を隔てる間」
地形→「地形との対話」
浮遊→「地面からの浮遊」
分散→「分散型エントランス」
(純ピロティ) のような括弧は準典型的な特徴を示す。

注

注 1)　ル・コルビュジエとピエール・ジャンヌレによる「新しい建築の５つの要点」において①ピロティ②屋上庭園③自由な平面④水平連続窓⑤自由な立面、という近代建築の原則が提唱された。

ウィリ･ボジガー , オスカル･ストノロフ（編）: ル･コルビュジエ全作品集　第１巻（吉阪隆正 訳）, エーディーエーエディタトーキョー , 1979

注 2)　ル･コルビュジエ : 技術はリリスムの受け皿そのものである , プレシジョン (上)(井田安弘，芝優子訳), 鹿島出版会 ,p.71 ,1984

注 3)　岸田日出刀 : 縁 , 相模書房 , p.129, 1958

注 4)　岸田日出刀 : 前掲書 , p.126

注 5)　ヘルマン・ヘルツベルハー : Lessons in Architecture 2,010 Publication,2000,p.214

注 6)　外部空間の設計 , 彰国社 , p.30, 1975

注 7)　吉阪隆正とル・コルビュジエ , 王国社 , p.155, 2005

注 8)　図 21 に示す各事例の平面図型について、ここではそれぞれのスケールは無視して描画を行い、内部空間とピロティ空間の形状やその位置関係にのみ着目し、分析を行った。

注 9)　図中の「純ピロティ」と名付けている類型には、「門」「裏庭」「前庭」の役割をどれも持っていると判断できる事例を含めている。また「門」「裏庭」「前庭」「純ピロティ」の類型の表示の中で、角丸の点線で囲った箇所は、各方向のピロティ空間の平面が以下に示すような単純な形状にならないものを区別し、各類型の派生型としての位置付けを示している。

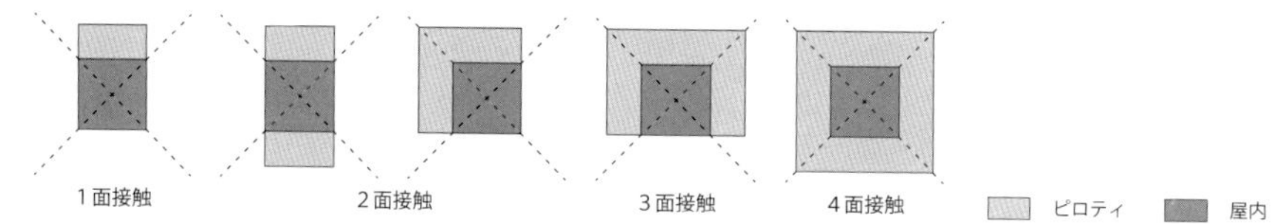

注 10)　今回は図 21 下部に示すような 1 階の内部空間が分散する事例について詳しく分析は行わないが、ピロティ空間の各部分が 4.3 節で述べたような役割をもち、複合的な性格の空間が多く現れるものと思われる。

図 1　Boesiger, W. and Stonorov, O. ed. : Le Corbusier et Pierre Jeanneret oeuvre complete 1910-1929, Birkhäuser Publisher

図 2　ル・コルビュジエ『建築をめざして』（吉阪隆正 訳）, 鹿島出版会 ,1967, p.95 より抜粋

図 3　筆者撮影

図 4　ル・コルビュジエ『プレシジョン (下)』(井田安弘，芝優子訳), 鹿島出版会 , 1984, p.30 より抜粋

図 5　ル・コルビュジエ『プレシジョン (下)』(井田安弘，芝優子訳), 鹿島出版会 , 1984, p.179 より抜粋

図 6　『国際建築 第 5 巻・第六号』蔵田周忠訳 , 1929 年，p.23 を元に作成

写真　筆者撮影

参考文献
1）呉谷充利：ル・コルビュジエの製作に関する建築論的研究－絵画と建築作品の考察を通して，博士論文（京都大学），1991
2）林彰吾，浅野捷朗：ル・コルビュジエのスイス館について－飛行機の建築とピロティ，日本建築学会近畿支部研究報告集 計画系 31 号，pp.869-872, 1991.5
3）水野行偉，峰岸隆：ル・コルビュジエのピロティの形態論的研究，日本建築学会近畿支部研究報告集 計画系 34 号，pp.1181-1184, 1994.6
4）山田雅美：近代建築に内在する意味に関する記号論的研究－ル・コルビュジエとルイス・カーンの建築の意味について，博士論文（名古屋工業大学），1999
5）中尾雄介，今掛壽大，岡河貢：丹下健三の都市計画における設計手法に関する研究 − ピロティ・コア・広場及び軸を視点とした設計手法の分析，日本建築学会大会学術講演梗概集，建築意匠・歴史，pp.743-744, 2005.7
6）苅谷哲朗：仰角による短縮法に関する考察 − 丹下健三とプロポーションに関する研究 その１，日本建築学会計画系論文集，Vol.69, No. 579, pp.147-154, 2004.5
7）遠藤康一，坂本一成，小川次郎，寺内美紀子，足立真，貝島桃代：傾斜地における現代日本の住宅作品の断面構成，日本建築学会大会学術講演梗概集，建築意匠・歴史，pp.547-548, 1998.7
8）三谷帯介，末包伸吾，梅田武宏，山本英里花：斜面地に建つ独立住宅作品における空間構成論とその手法に関する研究－第二次世界大戦以降の住宅作品の事例分析を通して，日本建築学会近畿支部研究報告集 計画系 45 号，pp.825-828, 2005.5
9）原田慎也，奥山信一，谷川大輔：現代におけるピロティ形式住宅の設計意図－建築家の住宅設計論に関する研究 - その３，日本建築学会大会学術講演梗概集，建築意匠・歴史，pp.489-490, 2000.7
10）アリソン・スミッソン（編）：チーム 10 の思想，彰国社，1970
11）ヘルマン・ヘルツベルハー：都市と建築のパブリックスペース（森島清太 訳），鹿島出版会，2011
12）芦原義信：外部空間の設計，彰国社，1975
13）斎藤純一：公共性，岩波書店，2000
14）倉方俊輔：吉阪隆正とル・コルビュジエ，王国社，2005
15）田中礼治，澁谷陽：津波とピロティ構造，日本地震工学会，no.27, pp.36-41, 2016
16）ウィリ・ボジガー，オスカル・ストノロフ（編）：ル・コルビュジエ全作品集　第１巻（吉阪隆正 訳），エーディーエーエディタトーキョー，1979
17）アトリエ・ワン，塚本由晴，貝島桃代 他：コモナリティーズ　ふるまいの生産，LIXIL 出版，2014

ピロティの可能性

本書ではモダニズム期における建築作品を対象に、寸法や形状、設えといったピロティ空間の属性や構成要素に加え、ピロティ空間と建築の外部空間、そして内部空間との間に現れる関係性の視点から境界空間としてのピロティの特性について分析を行った。

具体的にはピロティ空間内での活動に大きく関わるピロティの天井高さ、天井や床の断面形状、家具の設え等について各事例を調べることによって、その大きな傾向を読み取るとともに、設計者の意図についての考察を加えた。その結果、要求された機能や性能に関わる制約に必ずしもとらわれない、境界空間の在り方に深く関わるピロティ空間の建築的操作を確認し、それに対する設計者の意図を読み取ることができた。

更にピロティ空間と外部からのアプローチとの関係と、ピロティ空間と内部空間との関係を軸にして代表的な 54 の事例を整理することにより、Ⅰ. 純ピロティ、Ⅱ. 迎え入れる門、Ⅲ. 地形との対話、Ⅳ. 地面からの浮遊、Ⅴ. 内外を隔てる間、Ⅵ. 前庭的アプローチ、Ⅶ. プライベートな裏庭、Ⅷ. 分散型エントランス、といった境界空間としてのピロティの役割や位置付けを発見的に提示した。最終的な狙いはこうした既存のピロティの分析からピロティの性質をあぶり出すことだけでなく、この分析を通してこれまでにない新たな形式の空間を発見し、境界空間としてのピロティをつくる設計手法の提示に繋げることにある。

具体的に見てみると、住宅の可能性を広げるピロティは『Ⅲ. 地形との対話』と『Ⅴ. 内外を隔てる間』が参考になるだろう。住宅のピロティは、限定された利用者を対象とするために、室内へのアプローチの位置よりも室内からの眺望が重視され、エントランスは必ずしも１階ではなく２階でも構わないからである。特に、傾斜地など自然の地形に特徴のある敷地に建つ別荘建築は大地との関係性がそのまま基礎となって現れることから、ピロティの柱や基礎の形状は重要である。加えて、建築内部へのアプローチはピロティ空間に設けない方が、周辺環境と緊密な関係を築くことが可能ではないだろうか。事務所建築は、オフィスの顔にもなる正面ファサード部分で、道路から建物のエントランスまでを前庭的な空間とする『VI．前庭的アプローチ』や来客用の駐車場スペースを確保しながら、建築内部の部署等への直接的なアクセスを考慮した『VIII．分散型エントランス』が有効であろう。また、庁舎など執務空間と住民や一般の来客が同居する公共性の高い建築では、地域のシンボルとしてのゲート的な建ち振る舞いとして『II．迎え入れる門』のような開放的で開かれたピロティの相性が良い。一方で博物館や美術館などの展示機能が主要な公共建築は、それぞれ地域の特性や収蔵物に応じて、多岐にわたるピロティ形式が採用されている。それは、その土地や歴史と強く結びついたモノを収蔵する“機能”と高床式建築の“かたち”が、太古から現在まで脈々と引き継がれていることを伺わせる。その高床は、近世は木造、近代は鉄筋コンクリート、現代は鉄骨によって表現されてゆくのであるが、ピロティを設けることで公共を作ることができる、あるいはコモンをつくるきっかけになる、という単純なものではない。ピロティを作ることが、機能を満たすための単なる空間操作に陥ることのないように注意しなければならない。また、宗教建築や大使館のように来訪者と建築内部との境界を明確に線引きすることを求められる建築、あるいは宿泊施設のようにパブリックスペースよりもプライベート空間に重きを置く建築には、閉じられた建築内部を持ち上げるようにもみえる『V．内外を隔てる間』や、ピロティが道路に開かれておらず、建物の奥の庭や自然と繋がる『VII．プライベートな裏庭』が適切だろう。

本書は前記のような分析と考察を通して、新たな境界空間の在り方を見出すための出発点として、ピロティが持つ可能性とその重要性を示したが、今後はここで得た知見を発展させた実践的な設計活動を想定し、境界空間としてのピロティの新たな形式を提示する提案型の空間の探求を展開させる必要があるだろう。

ピロティ空間の実例と分析

54 事例のピロティを 8 つの切り口から紐解いていく。各事例ごとに、そのピロティが持つ特徴を書き出している。ページ下部には、ピロティの性格を決定づける構成要素をアイコンとして現している。

ピロティの構成要素

柱

ピロティの外部からの第一印象は「柱」で大部分は決まる。柱の本数や太さは建築の規模によるところが大きいが、立面のかたちには設計者の意図が滲み出る。

垂直

No, 01 02 03 04 05 07 08 09 10 11 12 13 15 16 17 18 19 20 25 27 29 31 32 33 34 35 36 39 40 41 42 43 44 49 50 53 54

樹状

No, 22 28 51

末窄

No, 23 24 30 38 45 48

鼓状

No, 06 26 47

末広

No, 14 21 37 46 52

梁

ピロティの天井、すなわち持ち上げられた建築の下腹の部分は建築のもうひとつのファサードでもある。構造部材として露出した梁のかたちは多様である。

隠蔽

No, 01 02 05 06 10 13 18 24 27 28 29 32 37 39 44 46 48 49

蹴上

No, 03 04 08 09 11 21 22 30 33 36 42 45 53

平坦

No, 07 15 16 17 20 23 25 31 35 38 40 41 51 52

小口

No, 26 43

蹴下

No, 12 14 19 34 47 50 54

床

ピロティの足元の床の形状は用途と密接に関係している。自然のままなのか、人工的な地面として手を加えるのかによって、新たな半外部空間の性格を色付ける。

平坦

No, 01 02 03 04 06 08 11 12 13 15 16 17 19 23 24 25 26 27 29 30 32 34 35 36 38 39 40 41 42 43 44 45 46 47 49 52

傾斜

No, 18 21 22 28 48 50 54

段差

No, 05 07 09 10 14 20 31 33 37 51 53

ランドスケープ

ピロティの内外の地面の仕上げの舗装の有無、素材の切り替えは空間の性格を明確にするだけでなく、周辺環境との関係性に大きな影響を与える。

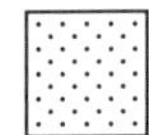

非舗装

No, 18 21 22 23 26 28 29 35 41 43 46 48 50 51

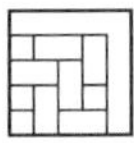

単一素材切断

No, 01 02 03 04 08 09 16 17 19 25 36 38 44 45 49

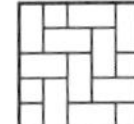

単一素材連続

No, 06 13 14 15 27 30 32 33 34 37 40 42 54

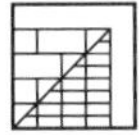

複数素材切断

No, 05 39 52

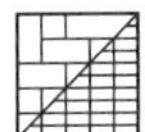

複数素材連続

No, 07 10 11 12 20 24 31 47 53

家具

ピロティ空間での家具や遊具の存在は人間の行為を誘発する。建築のそれぞれの設えが固定か可動かによって、空間の内外の性格の強弱が生まれる。

造作家具

No, 03 05 11 12 14 19 20 25 26 31 33 34 36 43 44 47 52

（番号は掲載事例番号を示す）

I 純ピロティ

the piloti

ピロティの基本形である。上層階へ続く動線が内部空間のコア（塊）としてピロティの内部に現れ、建築物のエントランスの役割を担っている。人間、都市、自然などさまざまな環境がピロティを彩る。その場所と付かず離れずの距離をつくる境界空間は魅力的である。

01

純ピロティ

モダニズム建築における元祖のピロティ

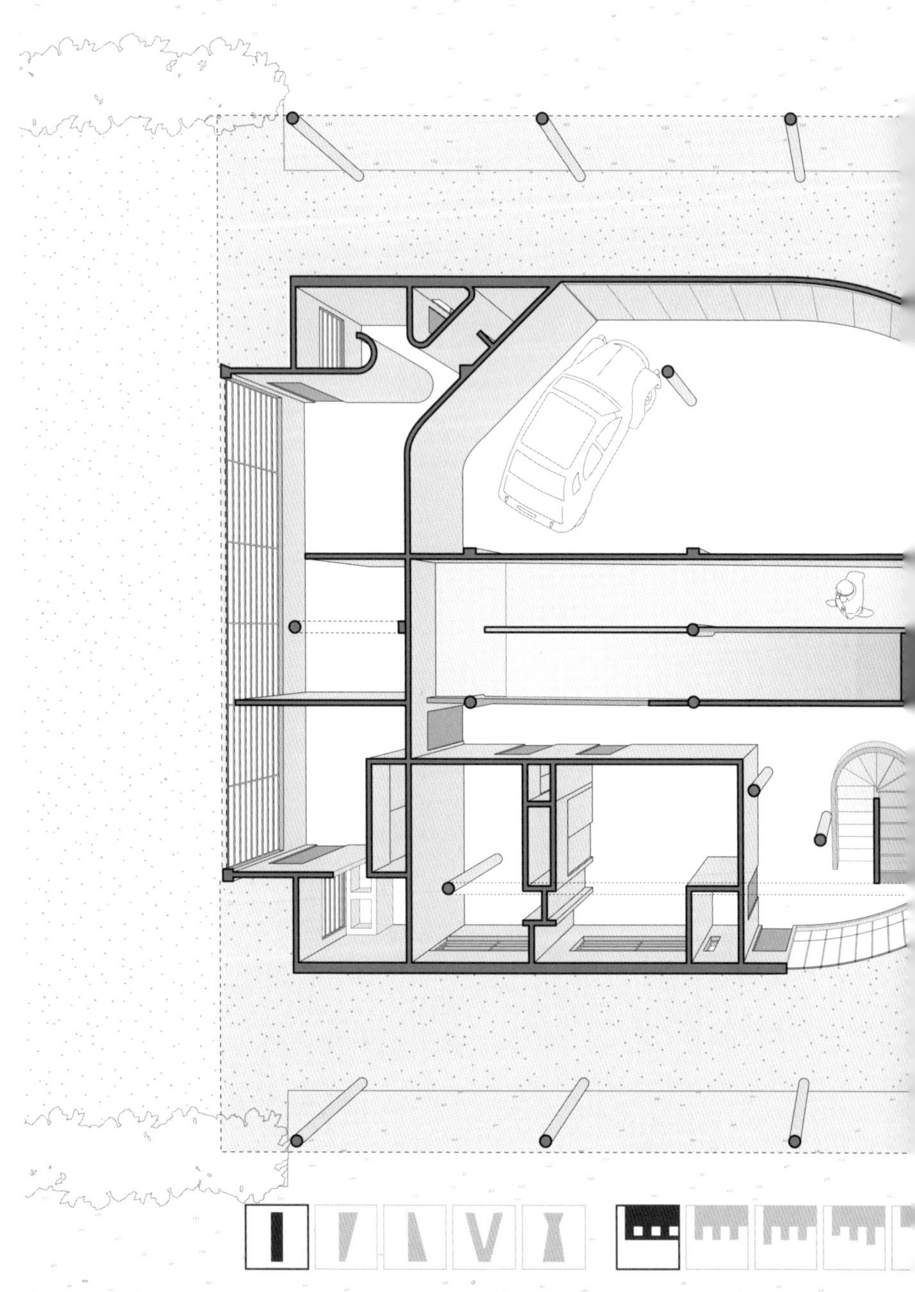

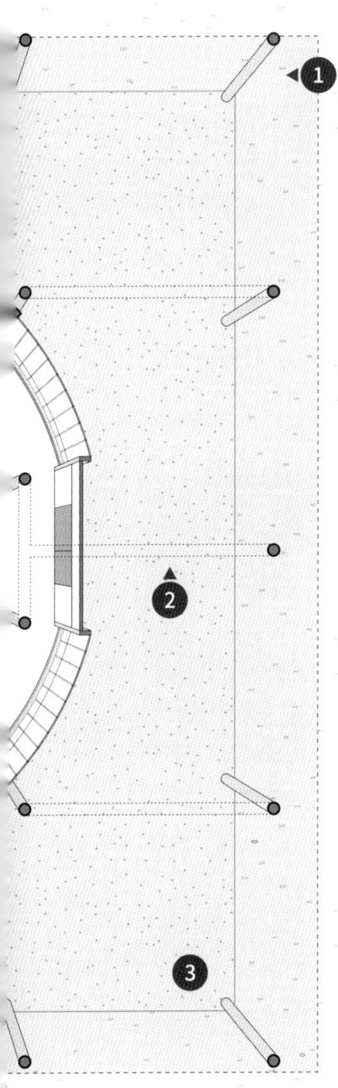

サヴォア邸

1931
- ル・コルビュジエ -

1

建物の外周に均等間隔に並ぶ柱は、建物を持ち上げながら、庭との間に車の軌跡をなぞったアプローチのトンネルを作っている。

2

建物へのアプローチと反対側のピロティの天井に現しになった3本の梁は、エントランスの位置を示しており、建物の正面性を強めている。

3

ピロティに敷き詰められた白い砂利は、床の延長であり庭の一部でもある。不完全な舗装は浮遊の象徴としてのランドスケープになっている。

02

純ピロティ

ハイブリッド構造のシンメトリーなピロティ

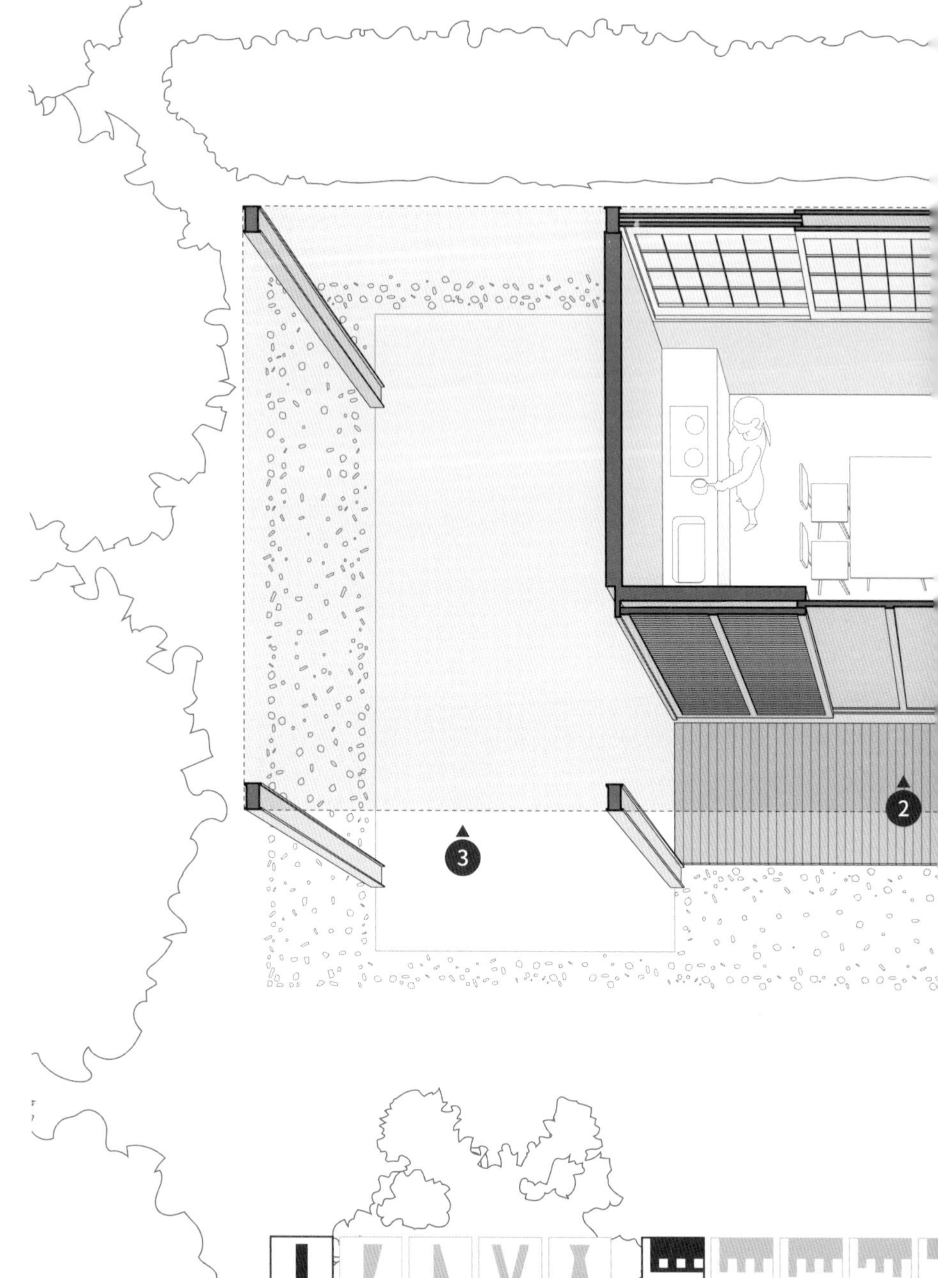

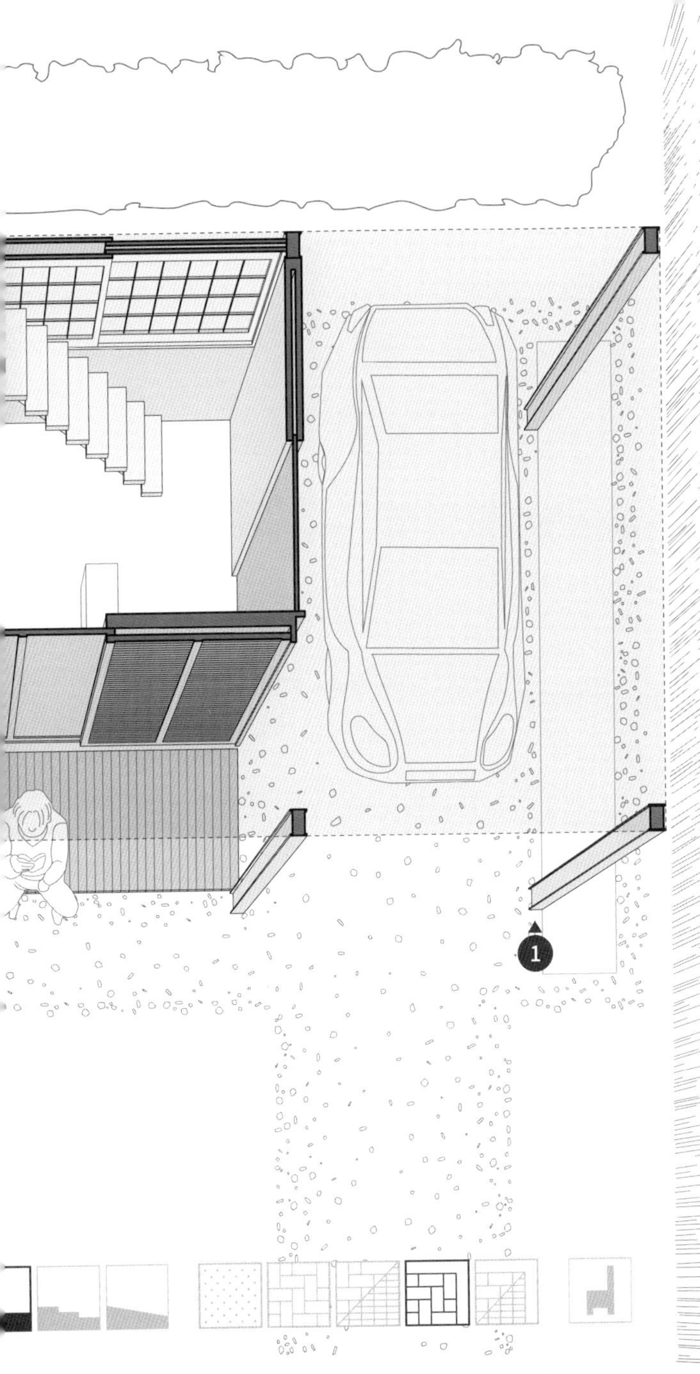

久我山の家

1954
- 篠原一男 -

1

鉄骨の柱は、溝型鋼のエッジを出しつつコンクリートを充填することで、ブレースのない柱が木造のような軽やかなピロティ空間を生み出している。

2

暗くなりがちなピロティ階のダイニング・リビングは、2つのピロティを縁側によって緩やかに繋ぐことで、周辺の景色を取り込んでいる。

3

ピロティの天井、軒裏を白い漆喰に統一したフラットな仕上げ面は、2階に持ち上げられた生活空間の浮遊感を強調している。

03

純ピロティ

最小限のコアをもつ最小限住宅のピロティ

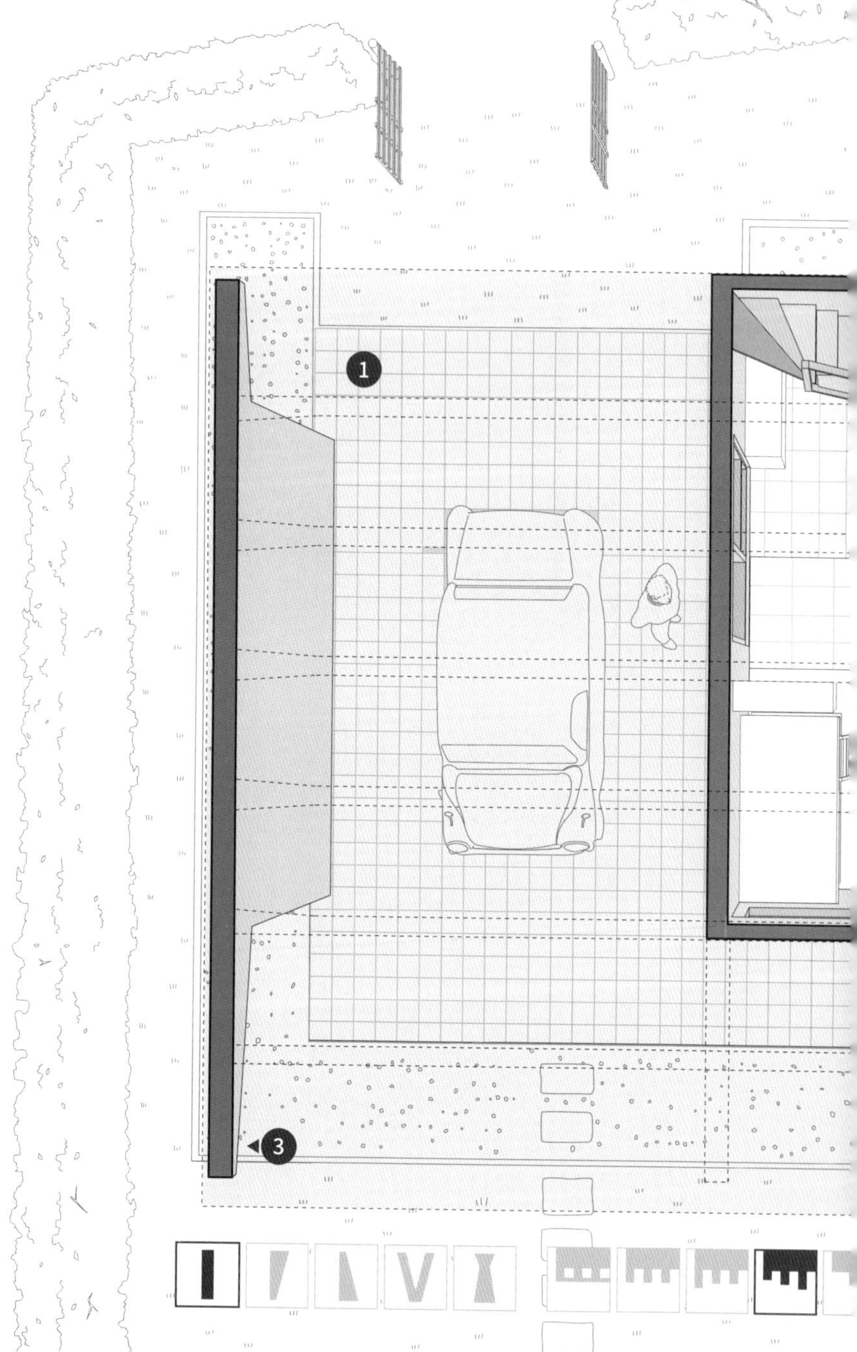

ケース・スタディ・ハウス

1959
- 増沢洵 -

1

玄関コアとコンクリートの壁柱によって、駐車スペースとテラスに分けられたピロティは、全面道路から開けた南庭への方向性が強調される。

2

床は壁柱の厚みに揃えた幅の小口を正面に現したタイルによって薄く仕上げられているので、家具が置きやすく室内床の性格を強めている。

3

軒先を薄くするためにテーパーがつけられた壁梁と両端で末広がり最小の断面になって露出された床梁は、軽やかなコンクリートを表現している。

04

純ピロティ

増築を見据えた骨太のコンクリート製ピロティ

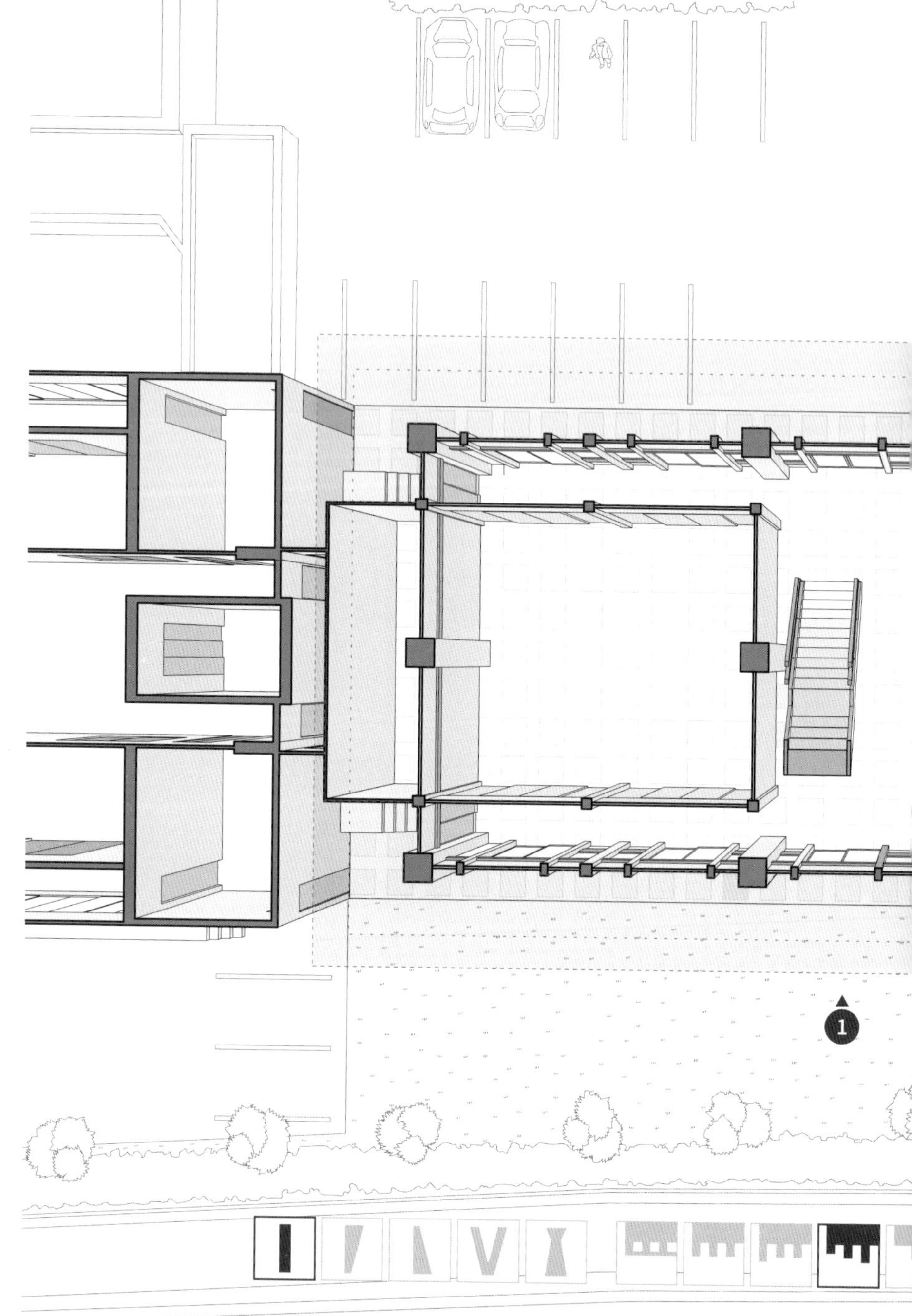

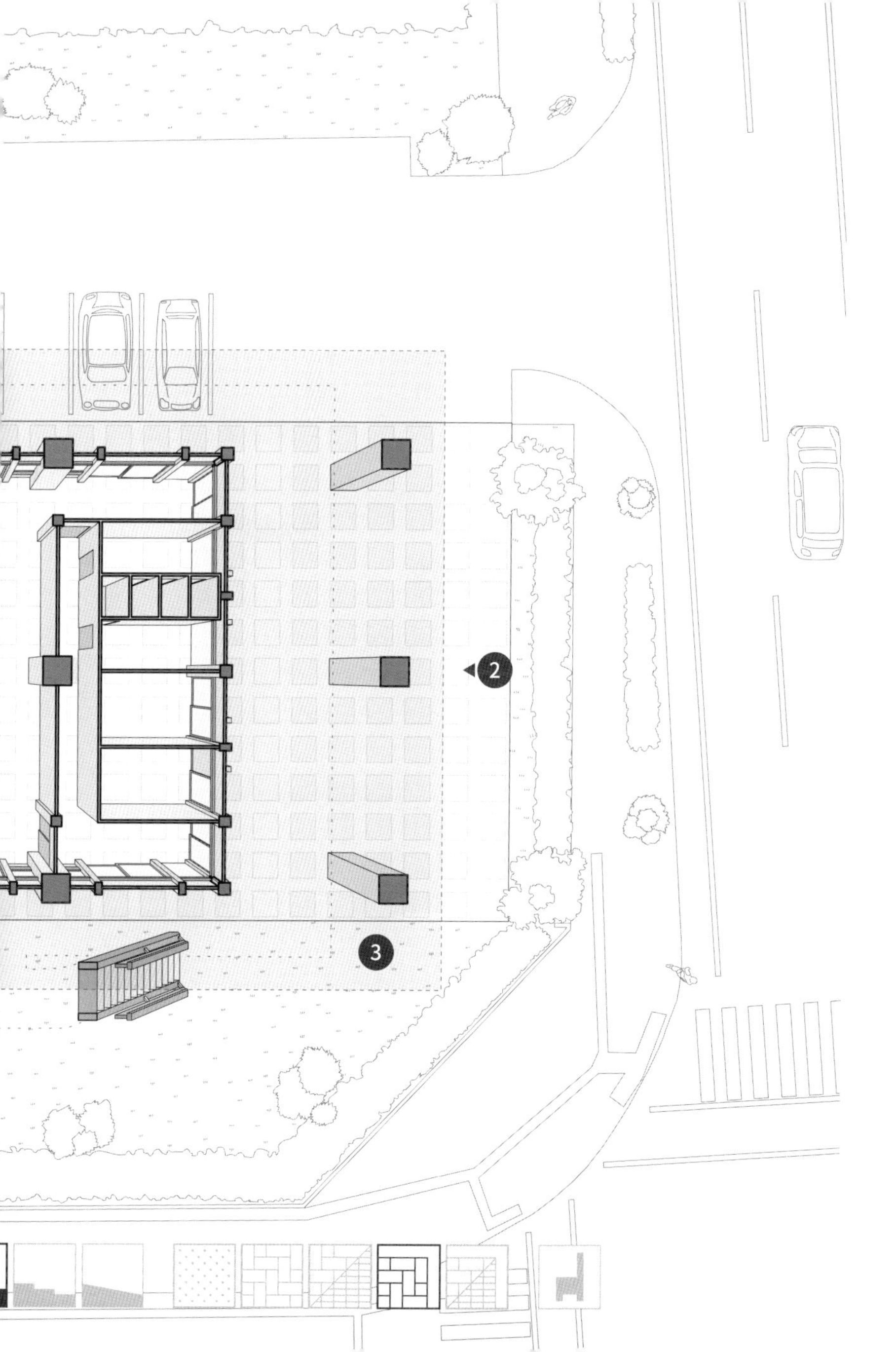

島根県立博物館

1959
- 菊竹清訓 -

1

高さ 6m を超えるピロティは人々が集まる開放的な座敷でありかつ展示収蔵機能をもつ閉鎖的な倉を支え、それは民家の空間構造を表している。

2

3 本の柱によって左右対称に構成され中間層を包み込むピロティは増築を考慮し、都市計画に沿った手前と奥が明快な公共空間になっている。

3

柱に架けられた正方形断面の梁は片持ち端部で小口を露出させることで、日本の木造建築の木組の力強さを象徴している。

05

純ピロティ

森に突き出す別荘建築の代表的なピロティ

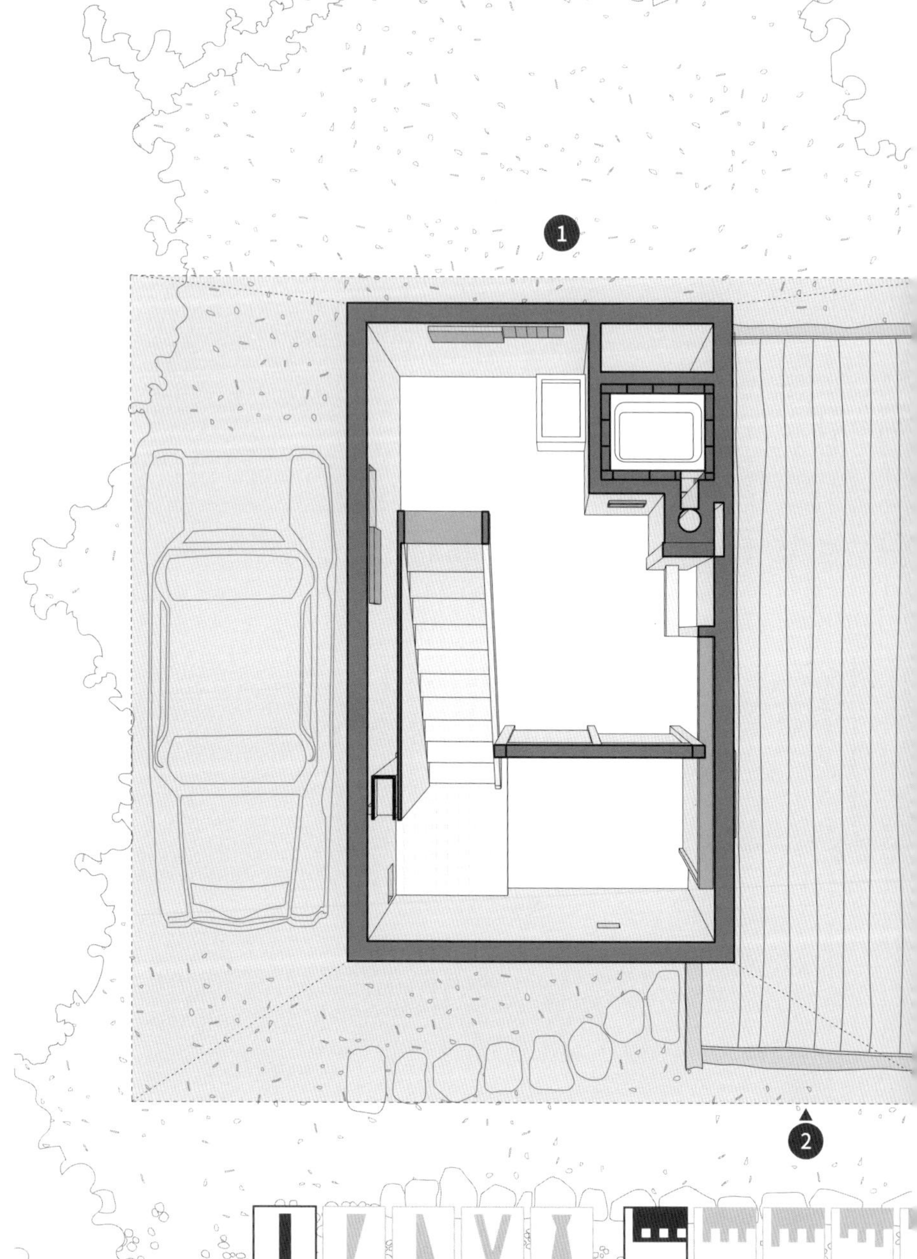

森の中の家

1963
- 吉村順三 -

1
鉄筋コンクリートのコアからスラブ、木造のバルコニーの張り出しへと徐々に薄くなる合理的な構造が、木のかたちに似た佇まいである。

2
先端に向かって薄くなる奥行きの異なるコンクリートの床版は、景色と呼応してさまざまな生活シーンを切り取る天井になっている。

3
地面から少し持ち上げられ、引戸の玄関扉から一段低い高さにあるウッドデッキは、ポーチを兼ねた森の中の外部リビングになっている。

06

純ピロティ

重厚感のある蔵書空間を4点で支えるピロティ

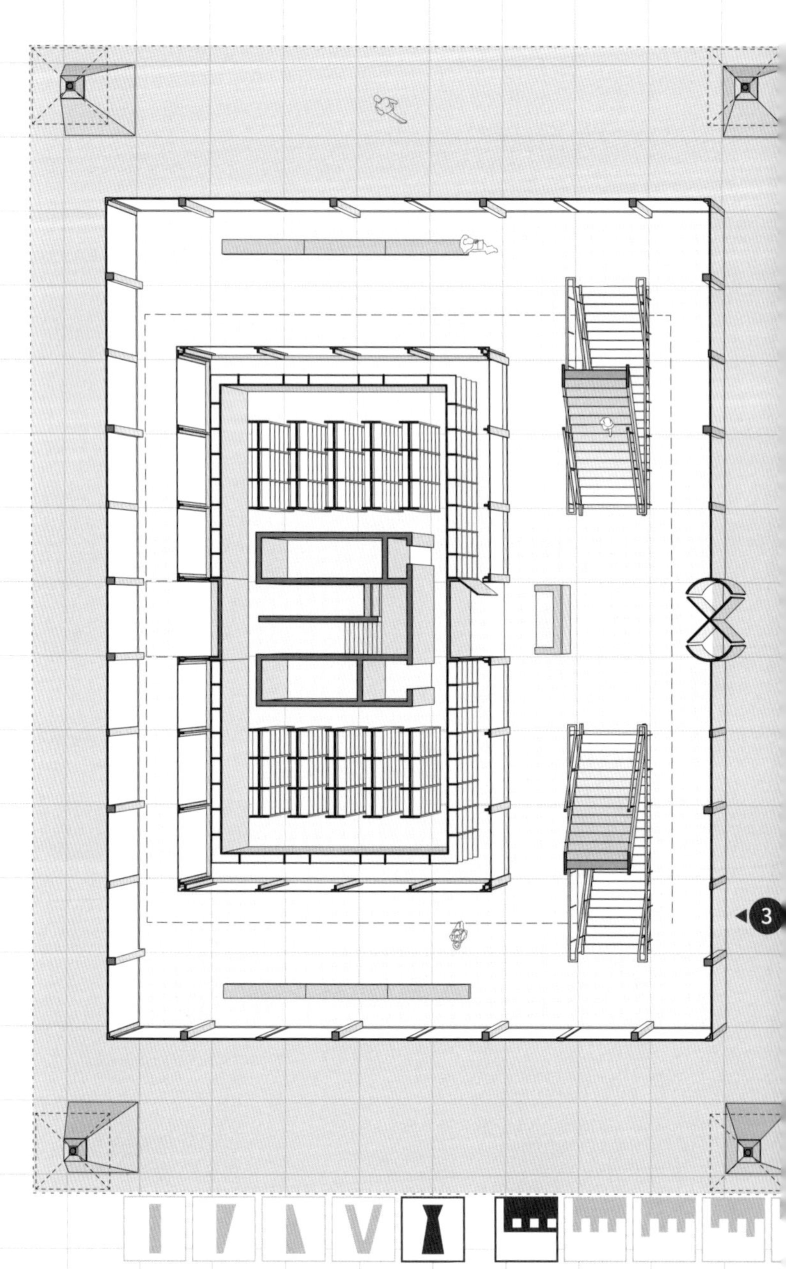

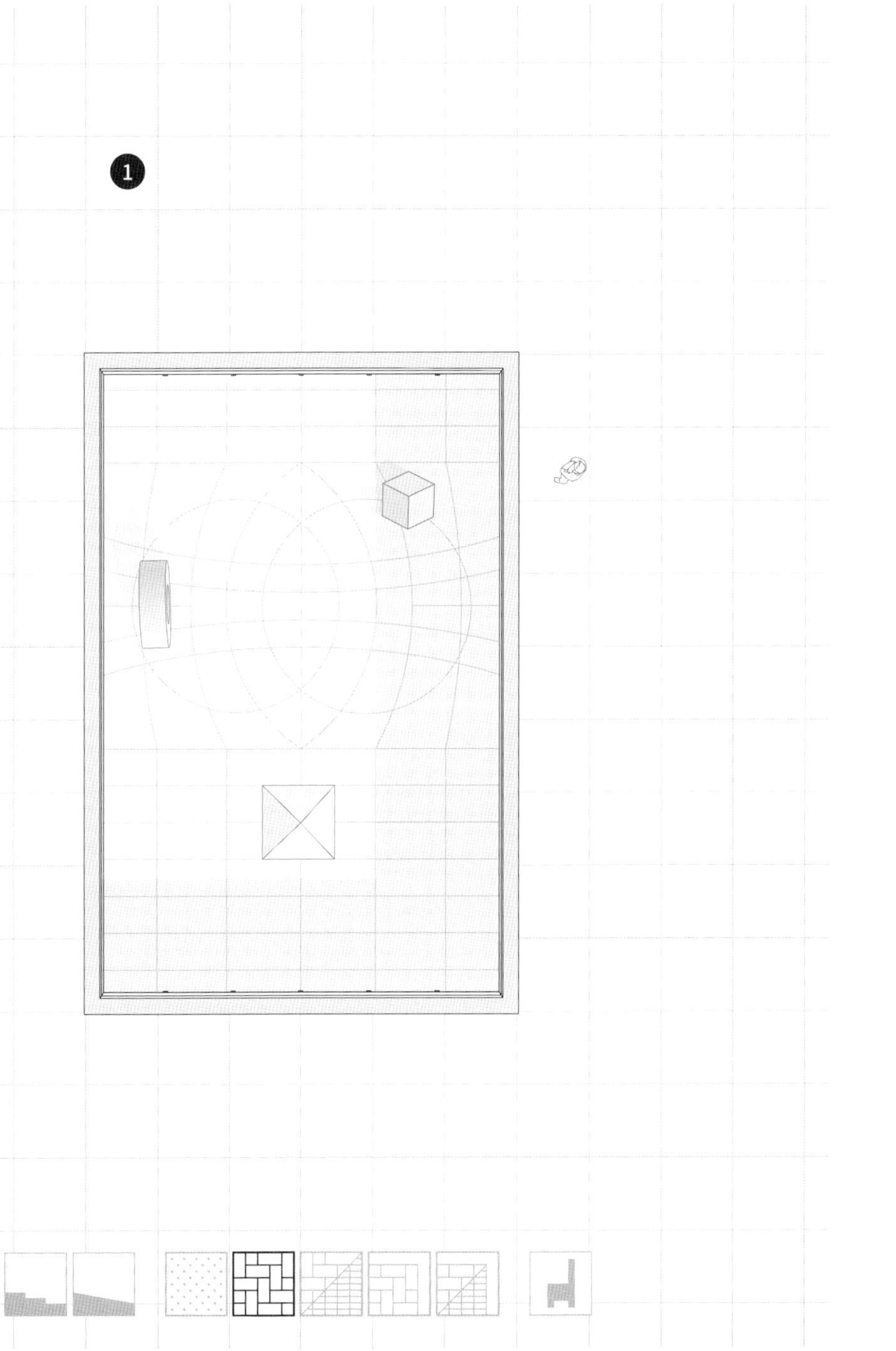

イエール大学図書館

1963
-S.O.M-

1

床面には一様にタイルが敷き詰められ、内と外、ランドスケープとの境界まで曖昧にする緩衝空間としてのピロティになっている。

2

四隅の鼓状の柱は、巨大なボリュームの重さを一点で地面に伝えることで蔵書の重厚感を払拭し、利用しやすい雰囲気をつくっている。

3

サンクンガーデンに囲われ天井高を抑えた静寂なピロティは大理石のカーテンウォールによる劇的な光の空間へのアプローチである。

07

純ピロティ

街区の一角を構成する道路が貫入したピロティ

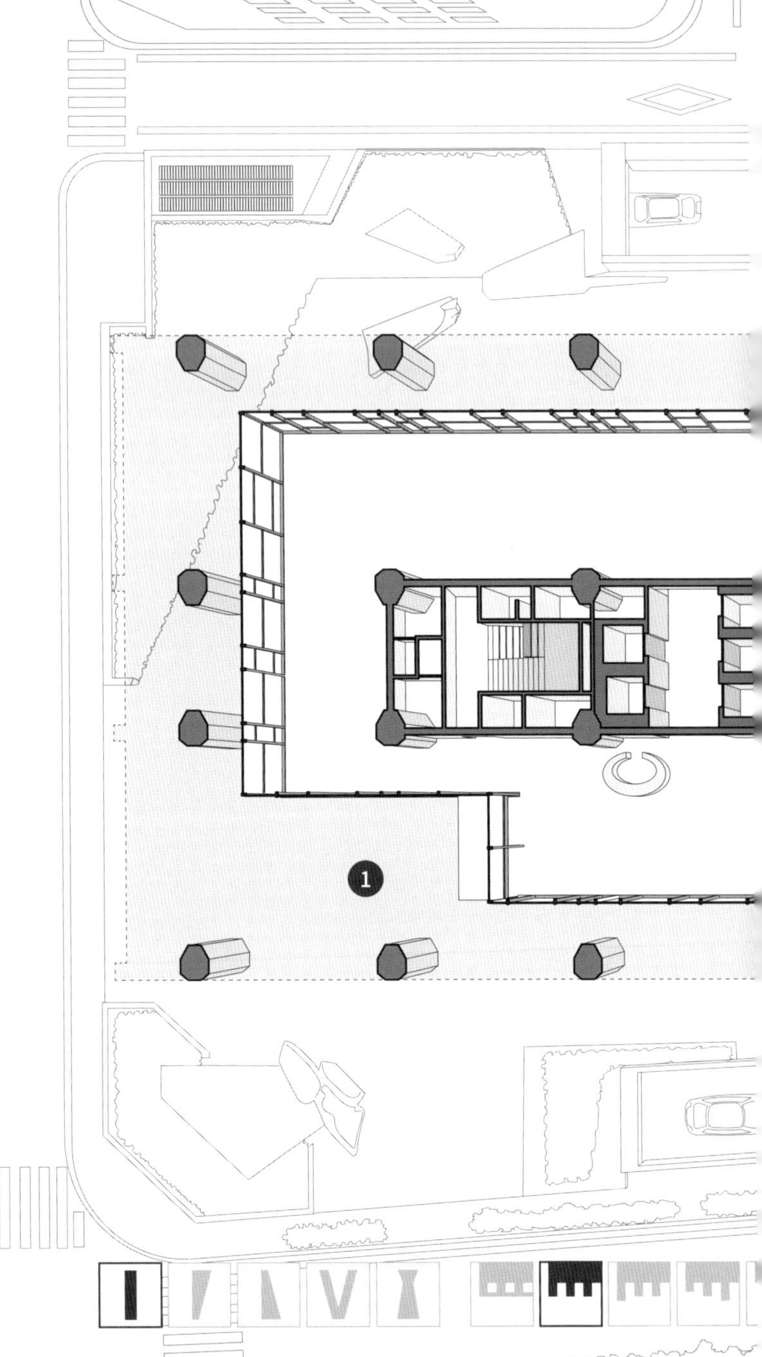

旧電通本社ビル

1968
- 丹下健三 -

1

高さ7mを超える巨大ピロティは、事務所のエントランス空間であり、街の公共空間のシンボルとして透明な存在感を示している。

2

不定形の八角形断面の柱は、自動車と事務室の双方のスケールによって割り付けられ、アーバンスケールとヒューマンスケールを獲得している。

3

車道が貫通する車寄せを兼ねたピロティの天井には照明を組込んだPC版が、床にはピンコロ石が内外を通して連続し、都市空間の一角を構成する。

08

純ピロティ

水面の反射光を引き込む高さを抑えたピロティ

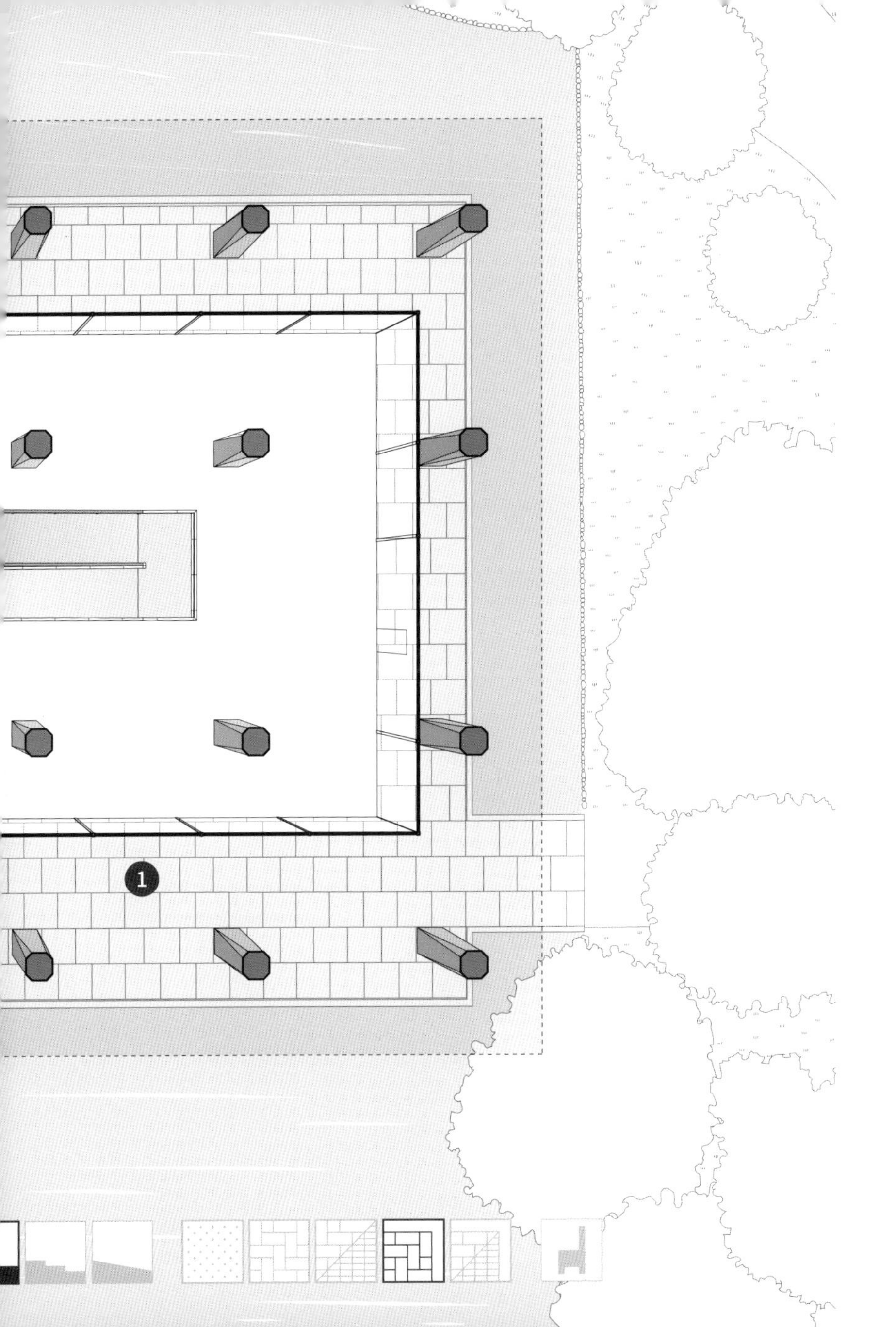

奈良国立博物館陳列館本館

1973
- 吉村順三 -

1

公園を散策する人々の視界を妨げないピロティの周囲は車寄せを兼ねた広いテラスになっており、内部と外部公園との融合を図っている。

2

ピロティのテラスの外縁部は人工池によって縁を切りセキュリティを確保しながら、公園を眺める際の景色の額縁になっている。

3

低く抑えられたピロティの天井は、徹底的に梁型を露出させることで、コンクリートでありながら古寺院と呼応するスケールに統一されている。

09

純ピロティ

公園の緑と繋がるテラスのような中間階ピロティ

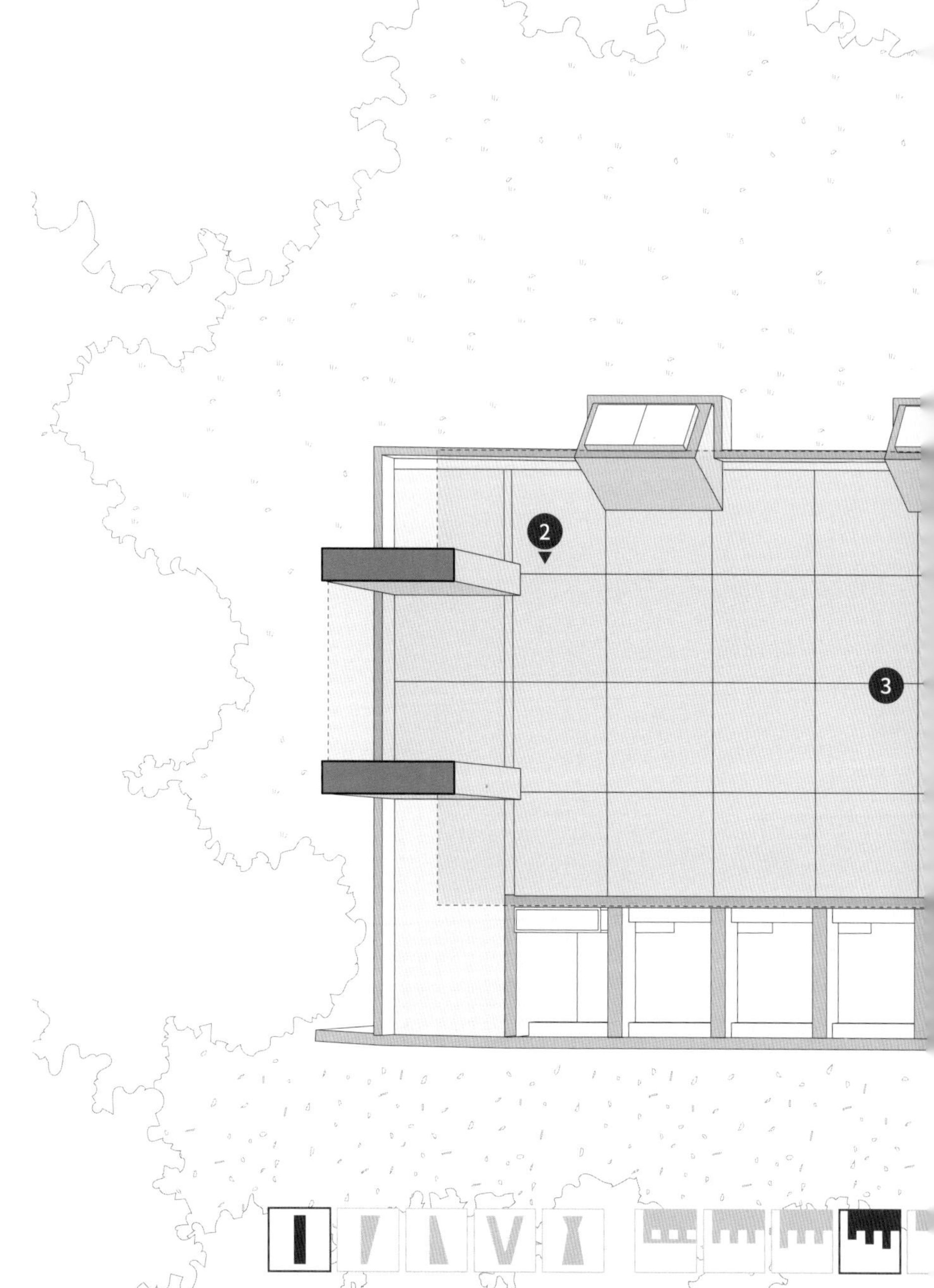

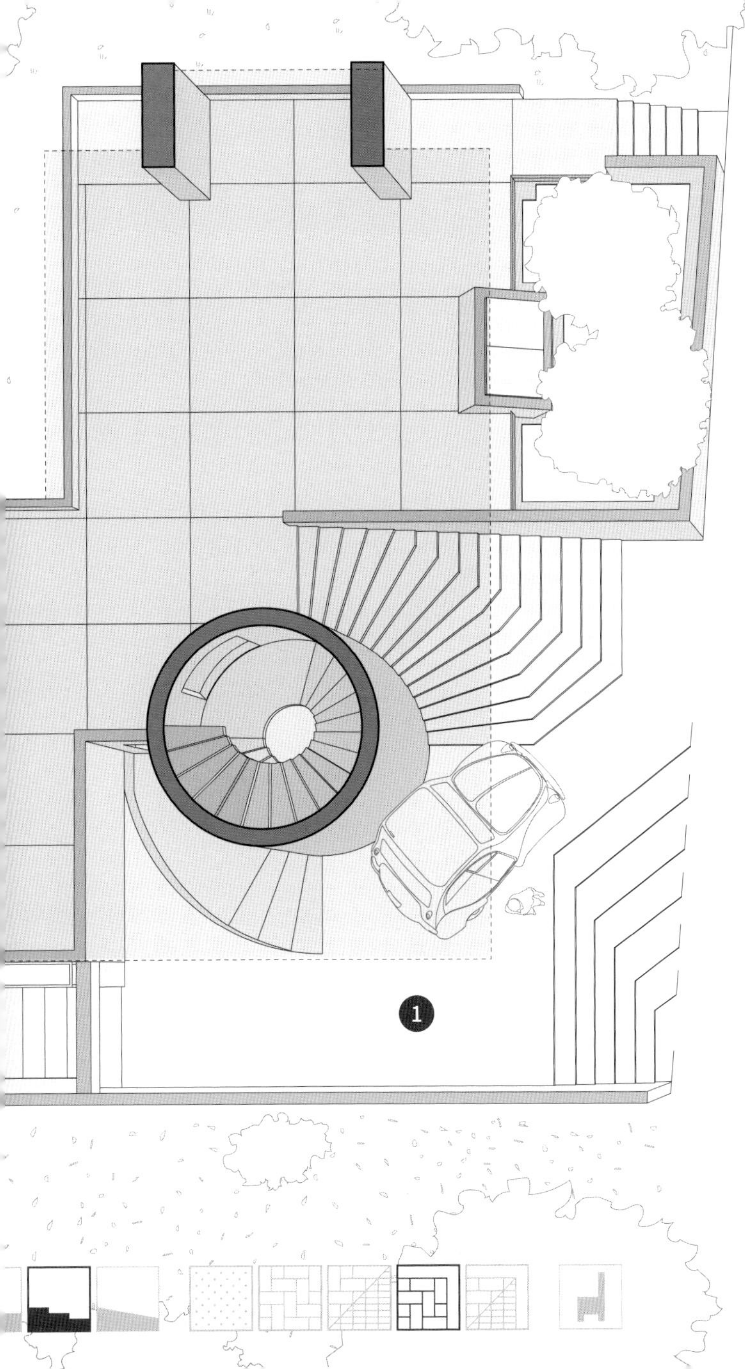

O 邸

1979
- 近澤可也 -

1

隣接する公園との高低差によってピロティの床は持ち上げられた地面であり、建物の中間階のアプローチテラスとして機能している。

2

上階の無柱空間を実現するための吊床構造がピロティの天井にも梁型となって現れ、見上げたときの建物のメインファサードになっている。

3

トップライト、ドライエリア、アプローチ階段など、内外をつなぐ建築的要素は、ピロティの「外」の性格をより強めている。

10

純ピロティ

学生活動のために地面を設えたピロティ

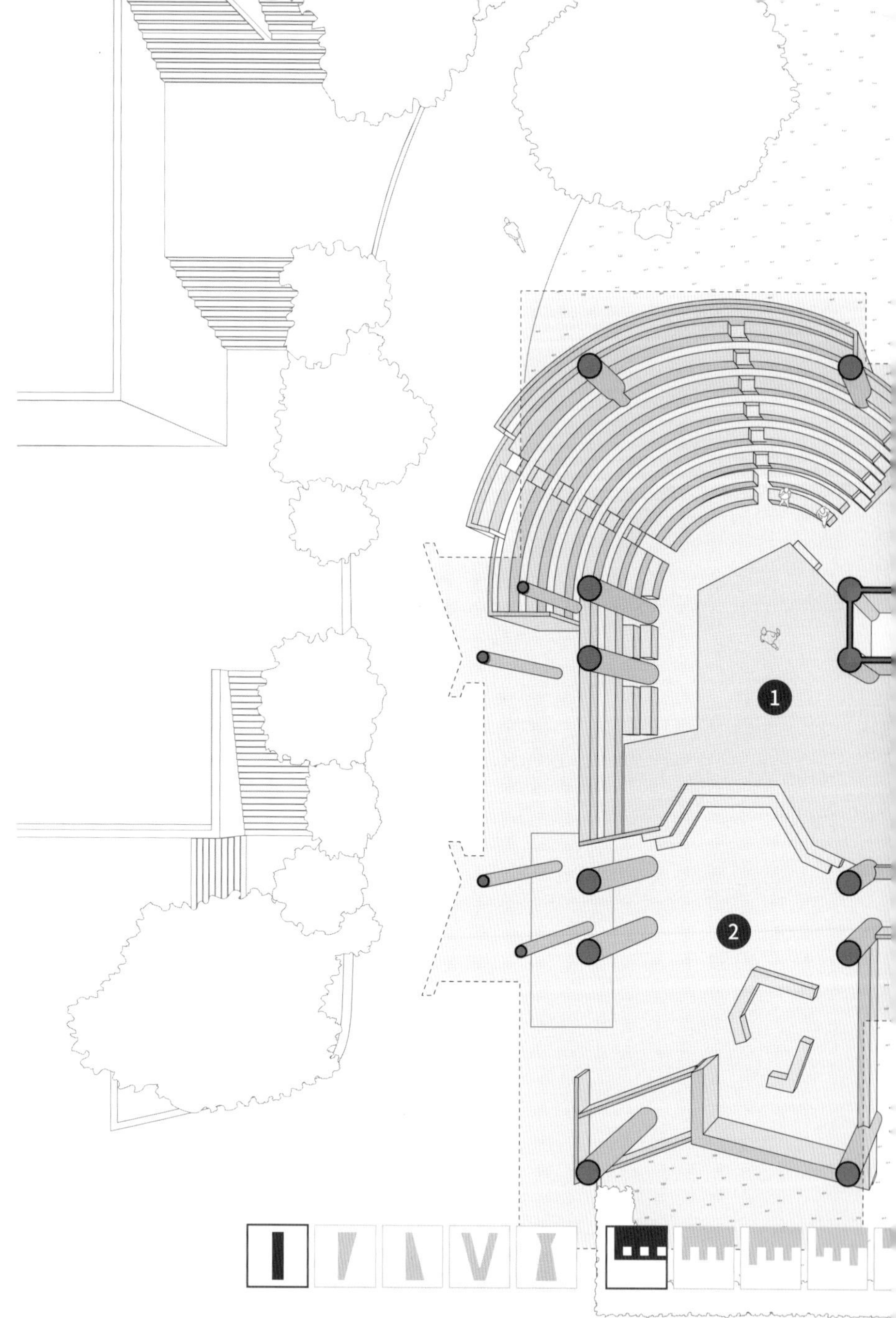

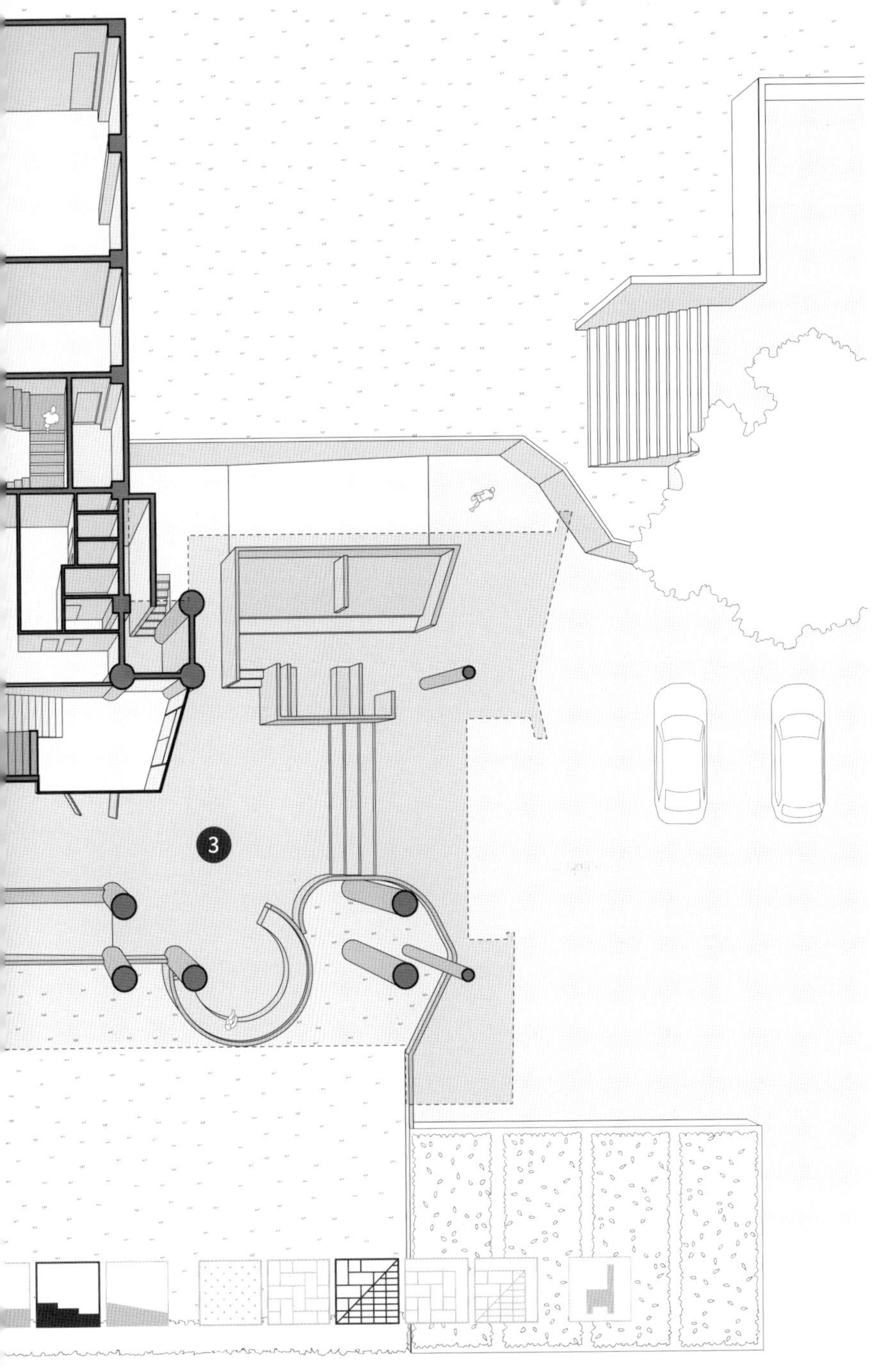

工学院大学八王子図書館

1980
- 武藤章 -

1

高低差を利用してアンフィシアターやオープンラウンジ、屋外展示スペースなど、様々なアクティビティのための屋外空間が混在している。

2

上部のボリューム構成によるグリッド状の２本１組の円柱とは無関係に、地面の段差や造り付け家具が配置され自由な振る舞いを誘発している。

3

シアターのステージ、ラウンジのベンチ、展示スペースの掲示板など、屋外使用の設えにすることで、地面に身を横たえる温かみを出している。

II 迎え入れる門

architecture as the gate

ピロティ空間が建築物へのアプローチになっているとき、エントランスをピロティ越しに見ると、建築のファサードがダイナミックに迫ってくる。車寄せやエントランスの軒先といった機能空間であることは勿論のこと、訪れる人を迎え入れる建物の顔としての「門」としてふるまう。

11

迎え入れる門

大学生活と明るい未来を繋ぐ飛行機の車輪

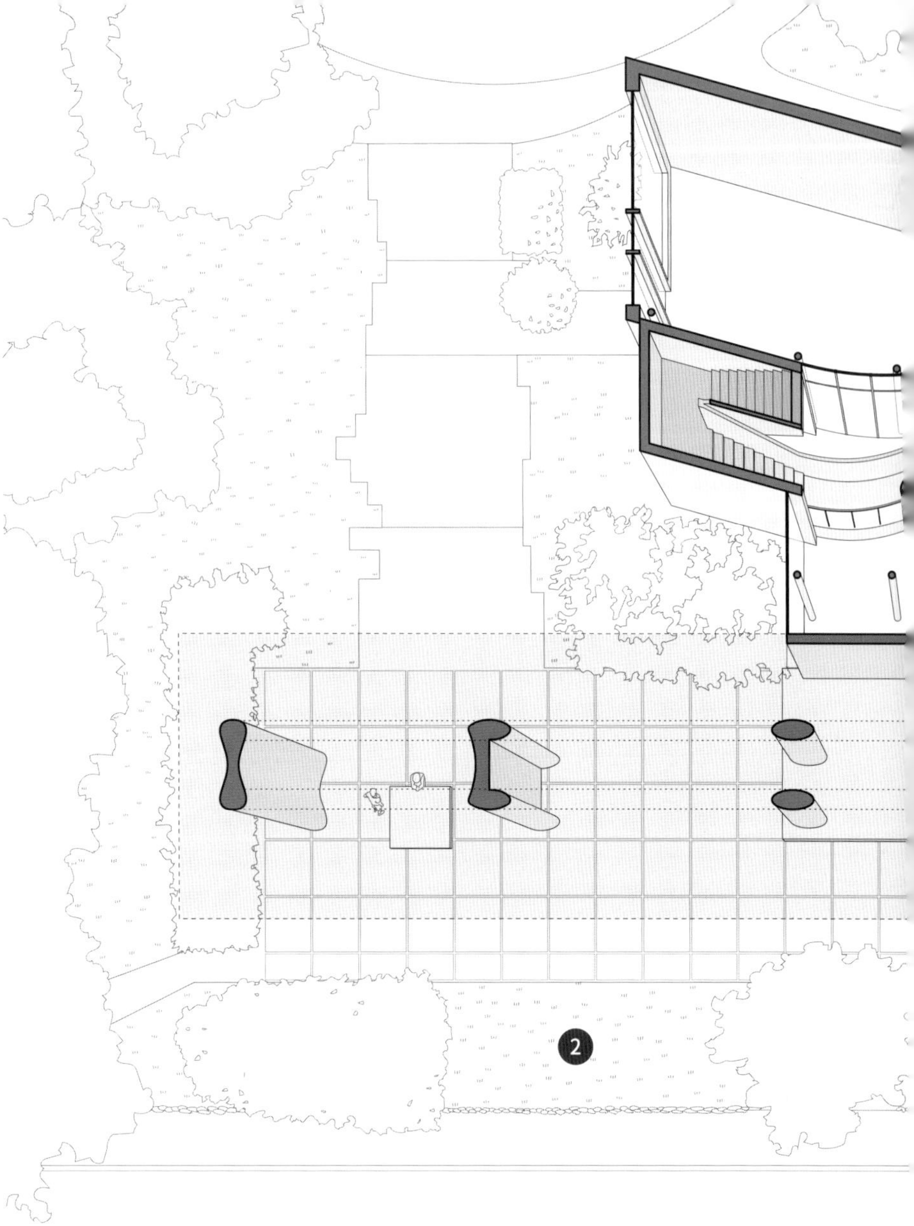

2

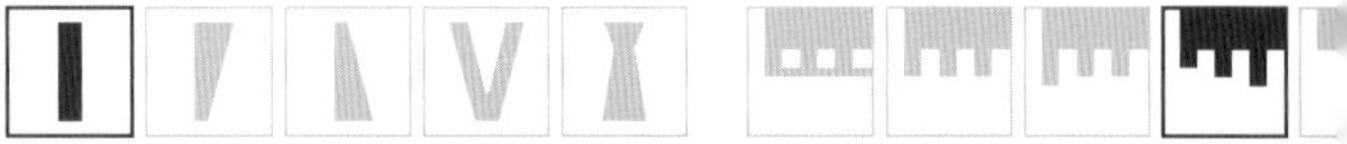

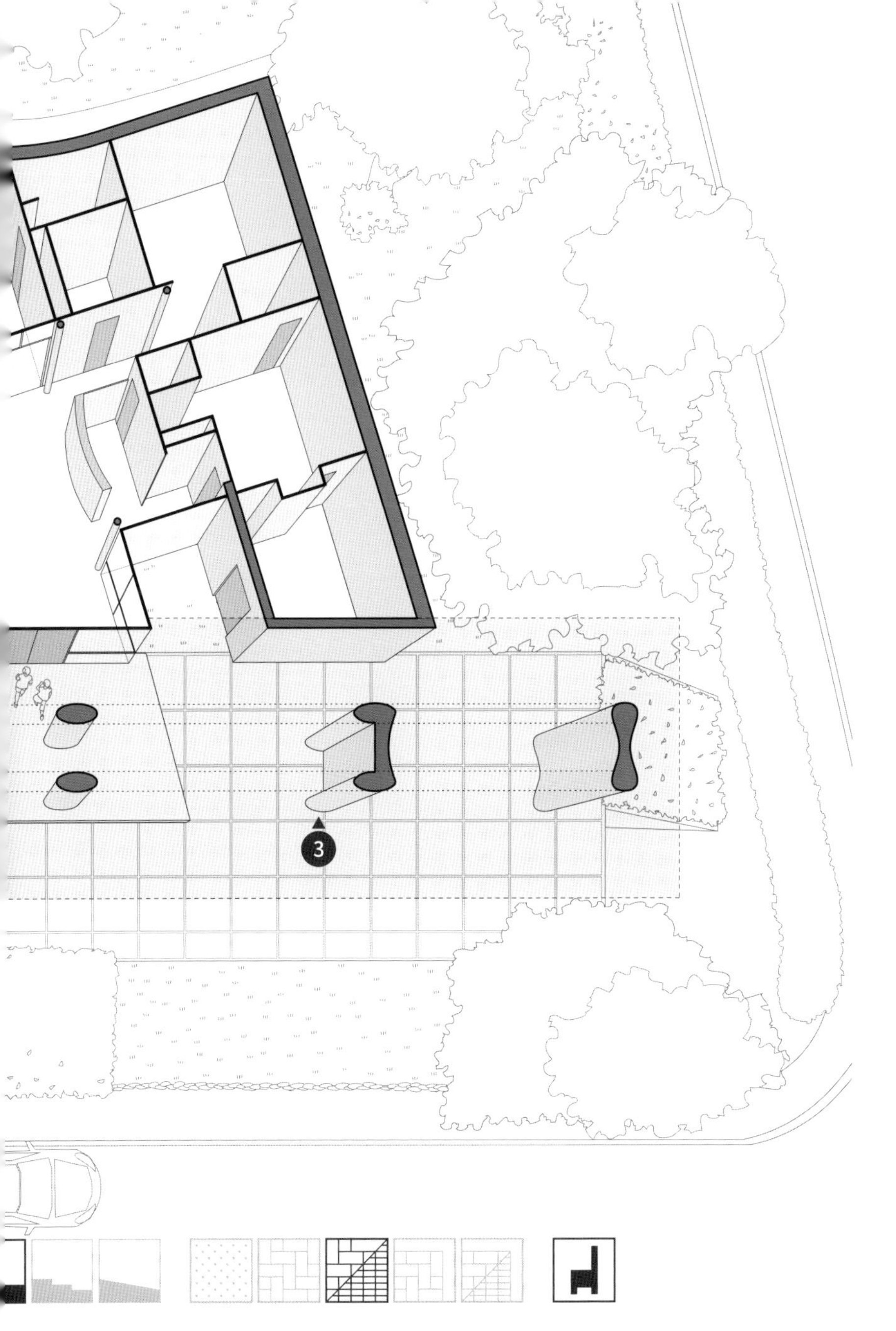

スイス学生会館

1952
- ル・コルビュジエ -

1

直線に並んだ２本６列の柱は、上部を支える梁の定着を考慮して楕円になり、両端の２列は、柱同士が繋がり骨のような平断面になっている。

2

大地と縁をきるようにピロティの周縁には白砂利が地面に敷き詰めれ、地面から飛び立つ飛行機の主翼の下にいるかのような感覚になる。

3

２本の梁の間と、柱同士繋がっている壁の凹みには、上層階の設備配管が隠蔽され、学生を迎え入れる開放的なピロティを作り出している。

12

迎え入れる門

日常と非日常が同居する開放的な縁側

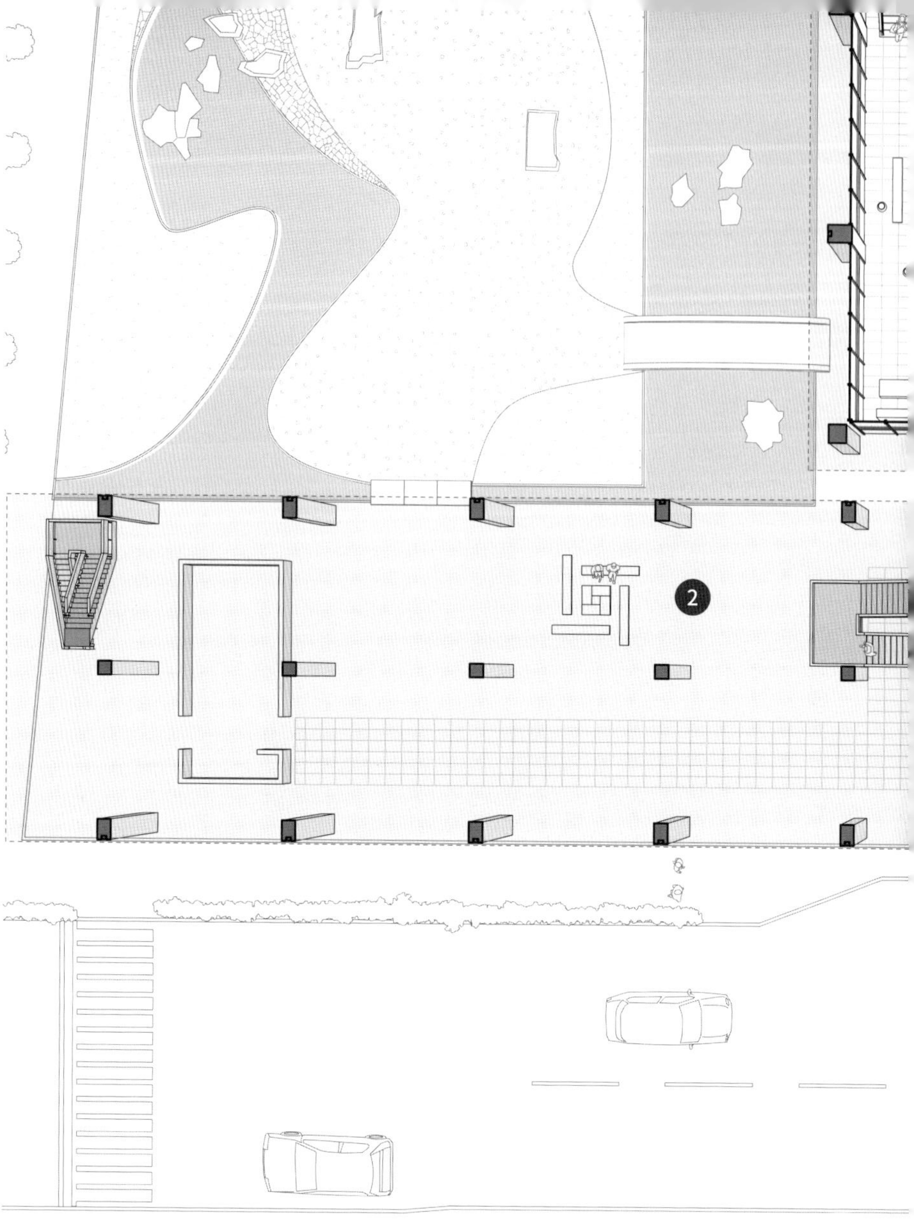

2

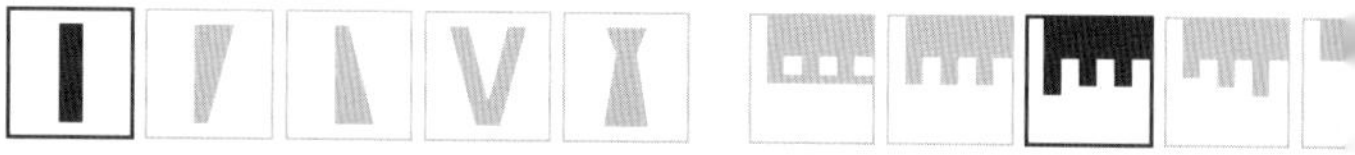

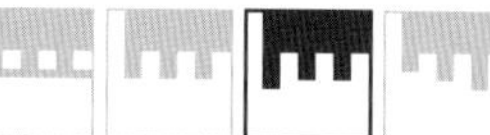

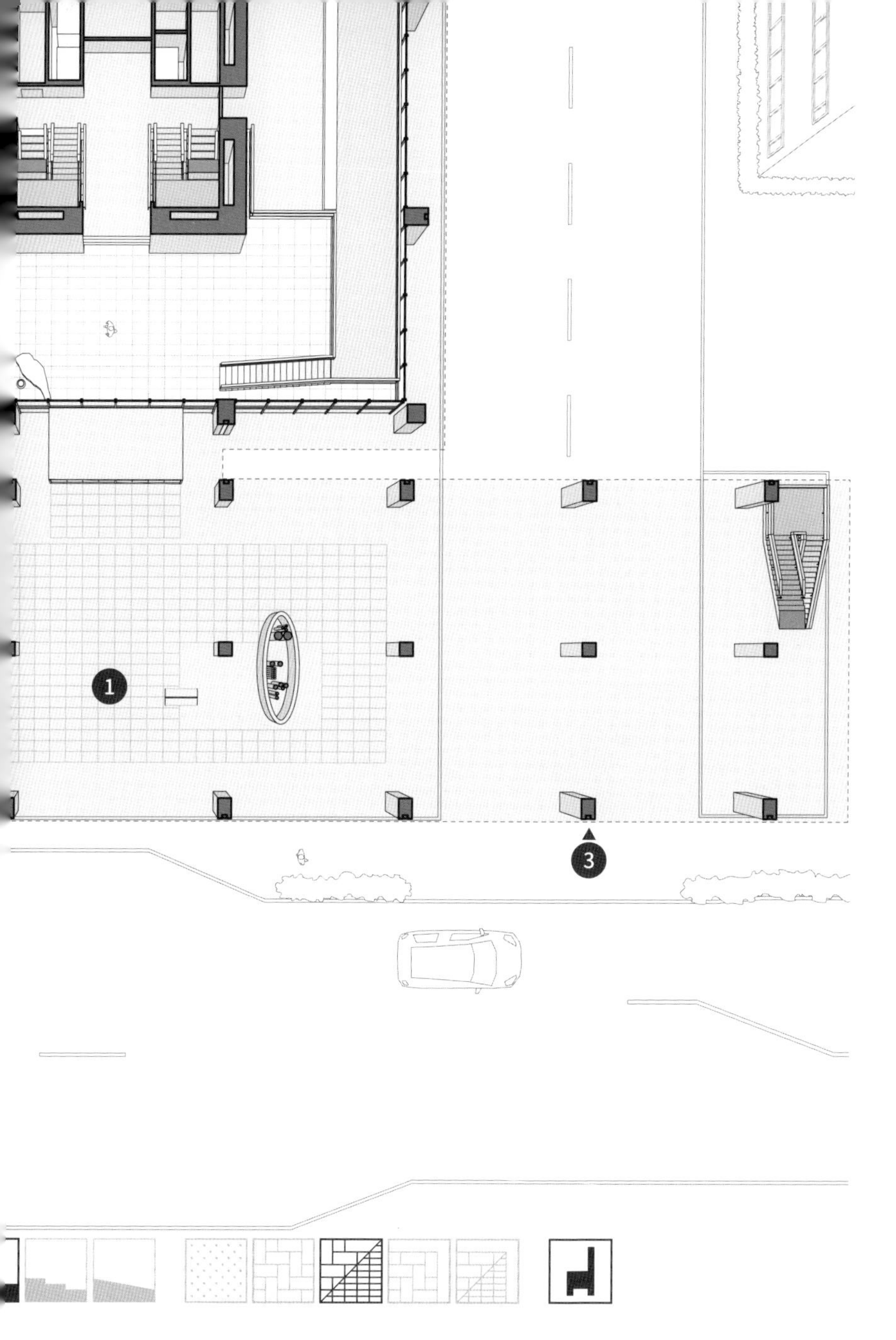

香川県庁舎

1958
- 丹下健三 -

1

狭小道路の拡張として設けられたピロティは正方形の高層庁舎の手前にあり、街への大きな門としてのアーケードの役割を果たしている。

2

6m の開放的なピロティはベンチや駐輪場など来庁者のための機能を有しながら、庭園と一体となって市民に開かれた広場になっている。

3

ピロティ外周部の柱の表面は 3 つに分節されており、中央の凹みに外樋が嵌め込まれ、柱と梁が建築立面に陰影をつけつつ強調される。

13

迎え入れる門

コルビュジエが日本に残した唯一のピロティ建築

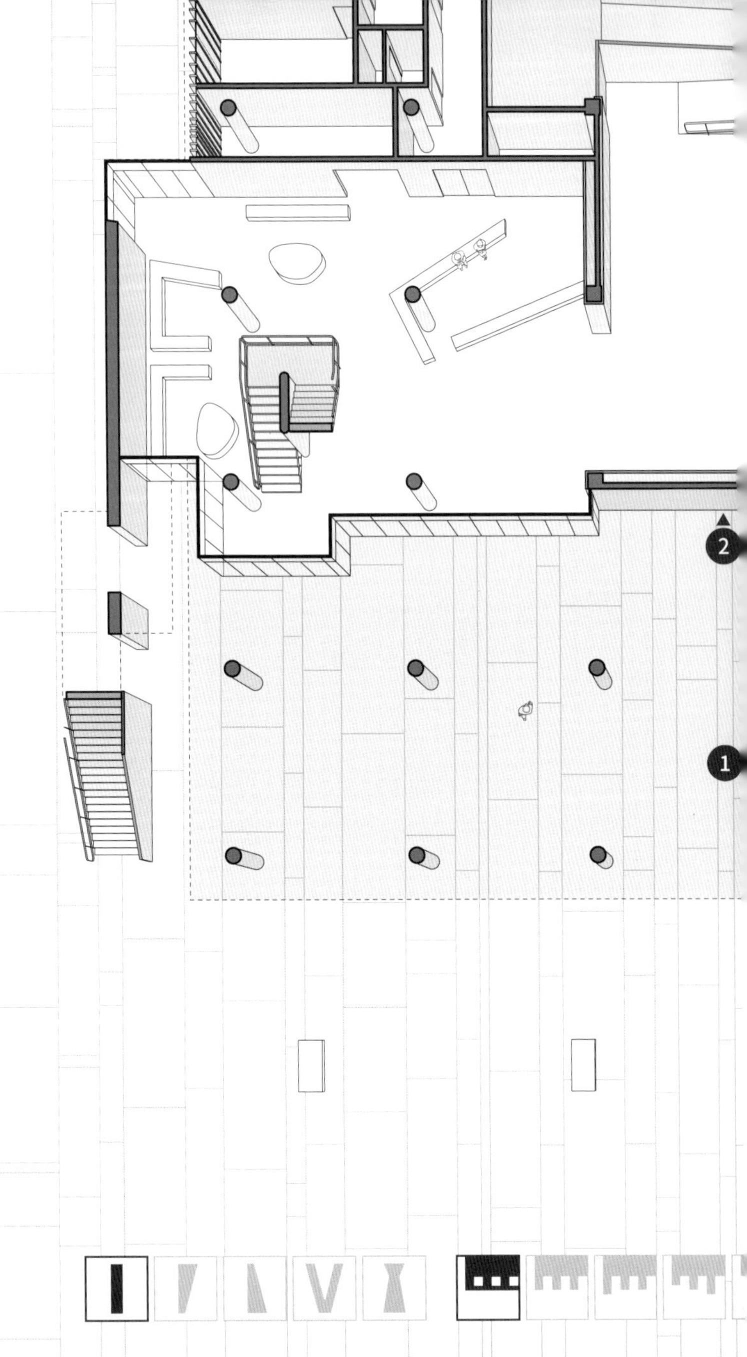

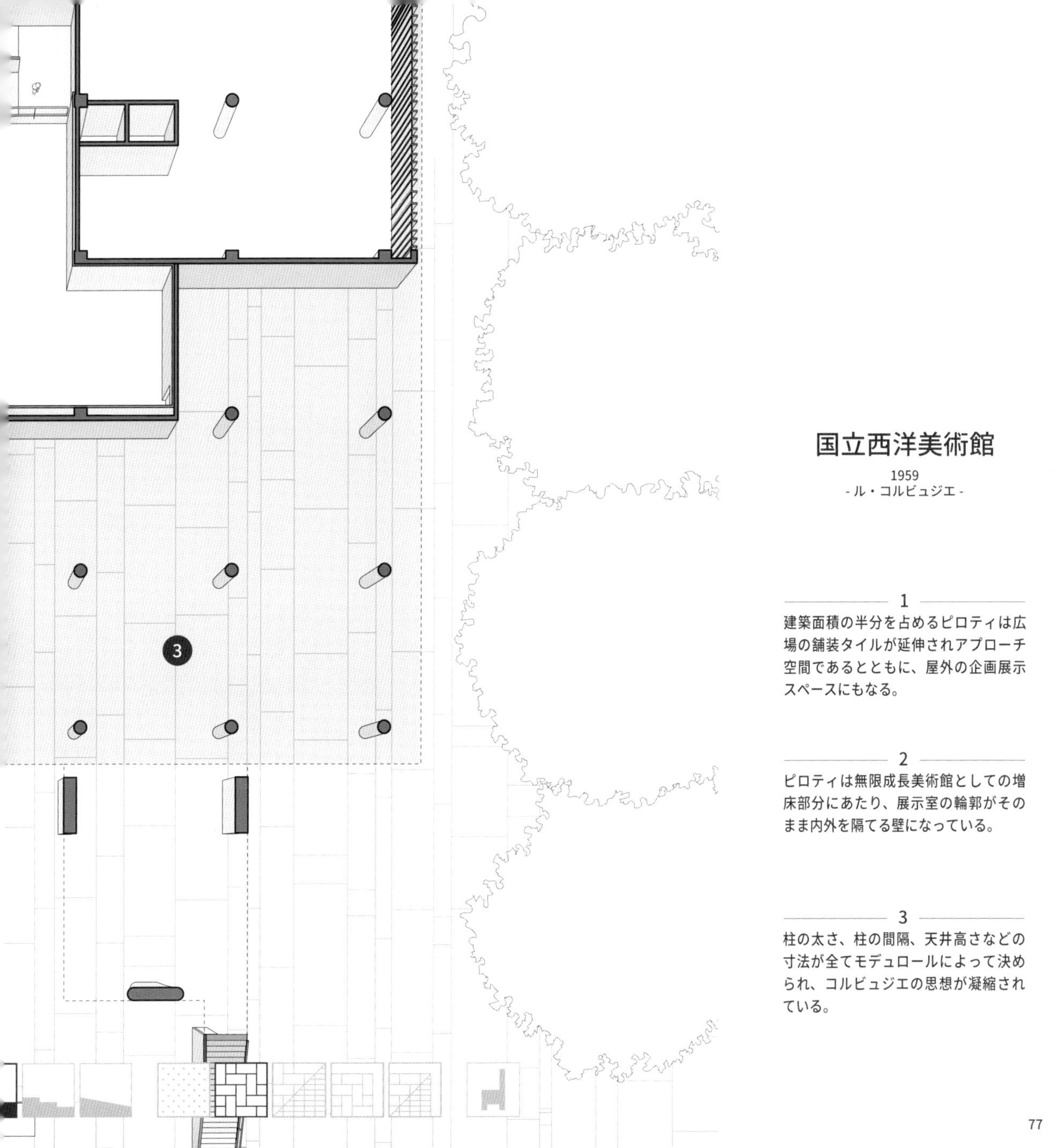

国立西洋美術館

1959
- ル・コルビュジエ -

1

建築面積の半分を占めるピロティは広場の舗装タイルが延伸されアプローチ空間であるとともに、屋外の企画展示スペースにもなる。

2

ピロティは無限成長美術館としての増床部分にあたり、展示室の輪郭がそのまま内外を隔てる壁になっている。

3

柱の太さ、柱の間隔、天井高さなどの寸法が全てモデュロールによって決められ、コルビュジエの思想が凝縮されている。

14

迎え入れる門

街を望むキャンパスの軸と丘の上の階段舞台

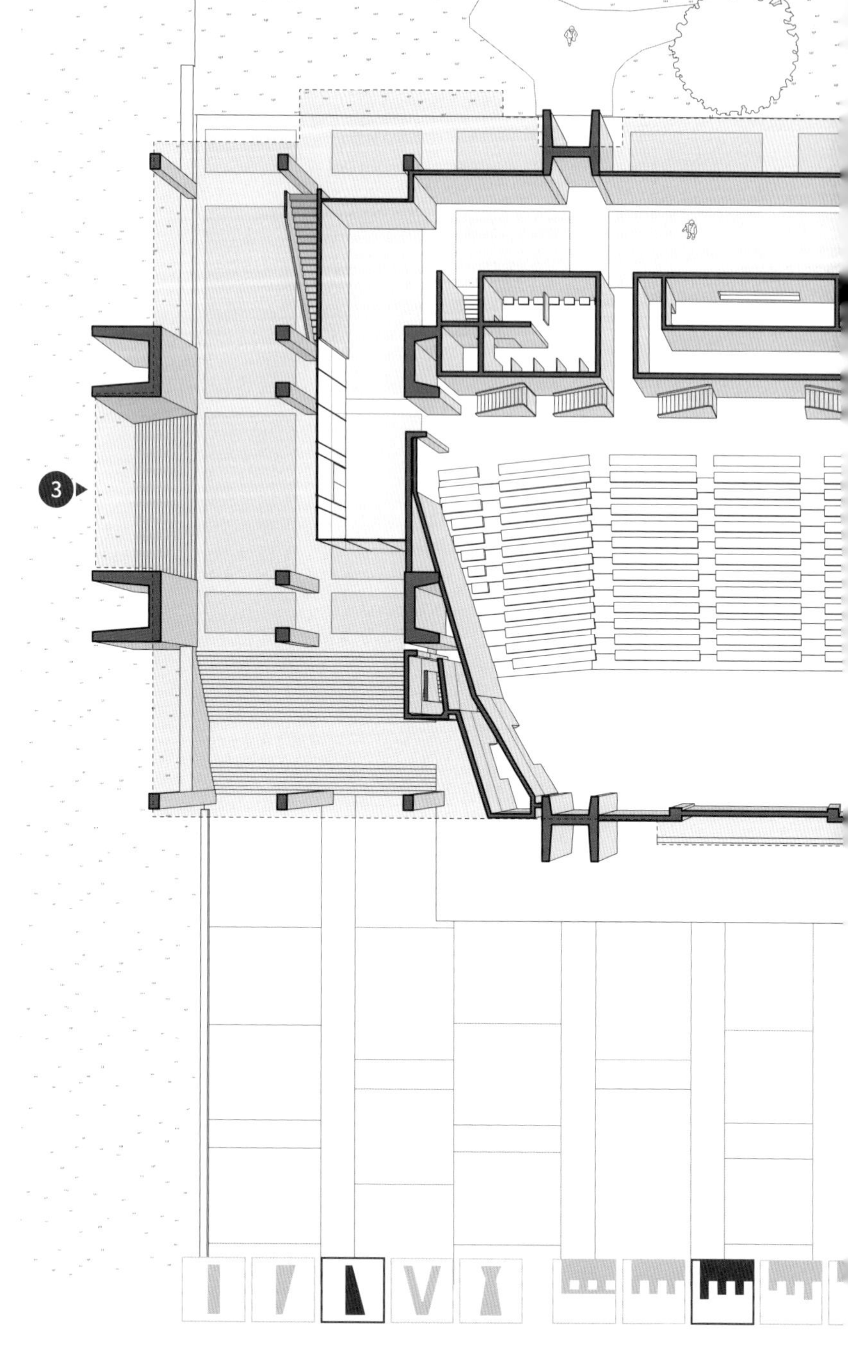

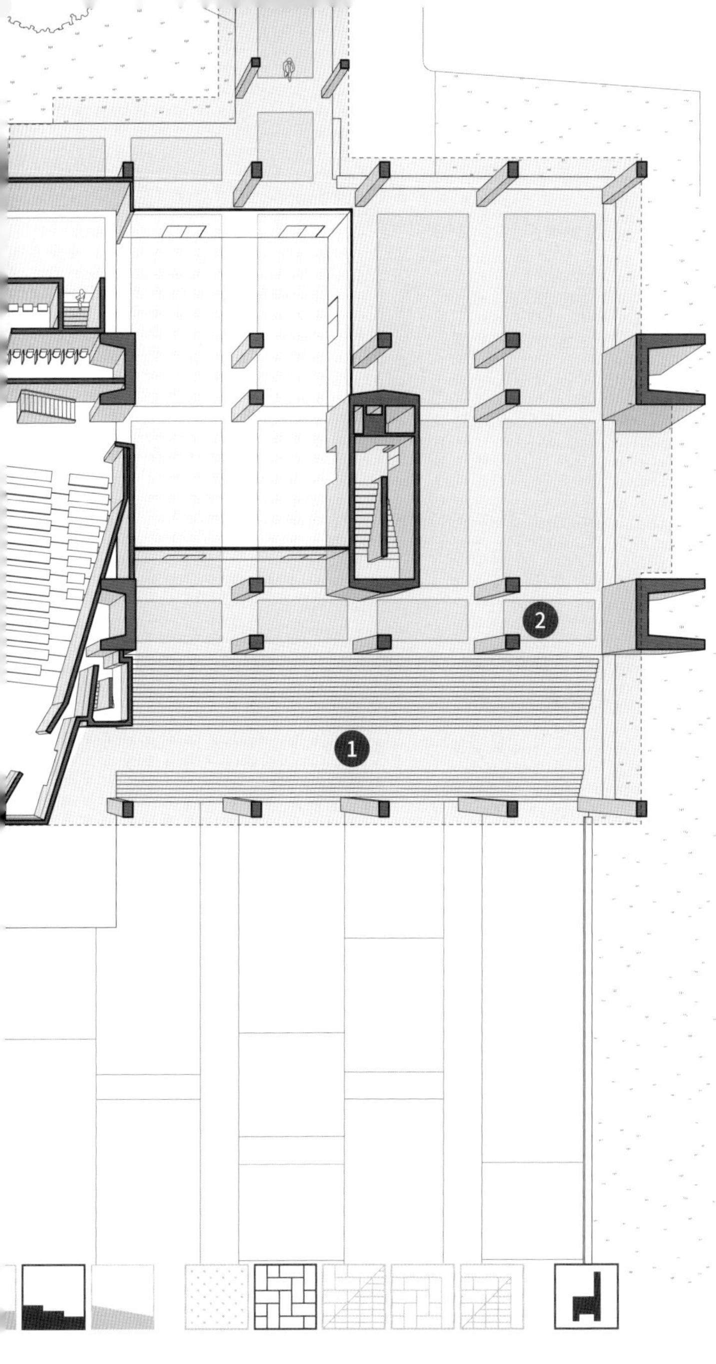

名古屋大学豊田講堂

1960
- 槇文彦 -

1

青石洗い出しの床が段差となって、ピロティは6mから3mへと劇的に天井高さを変化させて広場、大階段、公園を緩やかにつないでいる。

2

プレキャストコンクリートで作られた笠木や柱周りの小さな座椅子は、巨大なピロティ空間とヒューマンスケールとの対比をつくっている。

3

壁柱によるダブルグリッドは梁と床目地によって軸を強調し、この場所がキャンパスの「門」としてランドスケープの一部になっている。

15

迎え入れる門

企業の顔として街に開かれた美しい駐車場

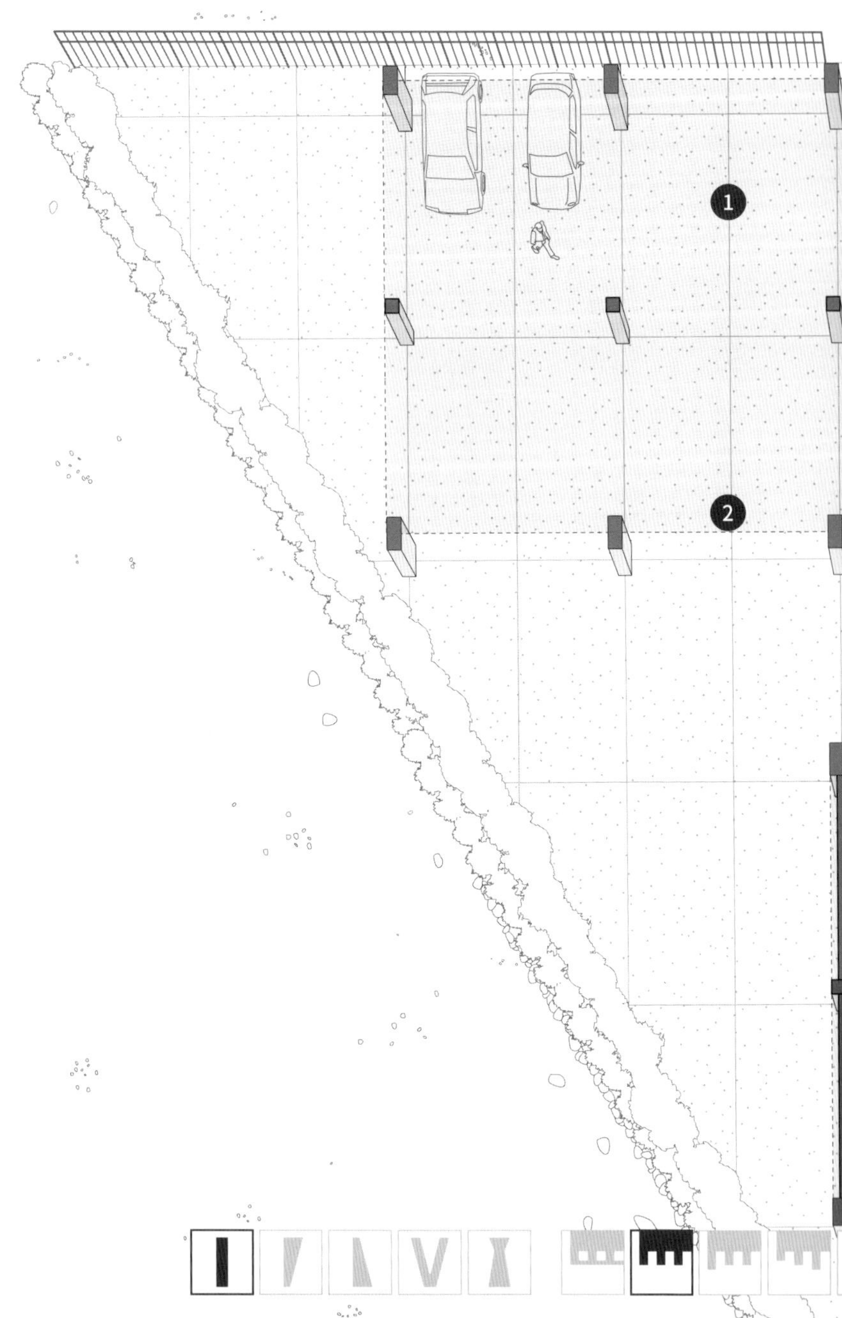

塩野義製薬吹田分室

1961
- 坂倉準三 -

1

駐車スペースのグリッドで配置されたコンクリート柱によって持ち上げられた空間は、敷地形状に沿って雁行するカーポートになっている。

2

合理的で無駄がない質素なピロティは、敷地面積が限られる中で将来の増築に対応するスケルトン空間の役割も果たしている。

3

空に向かって細くなる末広がりの柱は、構造的にも車の衝突に対する耐久性にも優れ、製薬会社としての安心感と発展性を象徴している。

16

迎え入れる門

橋梁的な構造が育む庁舎の足元にある市民広場

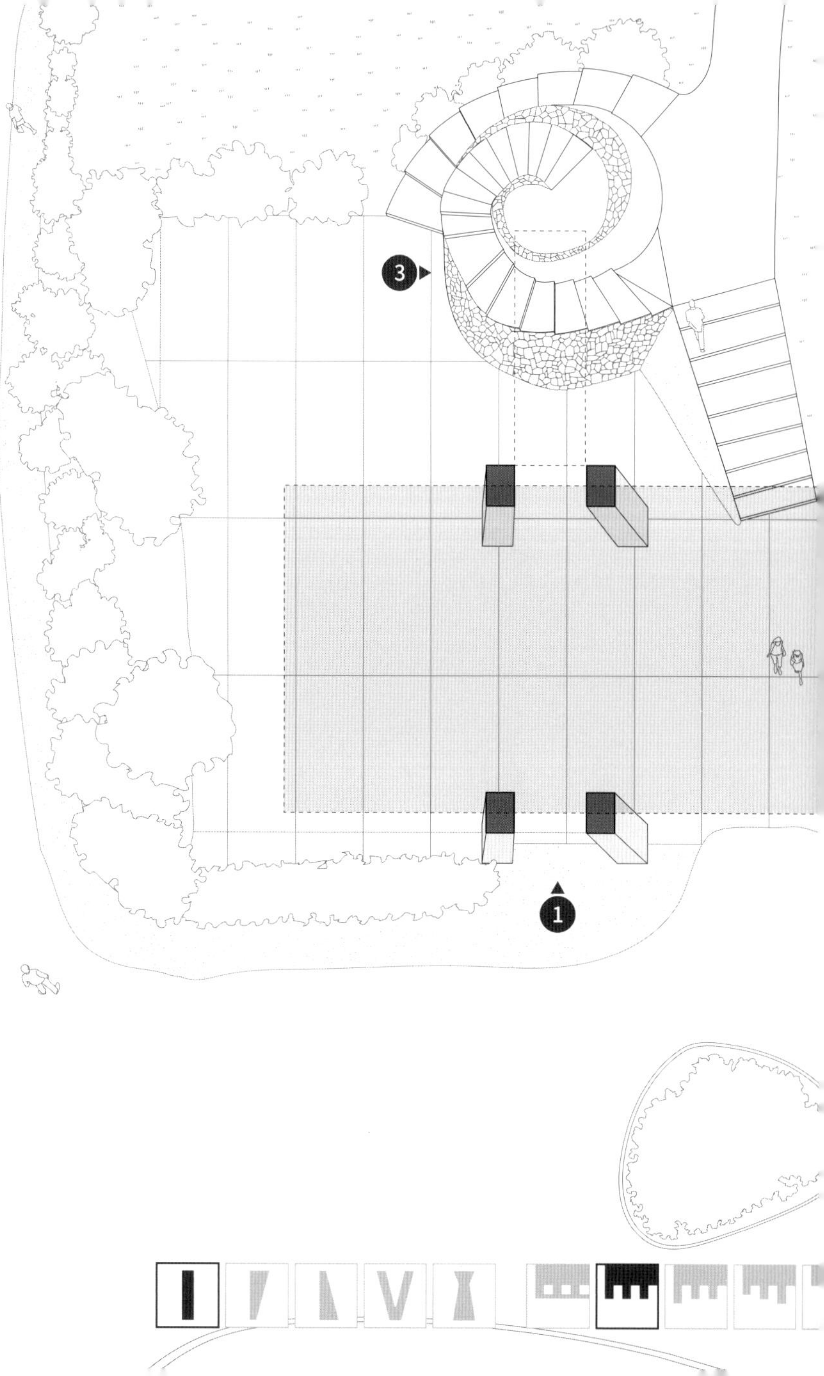

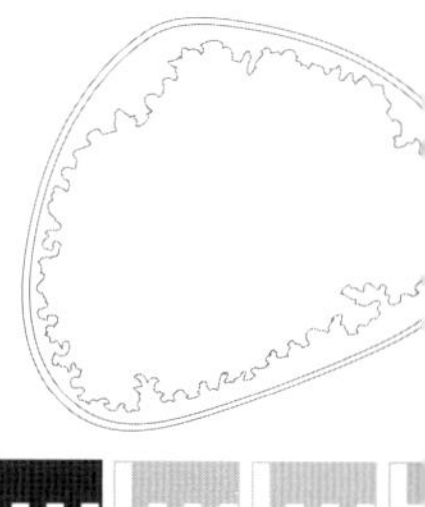

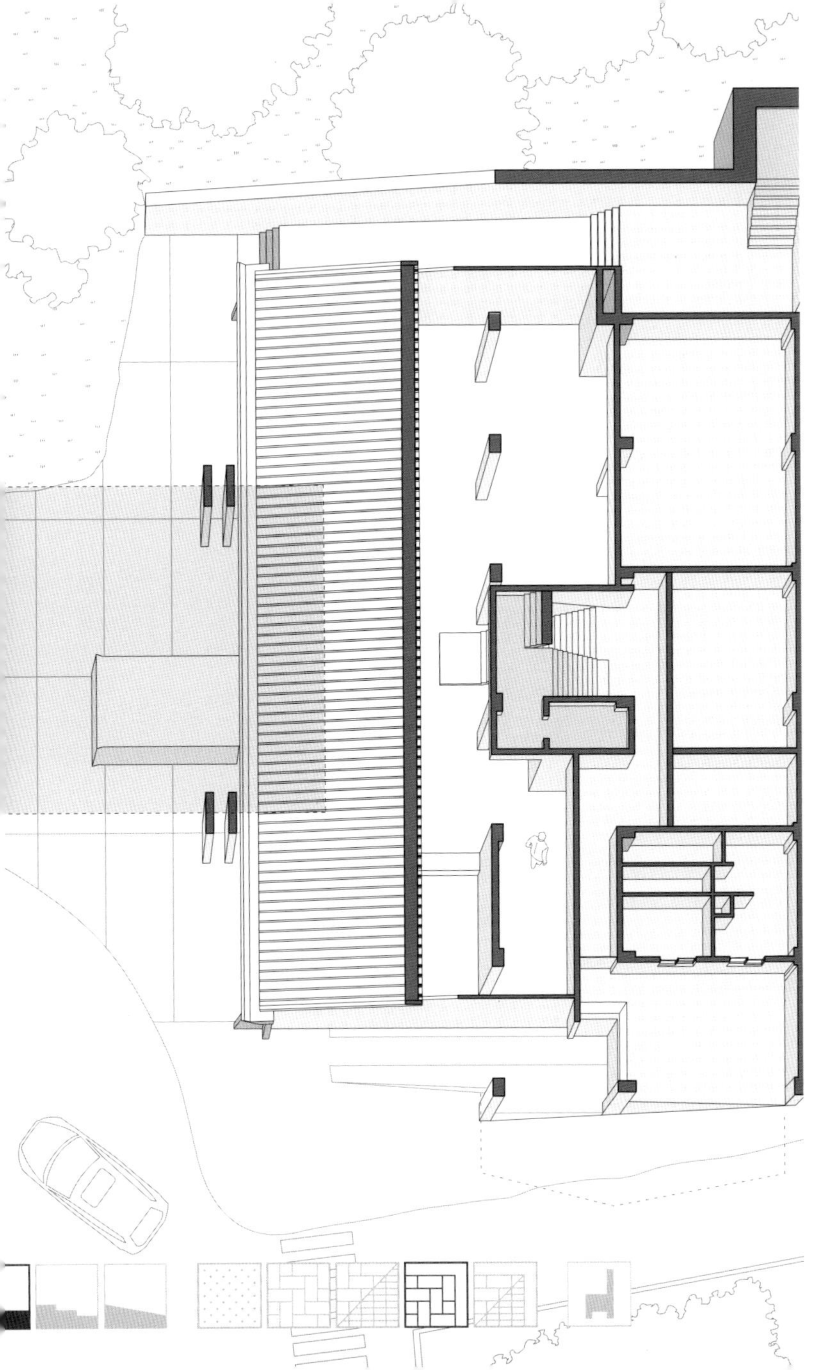

江津市市役所

1962
- 吉阪隆正 -

1

橋梁技術を採用し構成された２本のA型の柱によって45mの執務空間が大きく持ち上げられ、ピロティの天井による抑圧感を開放している。

2

市民広場ピロティは、庁舎のエントランスであり、イベント時の客席であり、街を見下ろす展望台であり、人びとの拠り所になっている。

3

デンデンムシと名付けられた石垣の螺旋階段は２階の主要執務室へつながり、無機質な直線のPC梁のピロティにアクセントを与えている。

17

迎え入れる門

伝統建築を抱える地域の顔の宙に浮いた回廊

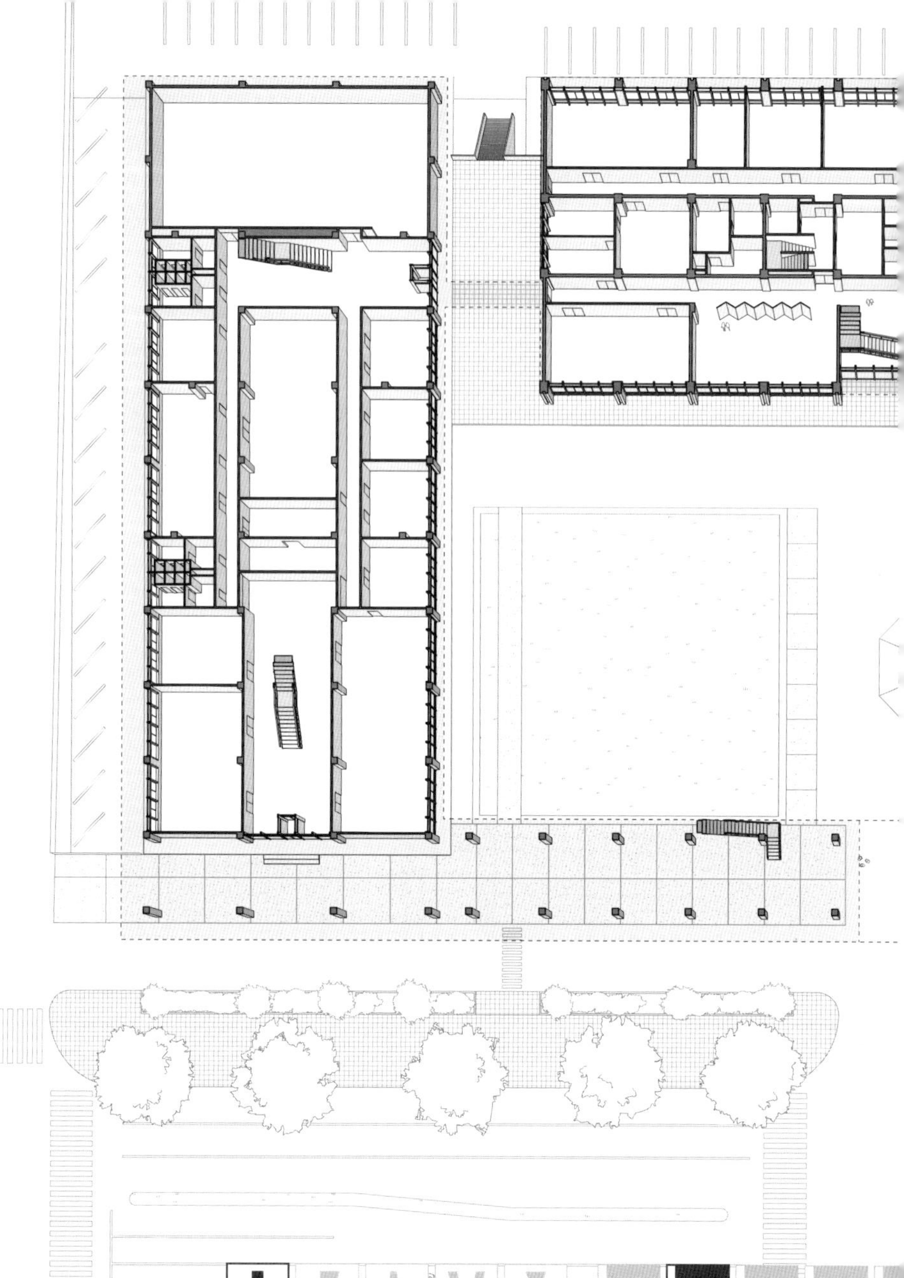

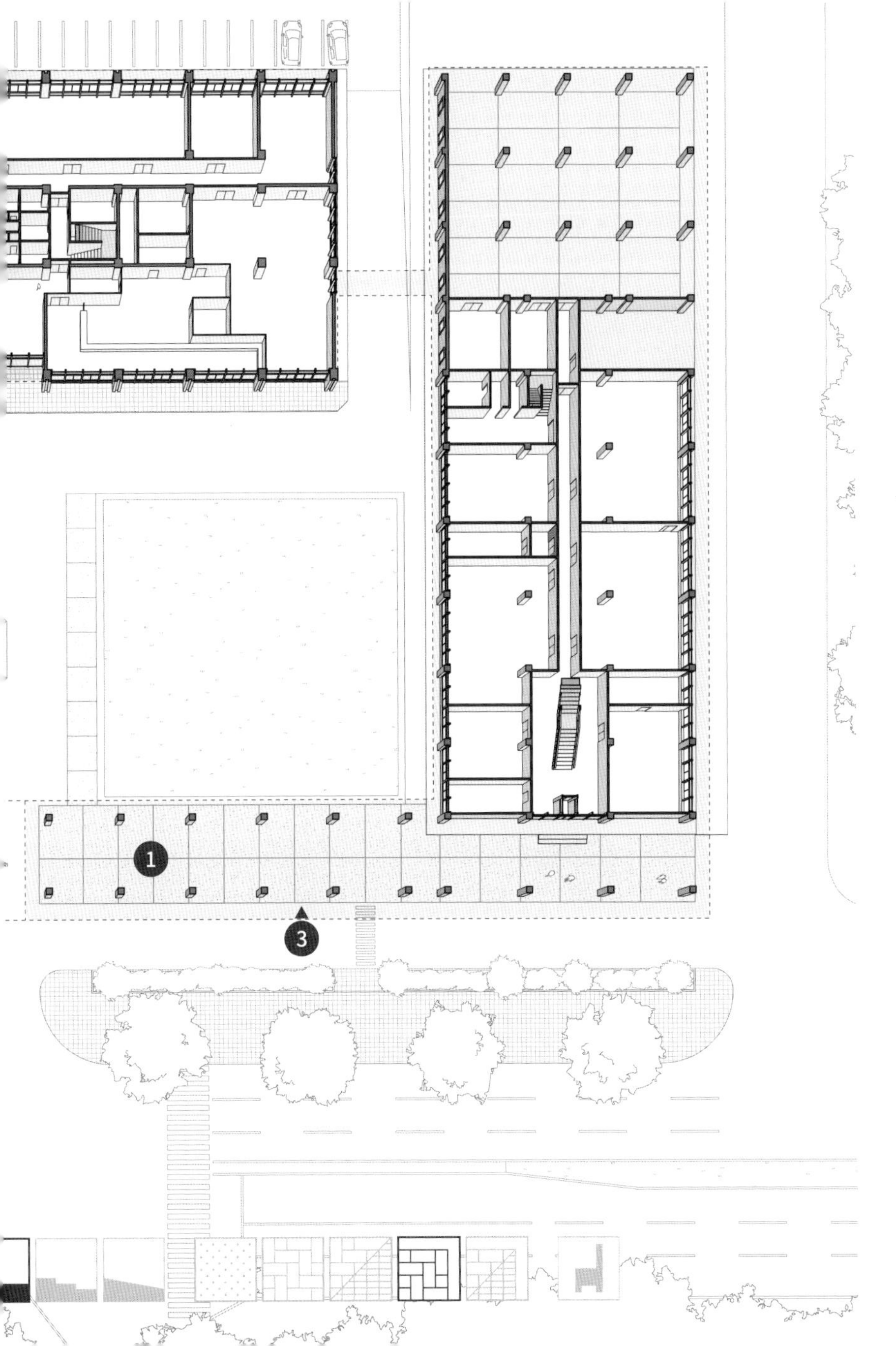

奈良県庁舎

1965
- 片山光生 -

1

東大寺から引用した伽藍配置の中で、回廊の前面のみがピロティとなることで、気軽に利用できるような行政機関として門構えになっている。

2

ピロティの天井高は正面入口で屋根のみになり、視界が開けることで回廊による囲われ感を保ちながら、軸線を強調し象徴性がより増している。

3

ピロティの床面は道路面から少し上げて舗装されることで、歩行者の動線を明確に区分し、中庭は芝生張りとして回廊の構成を明快にしている。

18

迎え入れる門

森に浮遊する緑と人が混ざり合う建築家の自邸

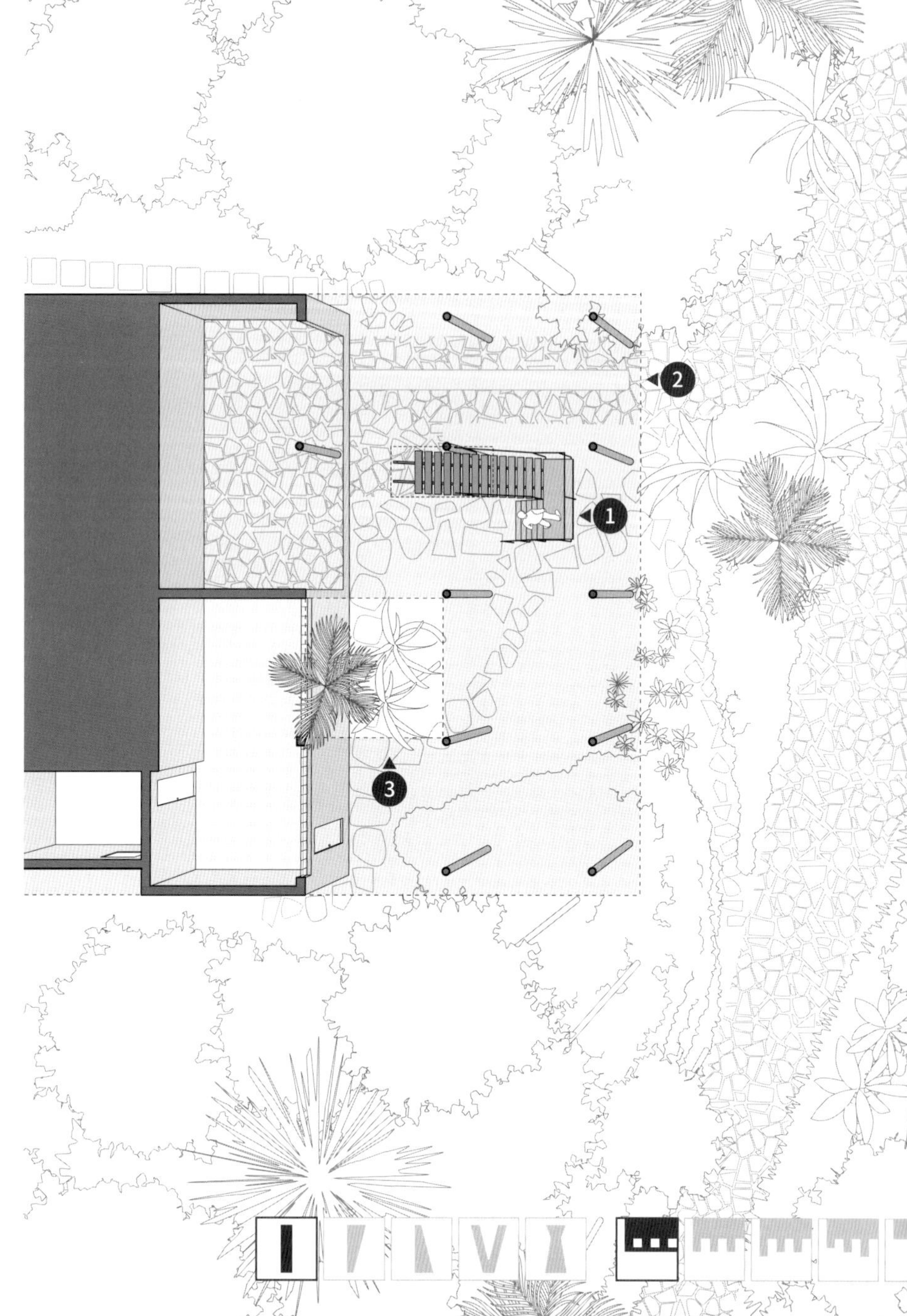

サンパウロ郊外の住宅

1969
- リナ・ボバルディ -

1

花崗岩の厚みがそのまま段板となった階段は浮いているように見え、アプローチの途中で方向を切り替える踊り場は開放感や抜け感を助長する。

2

ピロティ内に引き込まれた石畳の車路はそのままガレージと連続し、建物自体が門のように振る舞うことで、来訪者の高揚感を高めている。

3

傾斜する地面と天井に穿かれた穴がピロティの上下方向の視界を広げ、中庭の植物は年月を経て生い繁るであろう森と繋がる。

III 地形との対話

adapt to landform

ピロティ空間の地面は、その建築の性格を雄弁に語ってくれる。自然のありのままの大地や人工的につくられた庭や池などの外部環境の地がそのままピロティに引き込まれることがある。ピロティは建築がその場所との繊細で緊密な関係を築く上での空間的な基礎なのである。

19

地形との対話

築山の庭を背景にする木造のピロティの傑作

丹下健三自邸

1953
- 丹下健三 -

1

庭先の築山は住宅地の塀にかわる目隠しとして、ピロティを含めたランドスケープの一部となっており、近所の子供の遊び場となっている。

2

壁の多くが梁下まで到達せずに、スリットになっており、天井（2階床下地）の板が斜めに貼られることで柱と梁による軸組がより浮かび上がっている。

3

コンクリート平板が敷き詰められた床に、繊細な籐の網椅子が置かれることで、完全な外部でない2階の床座とは異なる椅子座の空間として設えている。

20

地形との対話

高低差のある自然を取り込む庭としてのピロティ

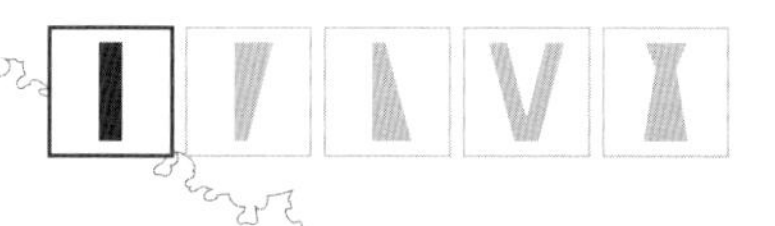

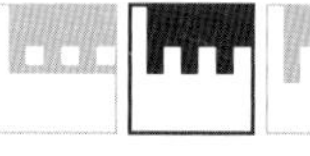

ヴェネチア・ビエンナーレ日本館

1956
- 吉阪隆正＋ U 研究室 -

1

高低差のある敷地を建築のピロティによって接続することで、地形に逆らわない環境と一体になった風景を生み出している。

2

4 枚の壁柱によって支えられたピロティは単なる地形とのすき間ではなく、内外を横断する多様な展示品のためのギャラリーにもなっている。

3

床面はコンクリートに大理石を散らした荒々しい仕上げであり、天井は並列された梁が風車状になっており、自然や周辺環境との調和を図っている。

21

地形との対話

対岸を繋ぐアーチの橋による自然との対峙

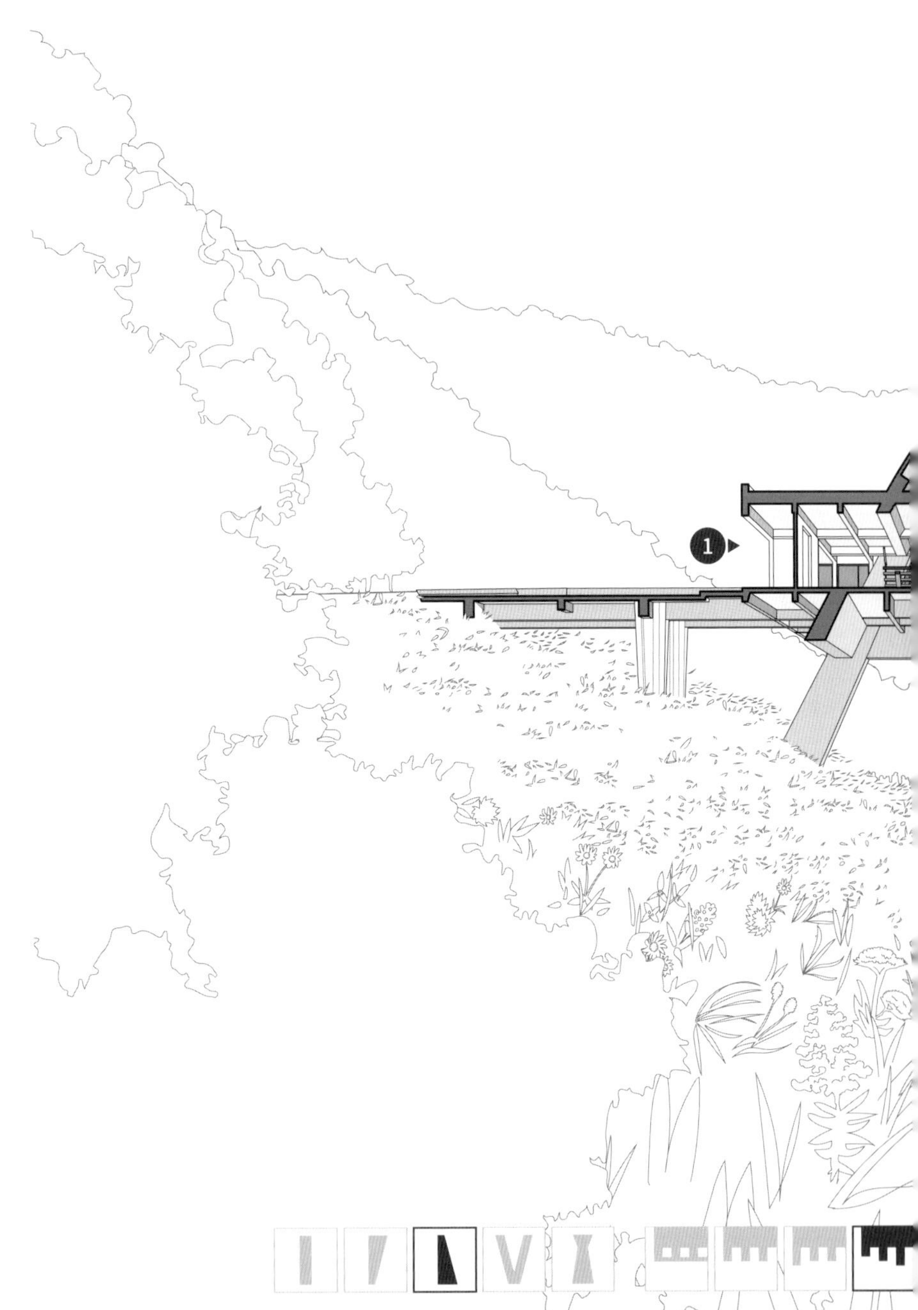

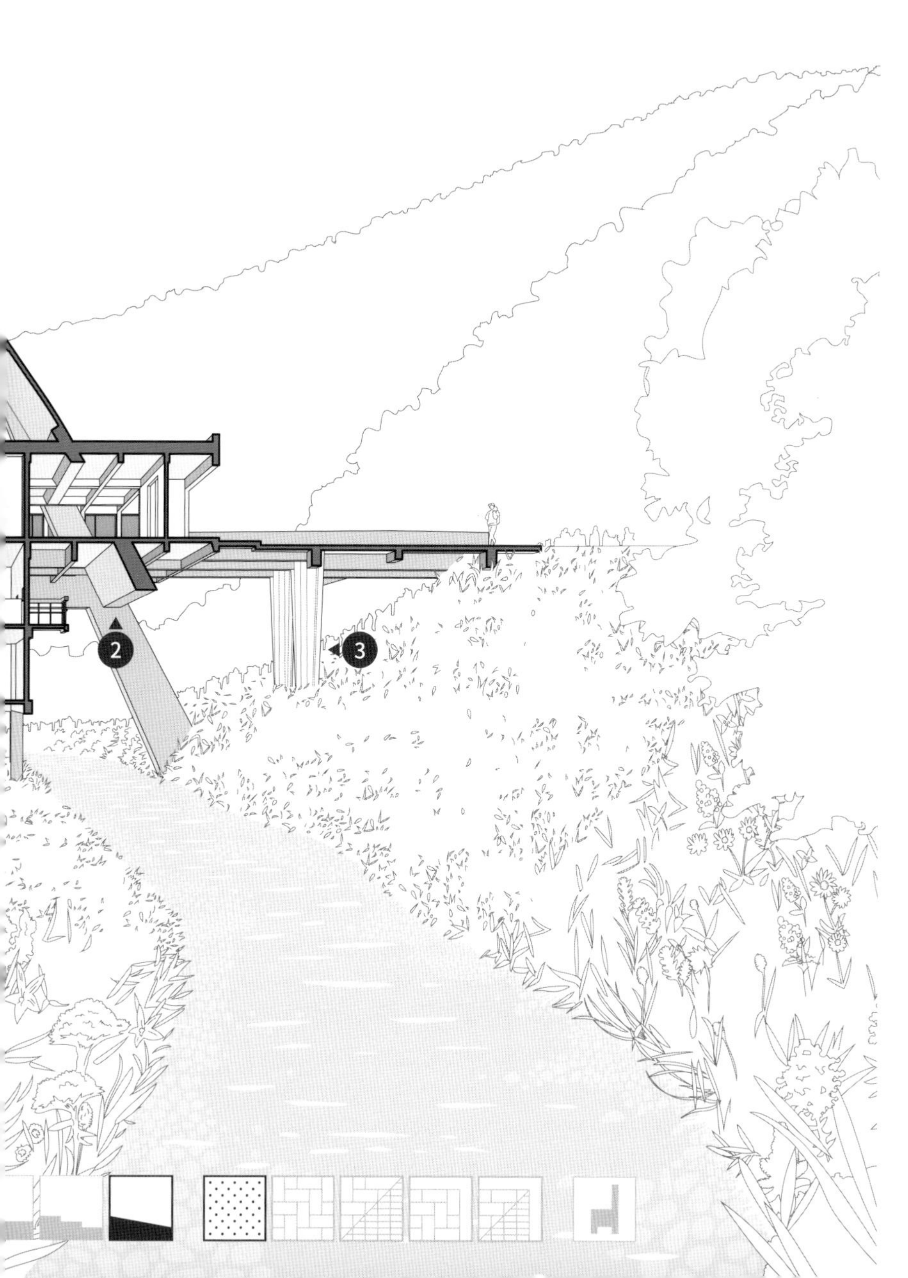

登別温泉科学館

1957
- 太田実 -

1

渓谷の両岸から突き出した２つのアーチの間に、コンクリートシャーレンの屋根を張って空間をつくっており、橋梁的建築になっている。

2

ピロティの天井は構造体が露出されており、力強い土木的なスケールの外観は、国立公園内において雄大な自然に対峙する存在感を発揮している。

3

ピロティを支える柱のみが地面に落ちることで、洪水時の建築への影響を最小限に抑え、自然と建築の間の緊張感ある関係を視覚化している。

22

地形との対話

斜面下からアプローチする一本柱の高床住居

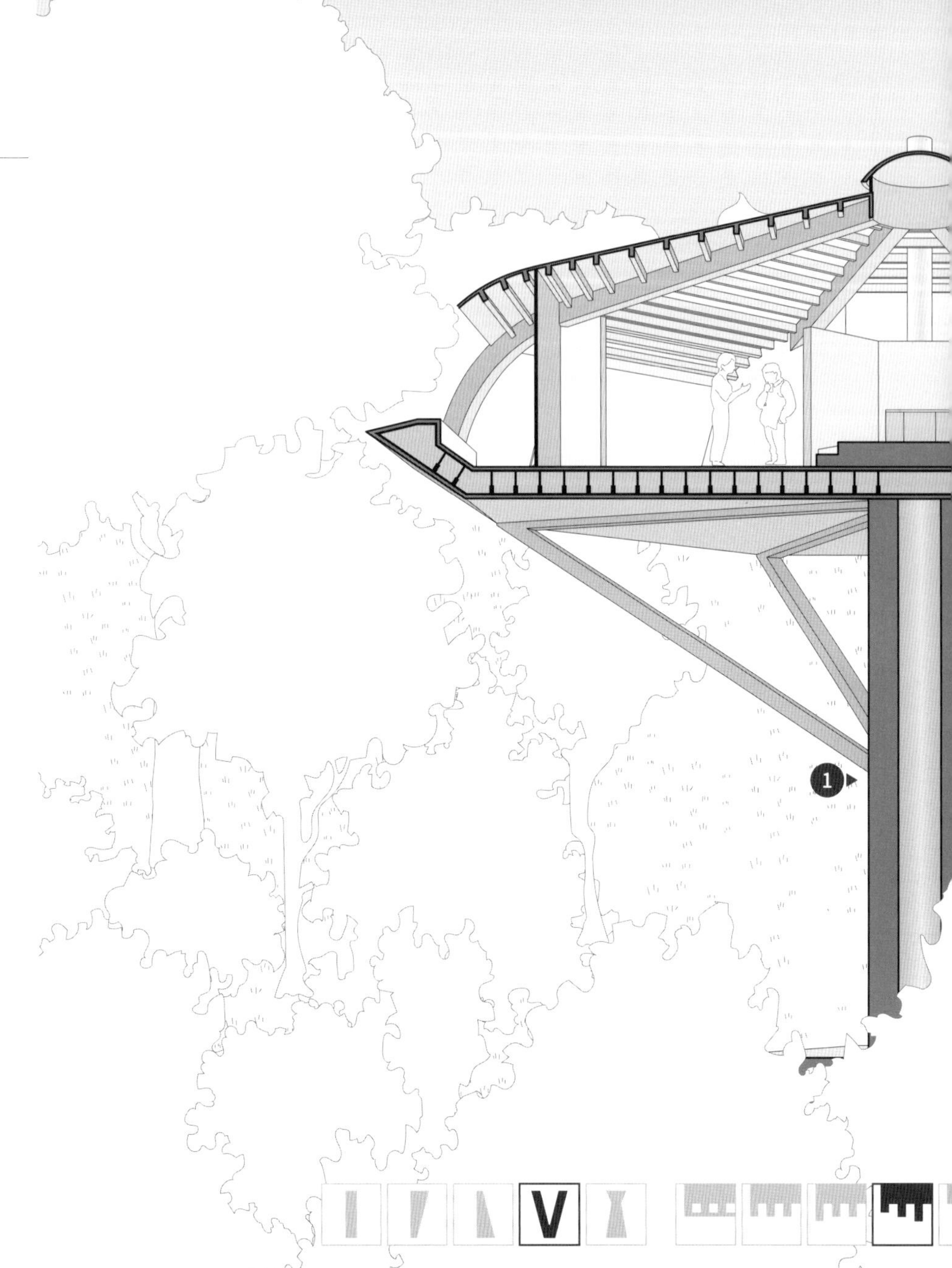

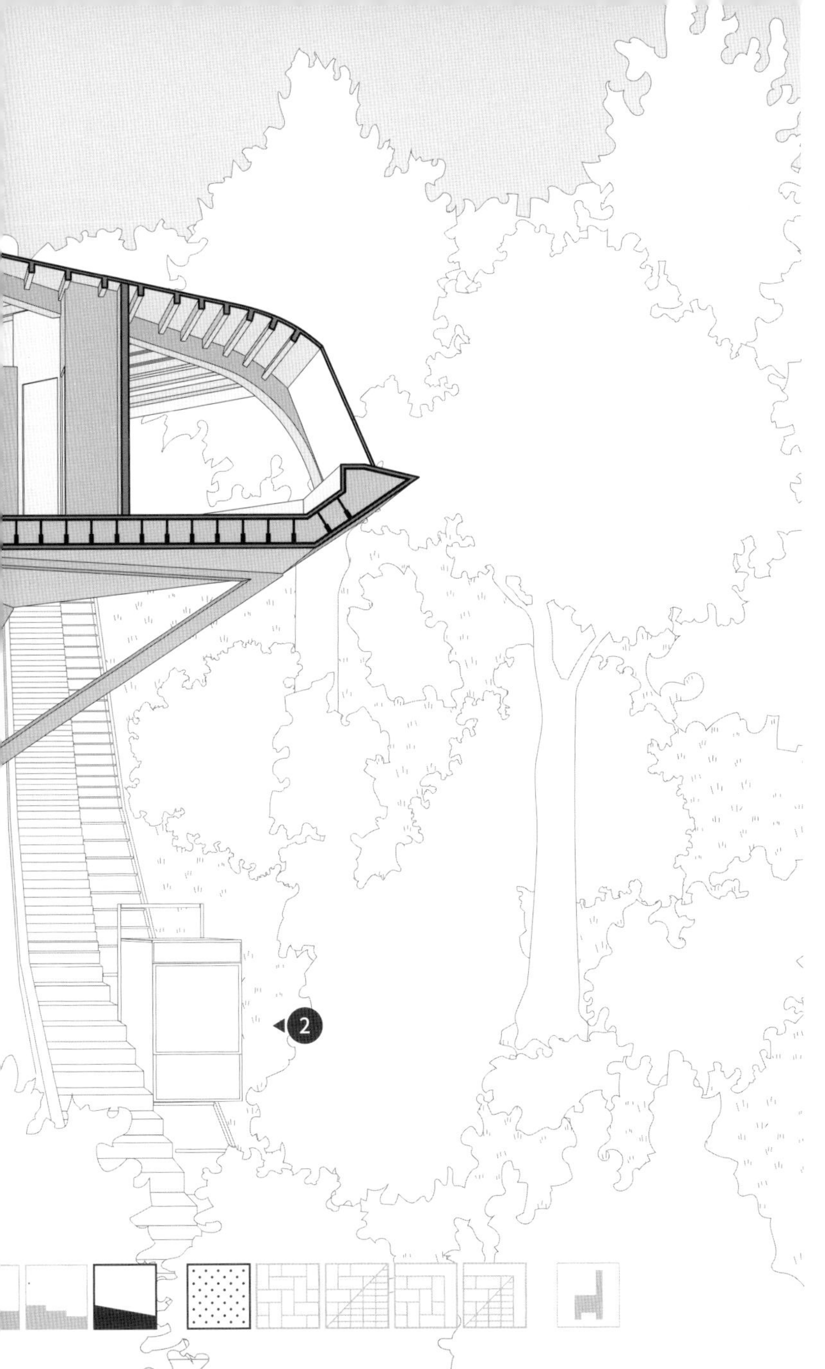

マリンハウス

1958
- ジョン・ロートナー -

1

パイプを埋め込んだコンクリートの一本柱と放射状の方杖が居住空間を木立よりも高く持ち上げることで、ツリーハウスの佇まいになっている。

2

急斜面に沿う階段とケーブルカーによるアプローチは、建物を頭上高く背後に見せることで、地上との距離感を増幅させ、非日常感を創出している。

3

建物の基礎を１箇所に集約させたことで大地をできる限り残し、将来、建物を支える斜材に蔦が絡まり、ピロティが森の一部になる風景が想像できる。

23

地形との対話

細い鉄骨で浮く海を臨むビーチハウス

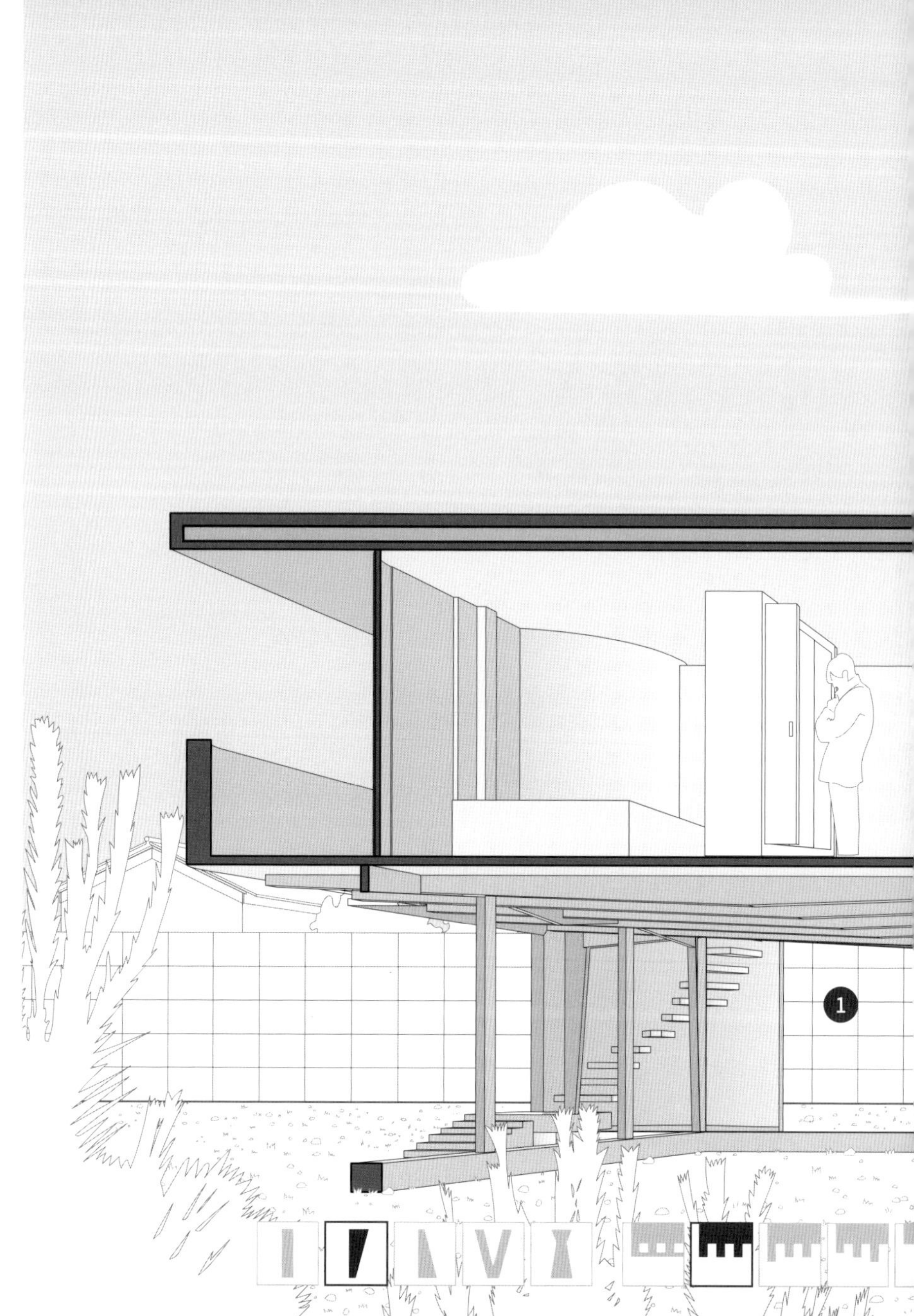

SH-22

1958
- 広瀬鎌二 -

1

極限まで細い４隅の鉄骨柱とサッシの枠程度の柱によって支えられる軽やかなピロティは、海辺の砂防林の高さを超えて海への眺望をもたらしている。

2

コンクリートの基礎梁が地上にそのまま露出し、庭の砂がピロティに入り込むことで、ここが今後の増築のための未完成な空間になっている。

3

床、天井共に仕上げは構造体を現しており、鉄骨柱の断面形状も力学的に最小限にすることで、軟弱地盤上の建物の軽快なかたちが現れている。

24

地形との対話

三角壁が地面と点で接する移転可能な構造

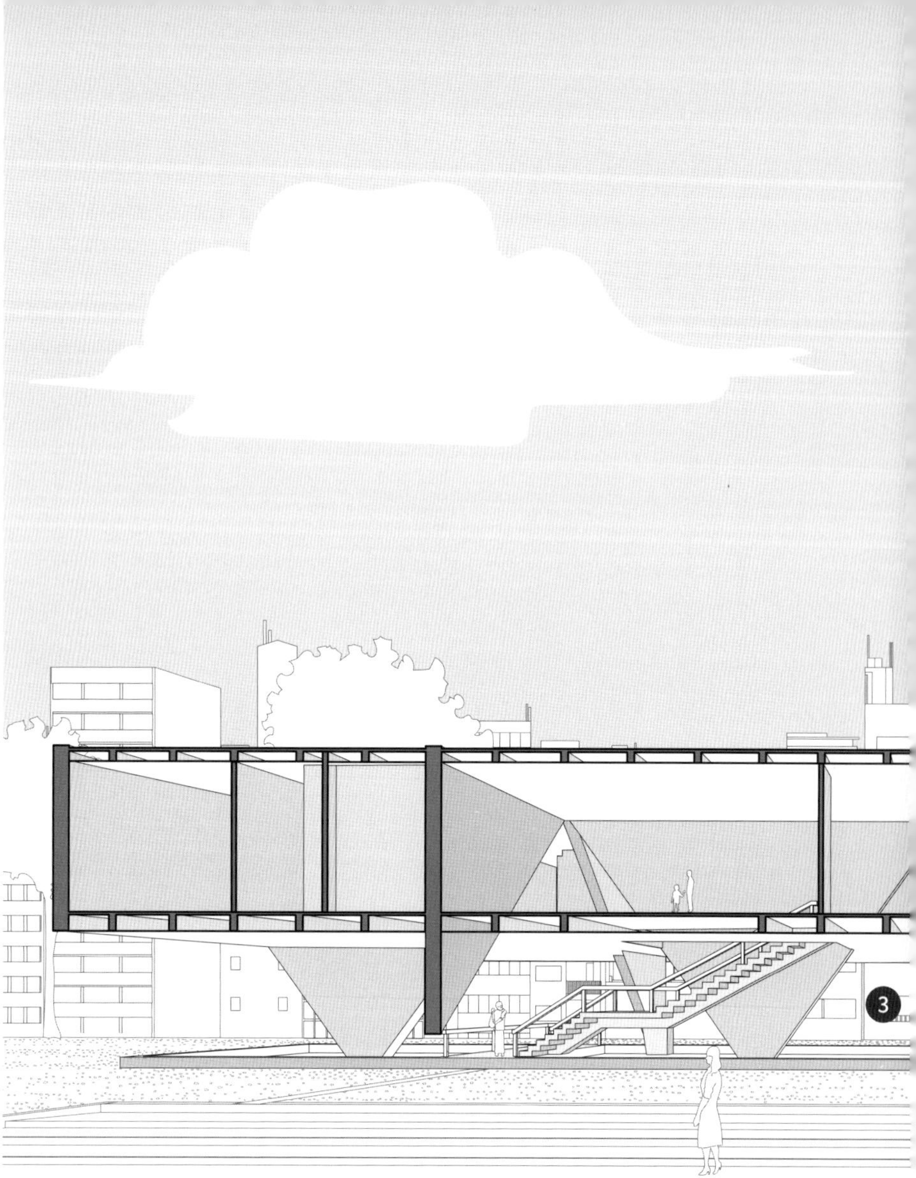

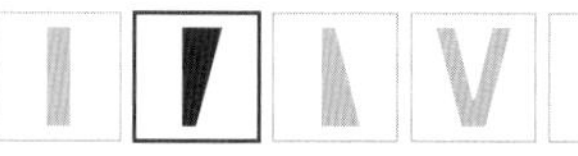

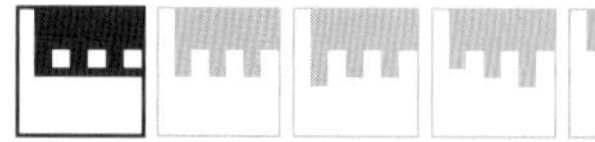

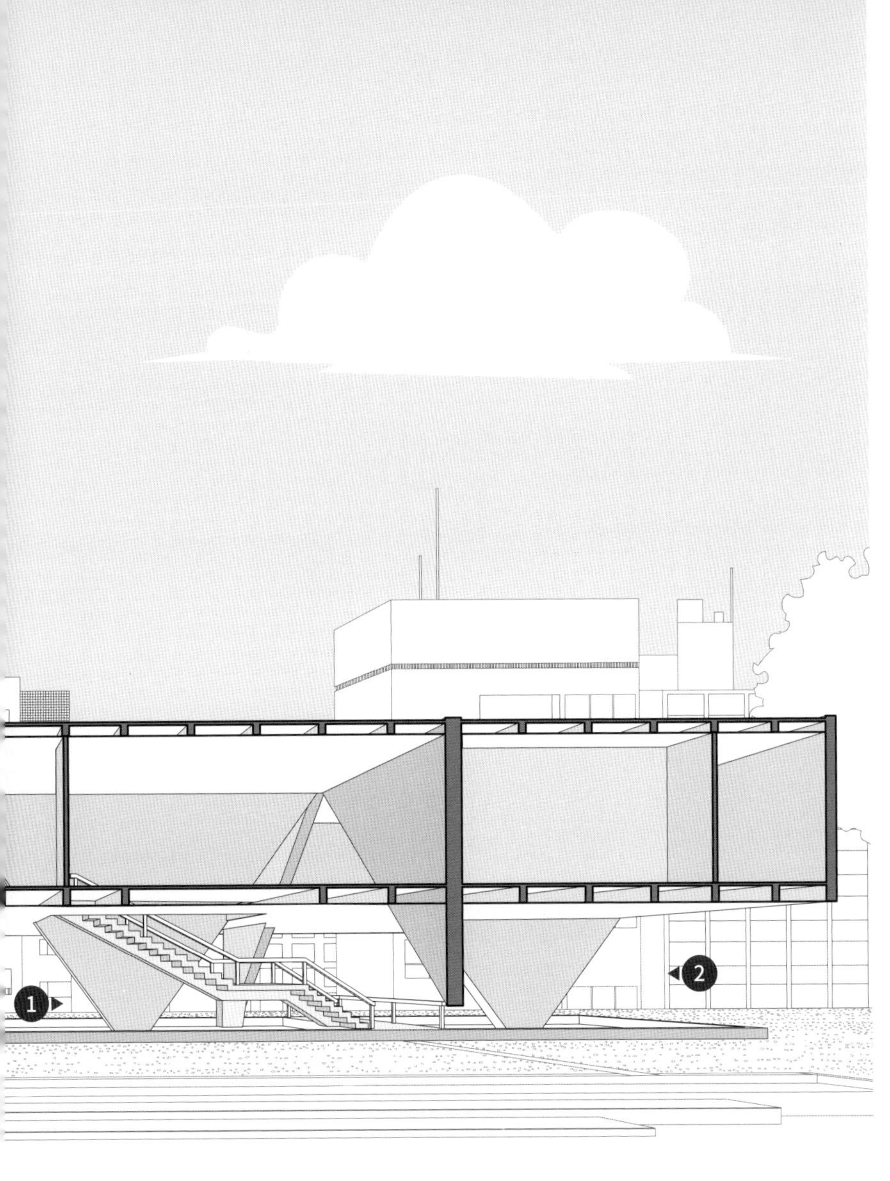

野球体育博物館

1959
- 森京介 -

1

２階の展示壁から連続する三角壁の柱脚は、将来野球場の計画などで移設が必要とされたとき、容易に基礎と切り離せ曳家が可能な形状になっている。

2

展示室を持ち上げる本御影の三角壁は左右対称に配置され、足元が水盤で縁を切られたピロティは殿堂として建築の記念性を最大限まで高めている。

3

三角形の壁の交錯によって反対側の景色が見え隠れする遊園地前のピロティは、視覚的な期待感を与えながら、日陰をつくる憩いの広場になっている。

25

地形との対話

薄いコンクリートの亜熱帯キャンチレバー

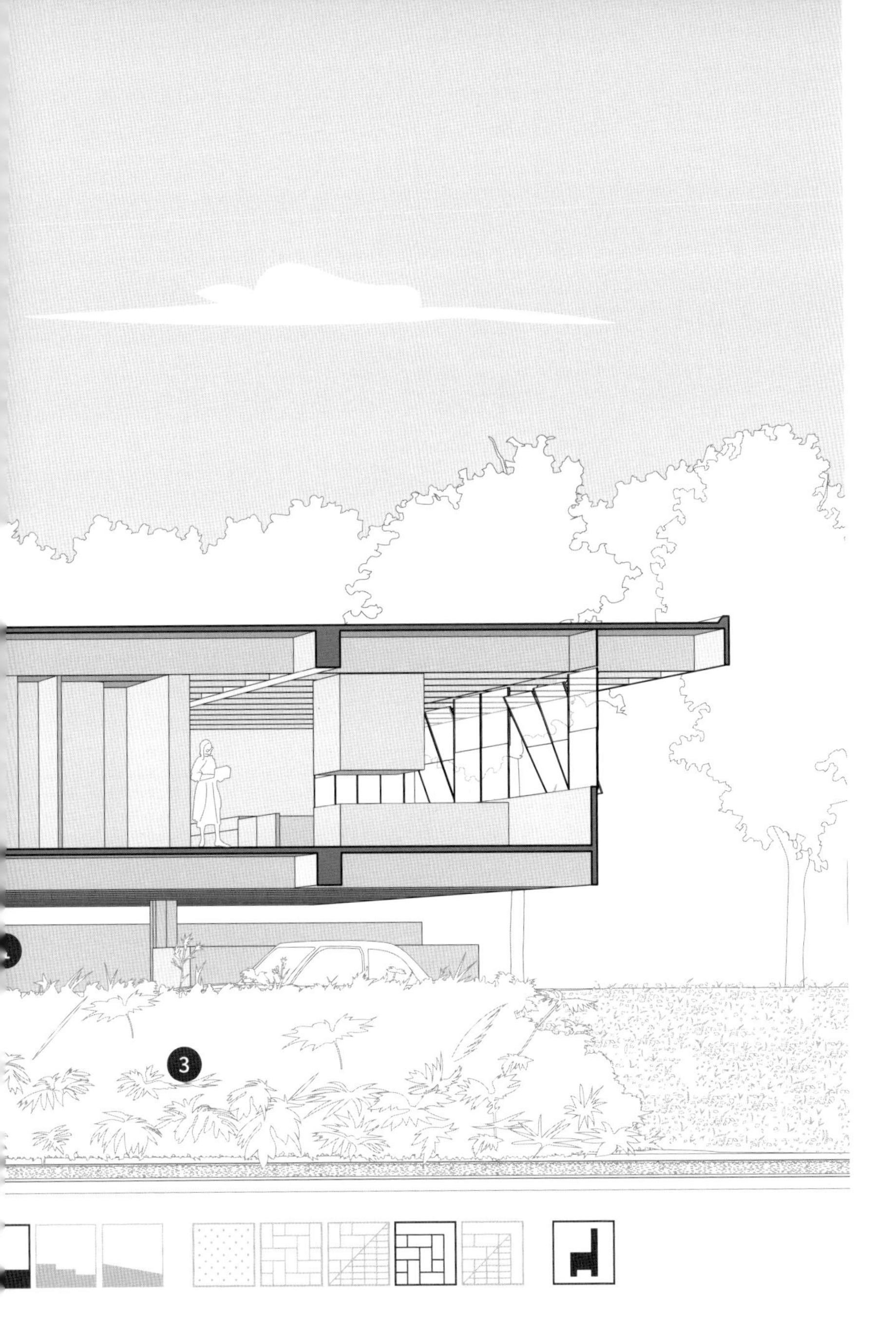

パウロ・メンデス・ロシャ自邸

1960
- パウロ・メンデス・ロシャ -

1

平面グリッドから外れて設けられた円形平面の使用人室は、駐車する車の軌跡をかわしながら、均質なピロティ空間に多様な奥行きを与えている。

2

４本の柱を結ぶ大梁に対して高さを揃えた小梁は極限まで厚みが抑えられており、コンクリート造のピロティとは思えない軽やかな印象をつくっている。

3

敷地の外周は小高い盛土で囲われることで、ピロティはハイサイドから光と風を導きつつ、プライバシーが確保された庭的な外部空間になっている。

26

地形との対話

住宅への拡張可能な軽快な木組みの離れ

S さんのはなれ

1966
- 高矢晋 -

1

大地から隆起したかのような束基礎は背の高さまで立ち上がり、２階の床下の木の架構を軽やかにして、浮遊感のあるピロティ空間にしている。

2

４本の柱に対して挟み梁が段違いに組まれ、露出した根太と床板により、構造と仕上げや建具とが分離され、可変性の高いピロティを暗示している。

3

２階に置かれた小さな木組みでつくられたスツールは、無造作に無舗装の地面に置かれ、居場所を規定しないピロティの使い方の象徴になっている。

27

地形との対話

国定公園内の自然に対峙するメタボリズム建築

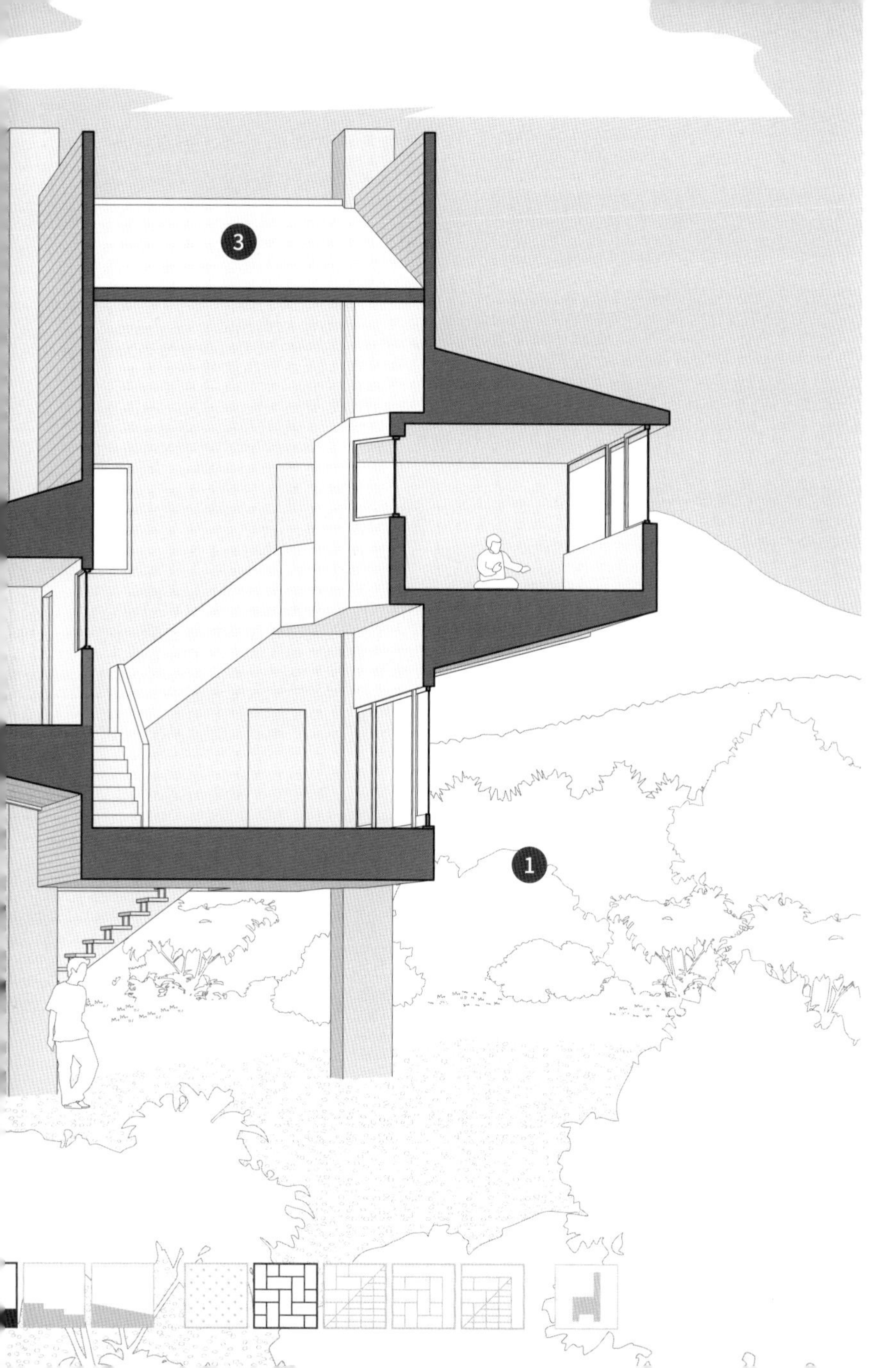

ヴィラ・クーペ

1971
- 吉田研介 -

1

4m のピロティは、冬には雪に埋もれ、夏には雄大な森の中に溶け込みながらも眺望を獲得するための高床であり、自然を最大限享受する余白である。

2

ピロティから最高高さまで伸びる柱は外側に開いたL字断面をしており、シャープな印象と、居室のボリュームが可動するかのような浮遊感を与えている。

3

柱から外側のボリュームは空に向かって斜めに蹴あげる天井になっており、ピロティ内部からの視線の抜けと周囲の陽当たりを配慮している。

28

地形との対話

急斜面に寄り添う逆三角形のピロティ

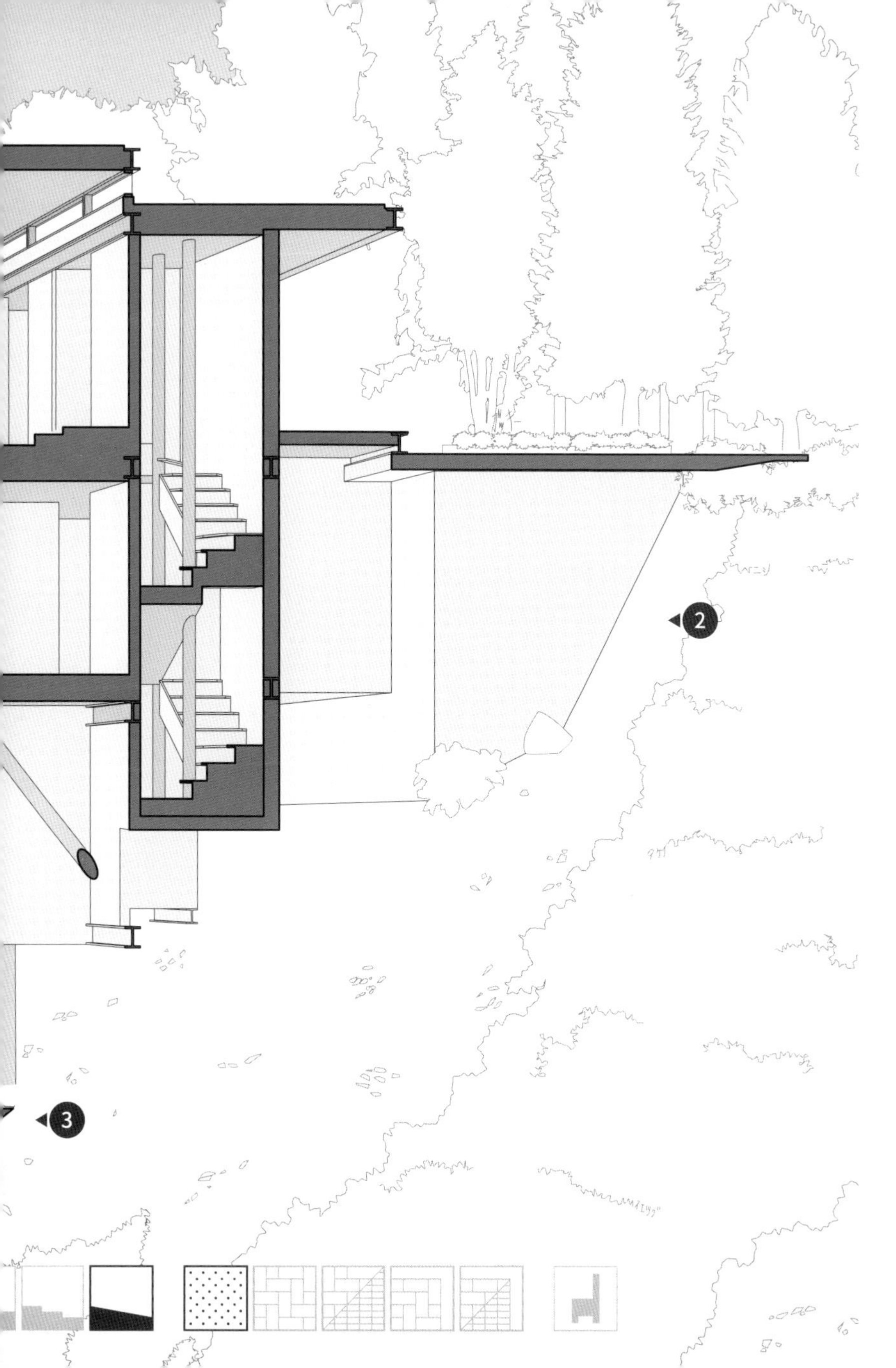

多賀の家

1972
- デザインシステム -

1

４本のコンクリート柱で崖地に繋ぎとめられた建物は、使うことのないピロティになり、自然と付かず離れずの関係をつくっている。

2

駐車場部分のスラブが崖に接続され、地震時の水平力を地面に伝えることで、逆三角形の細い鉄骨フレームを可能にした。

3

基礎を小さくし、斜面に沿って上層階を広げてゆくピロティは、地滑りの危険を回避すると共に、大自然と隣り合わせの環境をつくっている。

IV 地面からの浮遊

float against the ground

ピロティによって建築は地面から切り離されるが、ピロティ空間の天井高さが高くなると建築は大地から分離され浮遊するような見え方をする。上層階とピロティ空間との繋がりは失われる一方で、ピロティは周囲に開かれ、空間的に連続し、その場所のパブリックな性格がより強まる。

29

地面からの浮遊

イタリア近代建築における革新的ピロティ

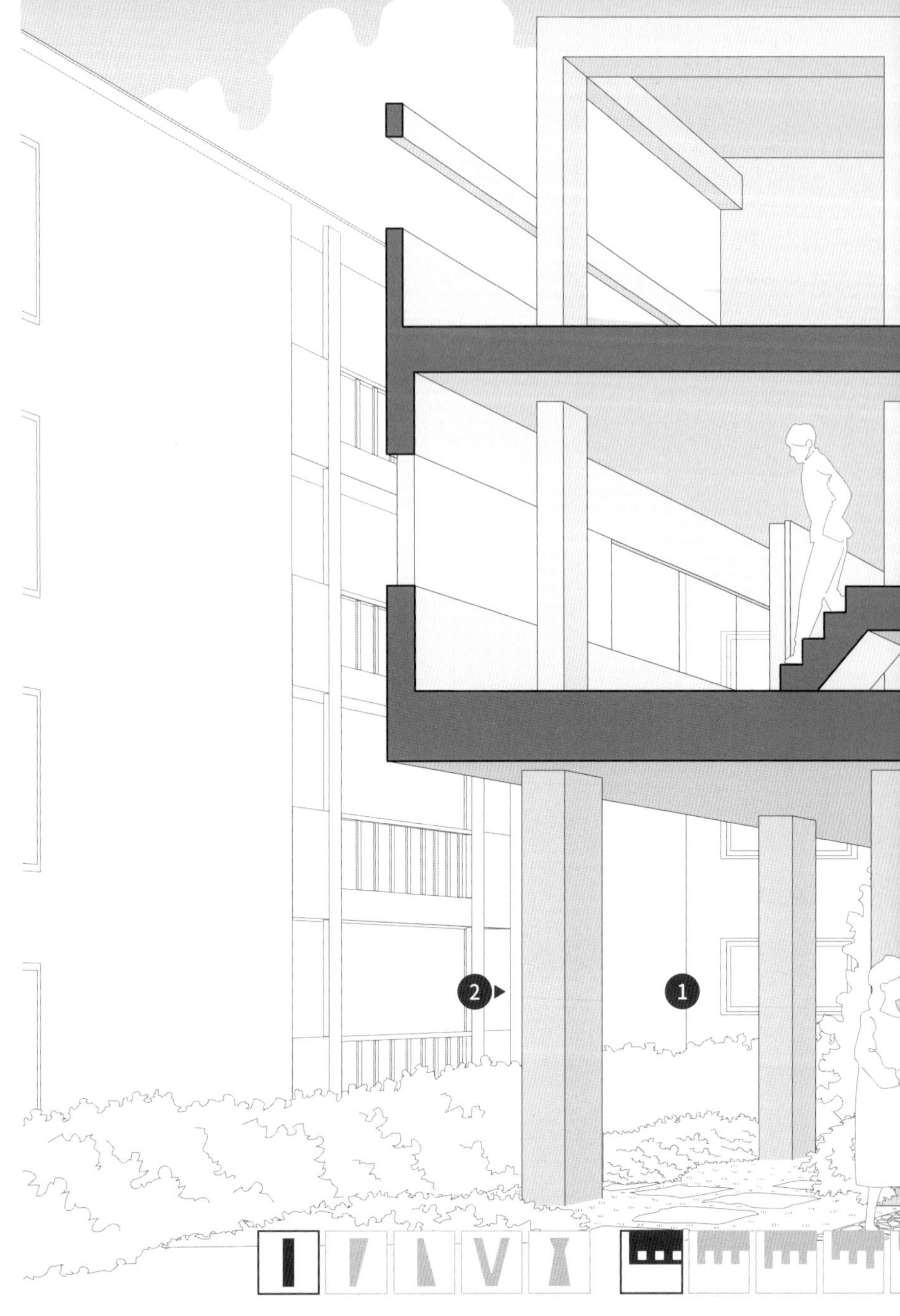

ヴィラ・フィジーニ

1935
- ルイジ・フィジーニ -

1

美的なプロポーションによって決められた高さ 4.3m のピロティは、幅が短いゆえに上階の存在が消え、完全な外部として庭に十分な光と風と水を与える。

2

12 本の列柱が全面道路から神殿のようにみえるピロティは、尊敬するル・コルビュジエのドミノシステム住宅を純粋にかたちづくった結果である。

3

玄関へ上がる直階段は、柱の外側にとりつき前面道路側が上り口になっていることから、ピロティは通過動線に使われない独立した外部空間になっている。

30

地面からの浮遊

戦後復興と平和記念の象徴の日本的ピロティ

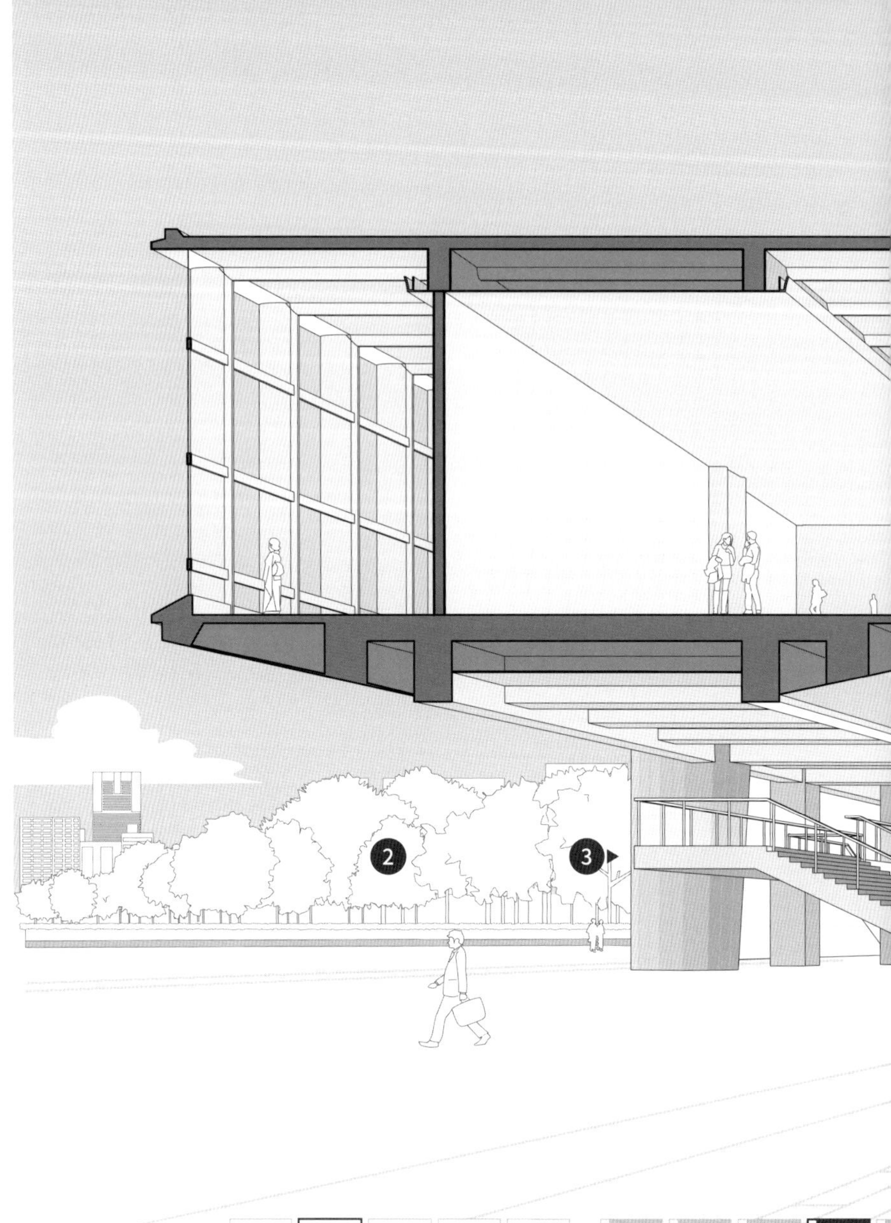

広島平和記念資料館

1955
- 丹下健三 -

1

20本の有機的な形状の柱と、それらを結ぶ鼓状の天井梁は、戦後復興の希望と平和の象徴として、翼を伸ばすように広がるかたちをしている。

2

平和公園の軸線の要として、慰霊碑と原爆ドームをフォーカスするように、ピロティの床の舗装は周囲の広場と連続し、天井は中央が低くなっている。

3

5mの天井高のピロティは平和の門としての社会的スケールであり、アプローチ階段の踊り場は、来館者と場所を繋ぐ人間的スケールになっている。

31

地面からの浮遊

壁柱に吊るされた住空間の下の普遍的ピロティ

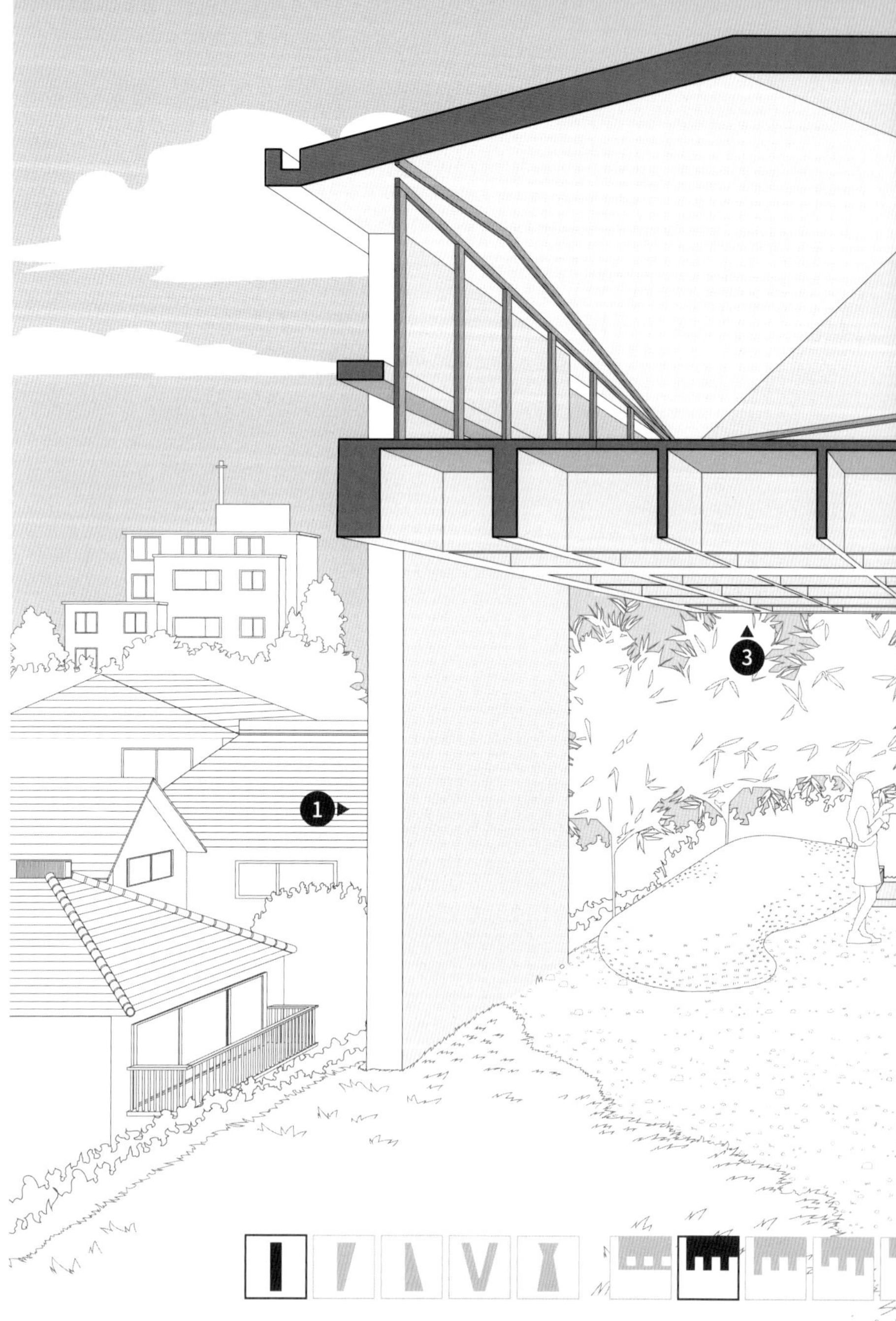

スカイハウス

1958
- 菊竹清訓 -

1

4枚のコンクリートの壁柱は居住空間を約5m大地から持ち上げながら、将来過密になる都市の中でピロティの外部空間を中庭のように区切っている。

2

敷地の高低差を生かした高さの異なる2つのピロティは、車寄せなどのアプローチ空間とプライバシーの高い庭の空間を同時につくっている。

3

取り替え可能な生活装置としてのムーブネットを吊るすべく、ピロティの天井は格子梁になっており、壁柱は外周梁の外側に沿わせている。

32

地面からの浮遊

街を見下ろす巨大無柱の外部的ピロティ

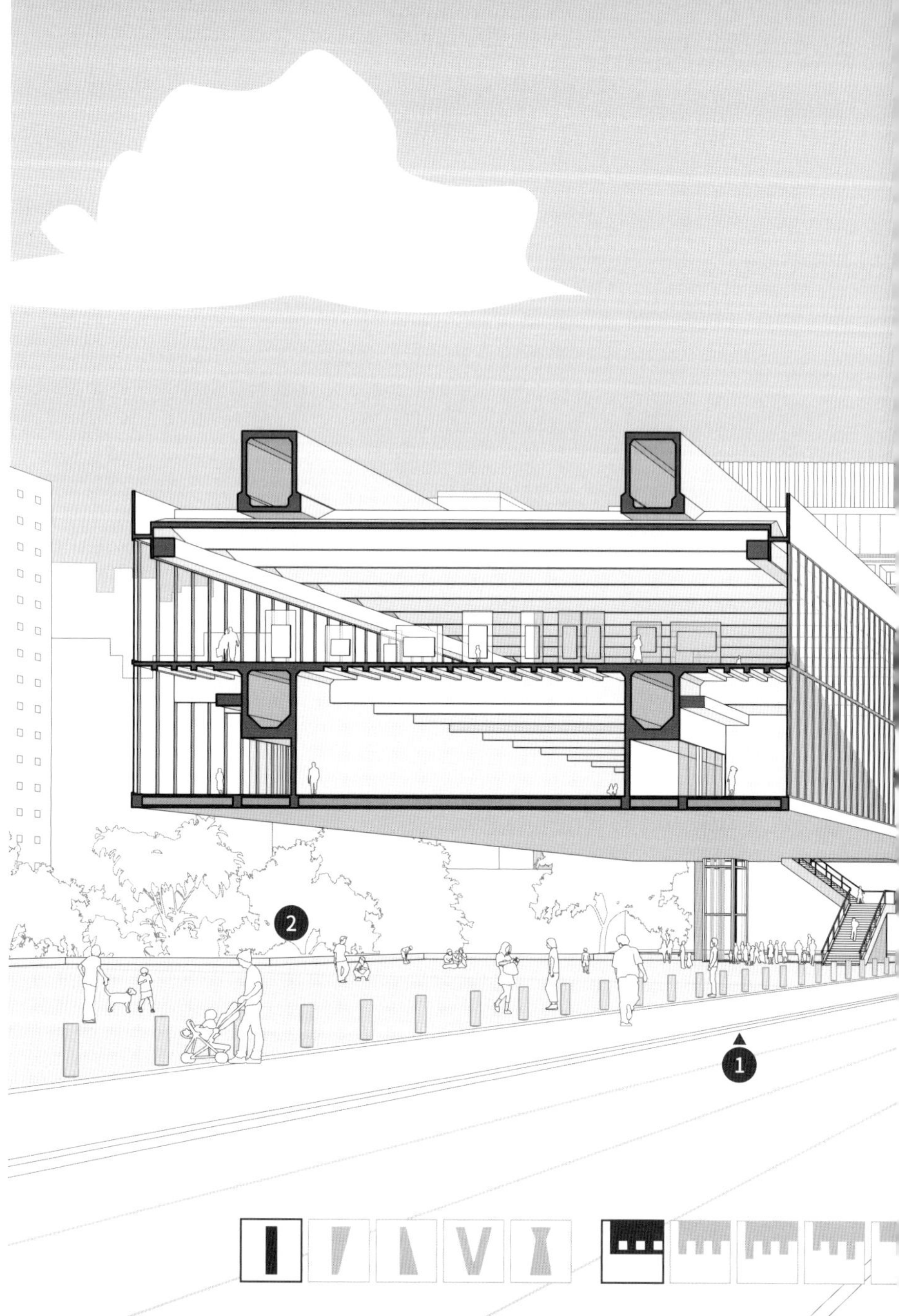

サンパウロ美術館

1968
- リナ・ボバルディ -

1

敷地と歩道の境界がピロティ空間の輪郭と一致しており、歩行者空間の延長として街区と一体となってパブリックな軒下空間をつくっている。

2

フラットに広がる天井面は巨大な美術館の堅苦しさを消し、街の活動を包み込む大屋根であり、道路を挟んだ公園の景色を引き込んでいる。

3

長辺 74m のピロティの全長を支える四本の打放しのコンクリートの赤い柱は、美術館のテラスとしてサンパウロ市のランドマークとなる。

33

地面からの浮遊

広場と建物との接続詞的ピロティ

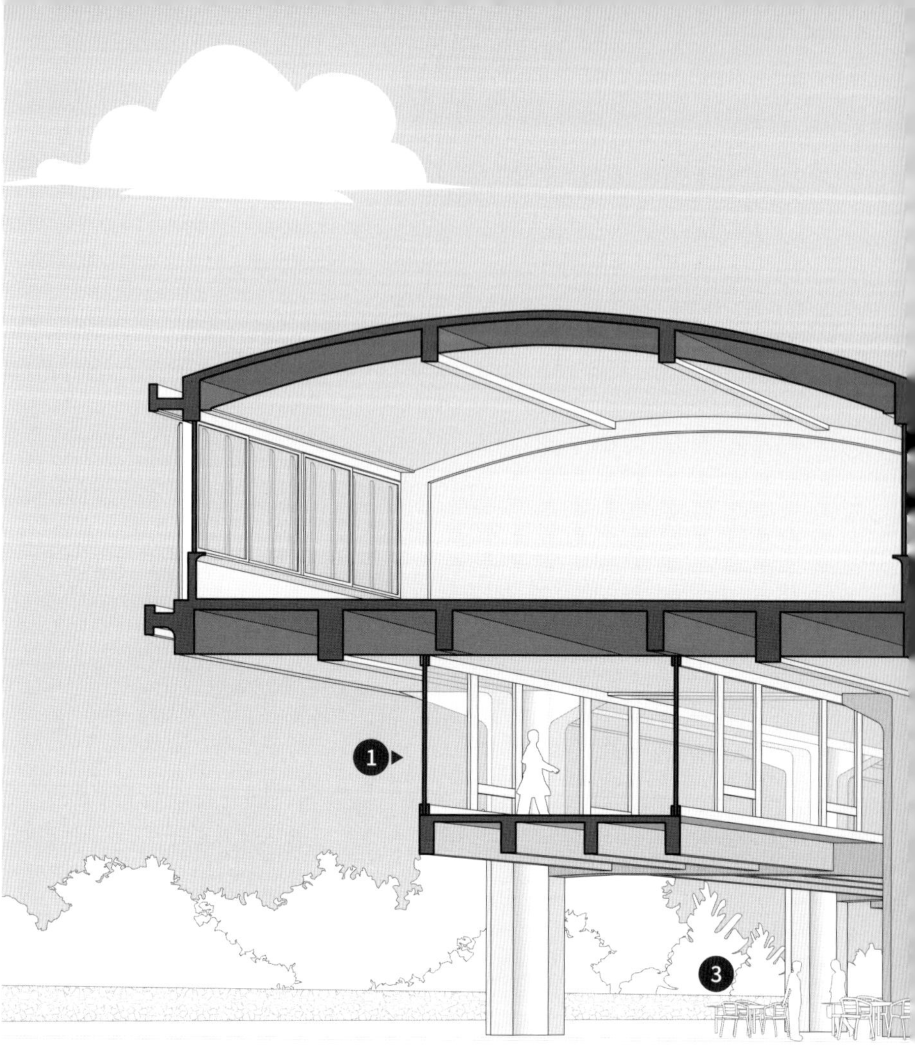

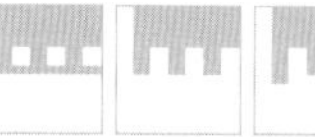
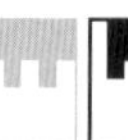

愛知県立芸術大学講義棟

1971
- 吉村順三＋奥村昭雄 -

1

両面採光と通風を考慮した教室は110mのピロティを作り出し、教室から吊るされたように廊下が続き、広場と一体になって繋がっている。

2

地面の高低差によってできた広場の数段の段差をピロティの中にそのまま引き込むことで、校舎の長さとキャンパス内の軸線を強調させている。

3

アールのついた十字柱に囲われた長く続くピロティ空間には、可動式の机と椅子が離れて置かれ、学生の自由なアウトドア・リビングになっている。

V 内外を隔てる間

cut the connection with the inside

ピロティは必ずしも開かれているとは限らない。
１階のピロティに内部空間はあるものの、コアが居室以外の用途に使われ、ピロティ空間をアプローチとして使用しないものもある。見た目は開放的であるが、用途が限られるために、内外の関係を持たない、高床的な設えになっている。

34

内外を隔てる間

人工土地の架構を露出した未完のピロティ

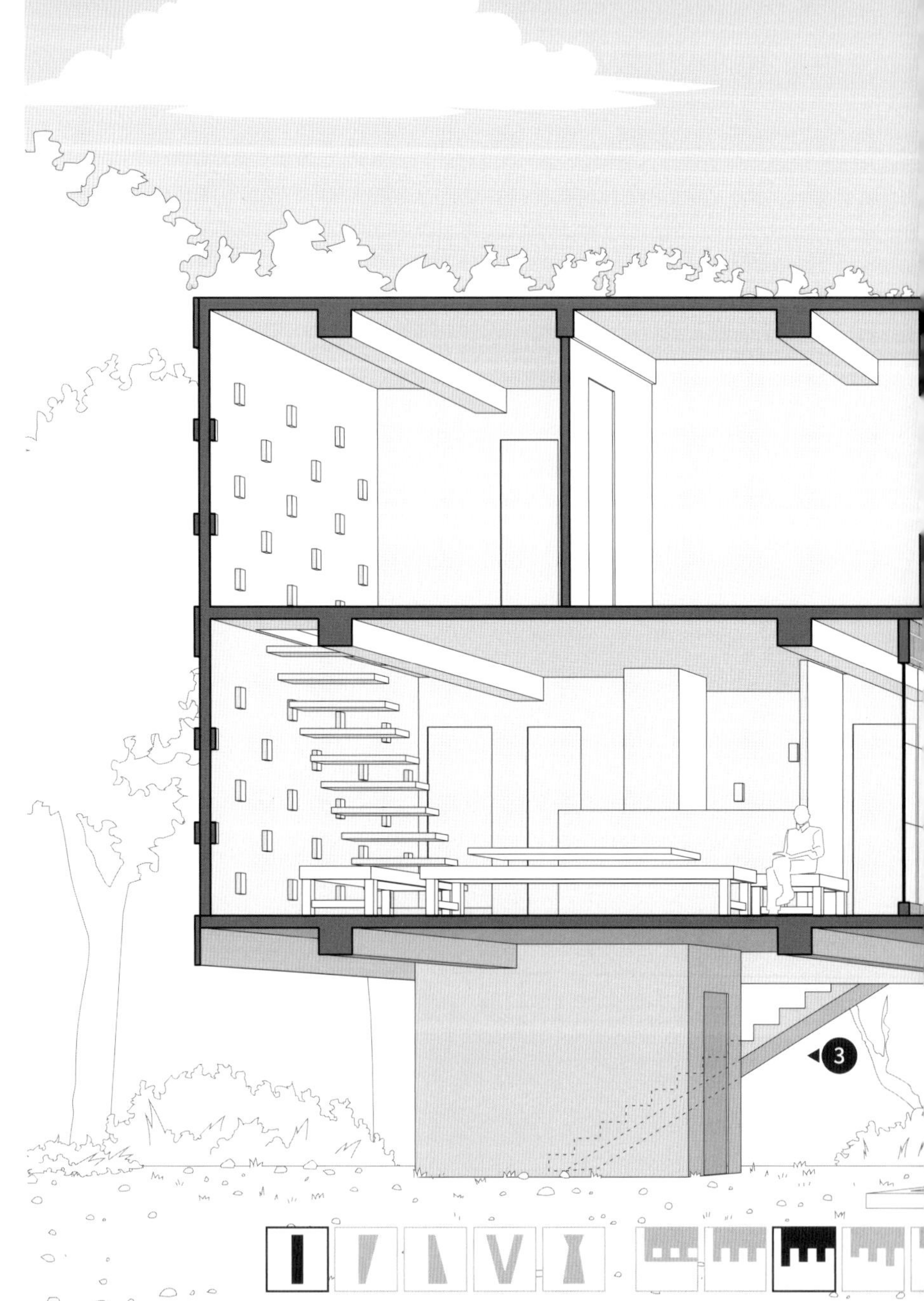

吉阪隆正自邸

1954
- 吉阪隆正 -

1

植栽を含めた庭は2階のテラスに設けられ、ピロティは機械室、土足で使う砂場や炉など、敢えて外部使用のみの設えになっている。

2

住人の生活と建築が徐々に完成してゆくことができるように、スケルトンとしてのコンクリートフレームがそのままピロティに現れている。

3

上階へのアプローチ階段が建物の外側にあり、外周の梁せいが大きいので、ピロティは囲われ感が増し、プライベートな場になっている。

35

内外を隔てる間

コンクリート柱で浮いた日本古来の住居形式

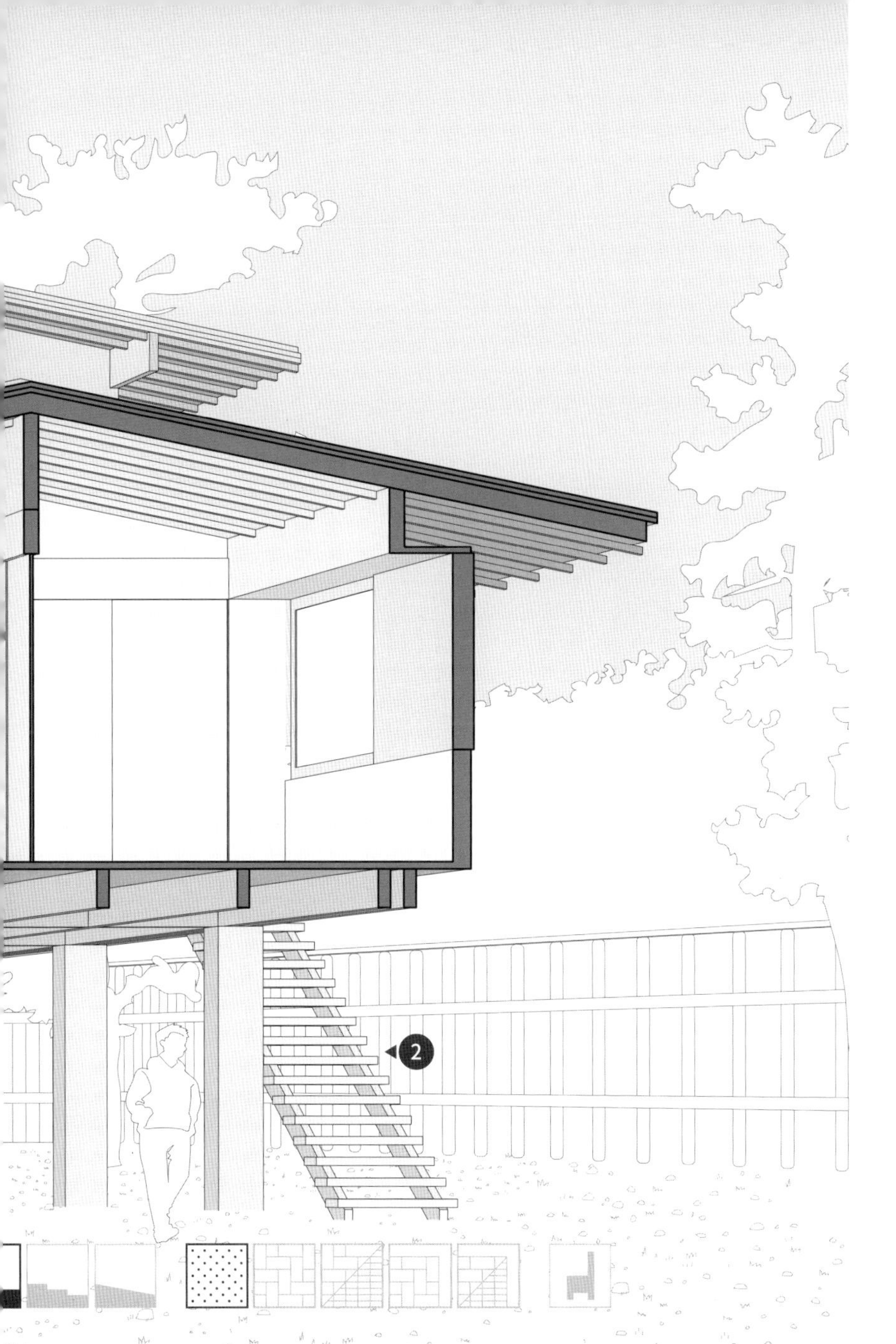

K さんの家

1959
- 曾原国蔵 -

1

ピロティの 8 本のコンクリート柱に、2 階の伝統的な木造が載ることで、上下階の分節が空間的にも視覚的にも明確になっている。

2

玄関に通じるコンクリート製のスロープと、ベランダへの木製階段によって挟まれたピロティは開放的に見えつつも、囲われた空間になっている。

3

天井にはせいを揃えた梁が露出しており、挟み梁の幅と揃えた平断面のコンクリートの柱に載り、軽やかな空間の雰囲気を与えている。

36

内外を隔てる間

木造の小屋組の下に広がる開放的なテラス

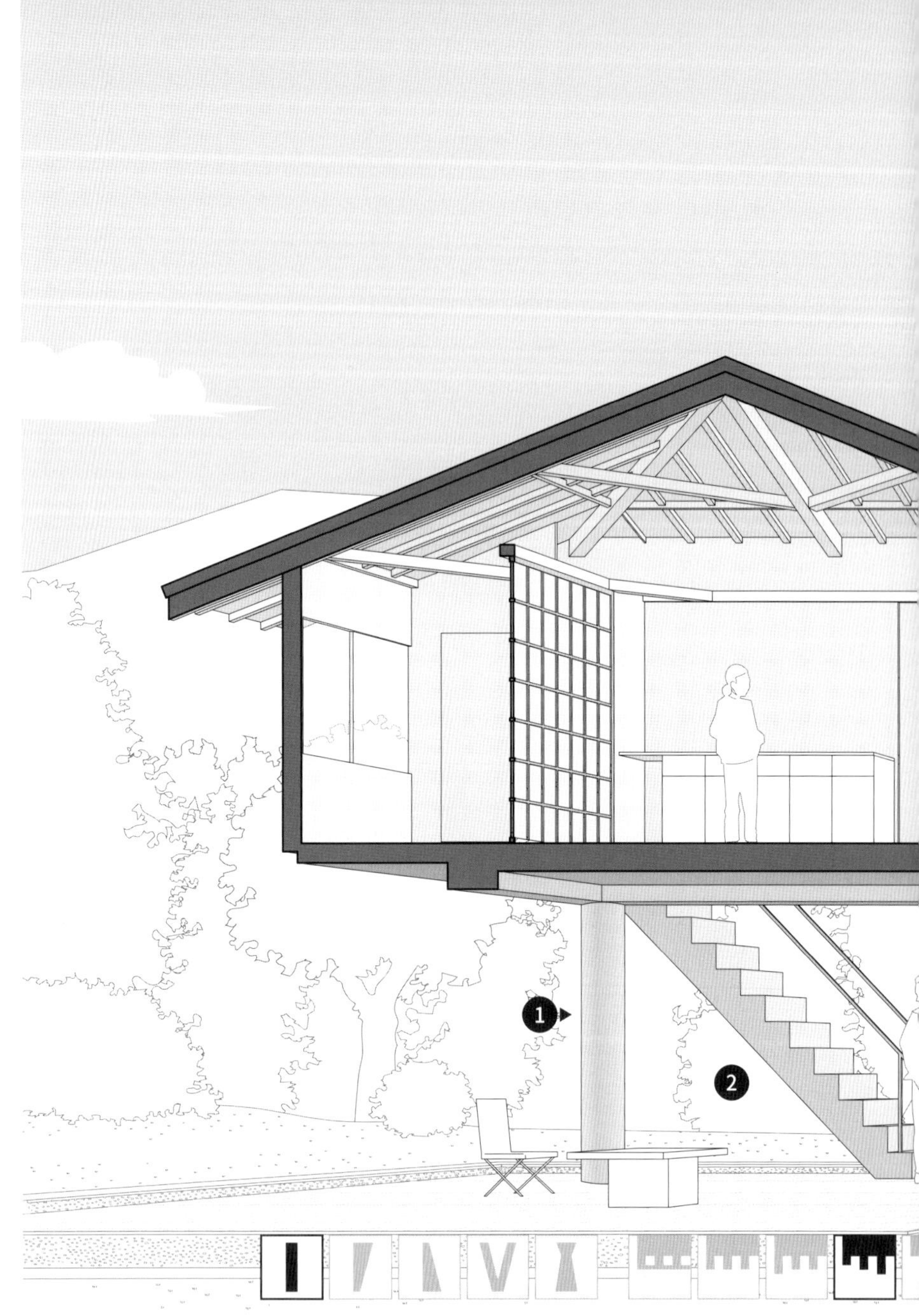

箱根・Os 氏別邸

1962
- 増沢洵 -

1

ピロティの4本の柱は、四周の山々の風景が柱間で切り取られるように、表面に影のエッジが明瞭に現れように円形断面としている。

2

床の中央はコンクリートブロック、軒先は雨水浸透の砂利敷き、周囲は芝生で仕上げられており開放的な外部テラスの利用を想定している。

3

柱は上階の輪郭からセットバックし、物置は天井と縁が切れており、梁とスラブの断面を露出することで住居の浮遊感をさらに高めている。

37

内外を隔てる間

都市の隙間に浮く宇宙基地のような住居

中野邸

1966
-RIA 建築綜合研究所 -

1

柱から建物の先端は長さの 1/4 ずつ跳ね出しており、逆梁で天井面を平滑にすることで、コンクリートの箱が軽快に浮いているようにみせている。

2

全面道路とピロティの間には、背丈の壁が建てられ、ピロティへの採光や通風を確保しつつ、中庭をよりプライベートな場所にしている。

3

駐車スペースの脇のピロティをくぐり抜け、建物裏の外部階段を上ってアプローチするため、ピロティは街との間の緩衝空間になっている。

38

内外を隔てる間

優美な庭園の広がりと格式を生むピロティ

ローマ英国大使館

1971
- バジル・スペンス -

1

ピロティによって持ち上げられ、上層階にゆくに従ってオーバーハングすることで、庭園の視線の抜けを確保し、施設の圧迫感を低減している。

2

柱は十字形を基本とする複雑な断面形状を持ち、梁との接合部は円柱の点で接するように取り合うことで、ピロティ空間を華麗に飾っている。

3

地面の舗装と水盤の境界に接して柱が立ち、水面に反射して伸びる柱が浮遊感のあるピロティの外観は、大使館に荘厳さを与えている。

39

内外を隔てる間

天災から宝物を守る山の斜面から張り出す蔵

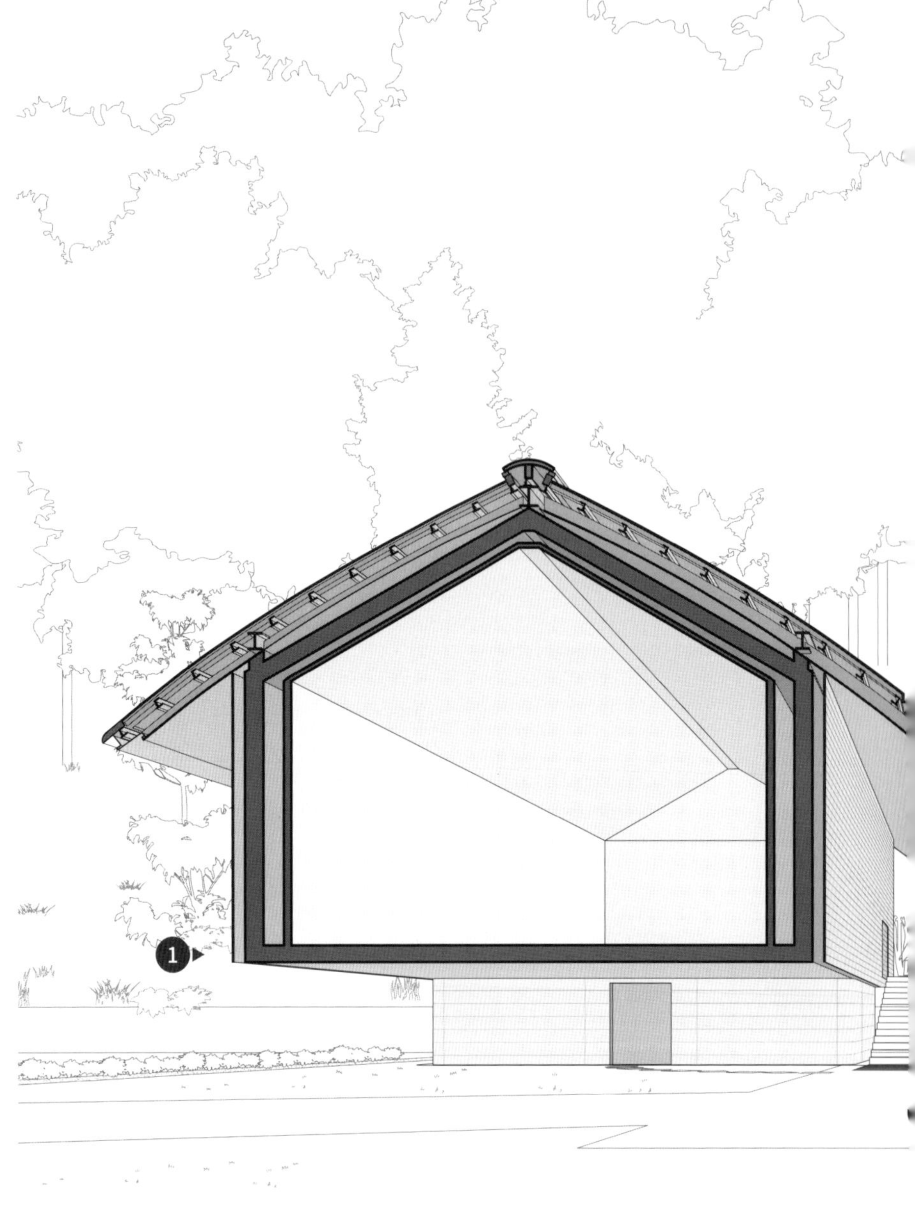

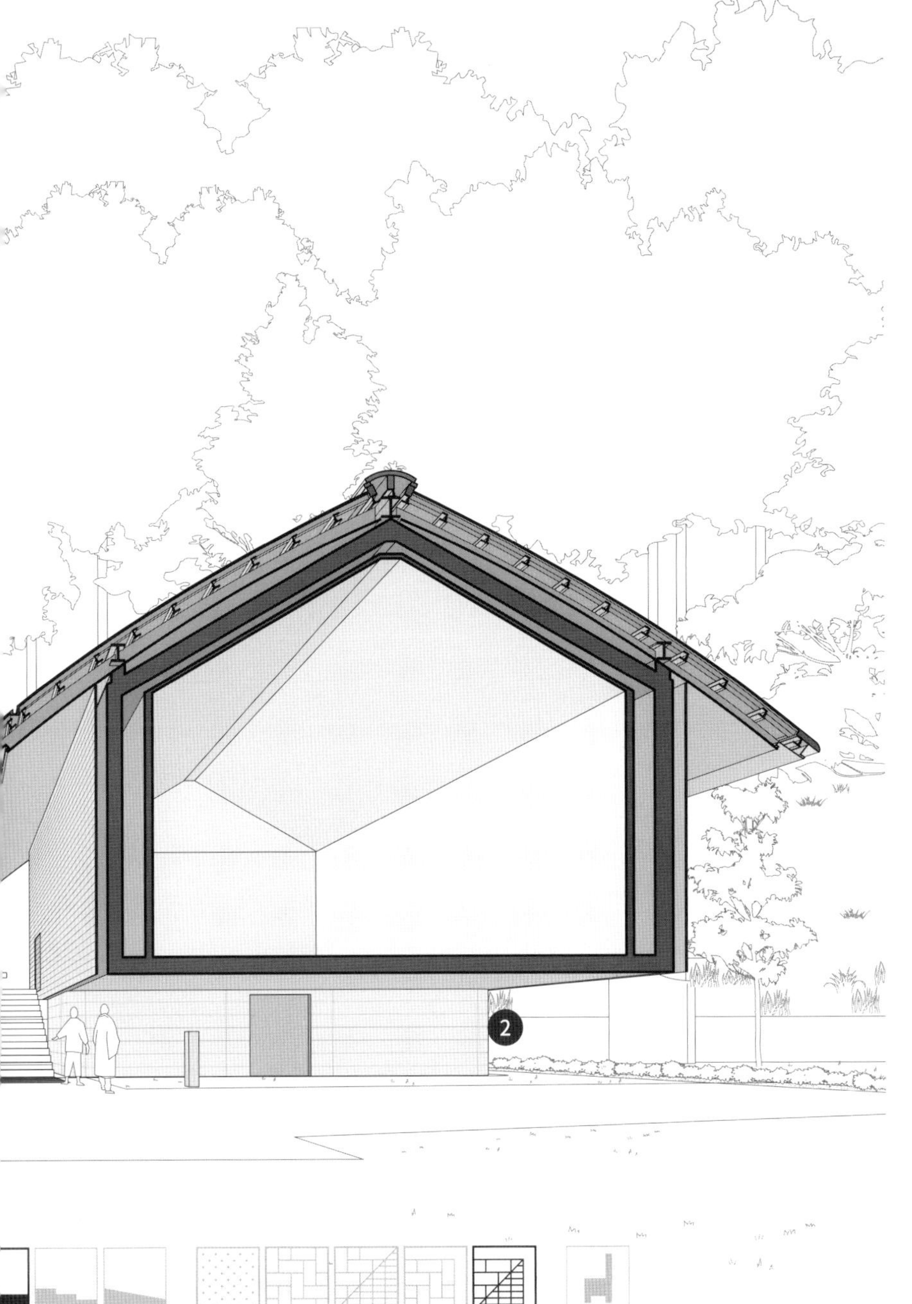

身延山久遠寺宝堂

1976
- 内井昭蔵 -

1

多雨多湿の環境下の防湿性の向上、盗難防止など文化財保護の観点から、外部環境と縁を切る典型的な高床としてのピロティになっている。

2

コンクリートのコアから持ち出されたピロティは、急な斜面は山崩れに対応するべく接地面積を限定した基礎によってできた余白である。

3

２階の宝蔵へは棟の間の外部階段でアクセスするので、ピロティは室内と無関係に、ただただ周囲の自然に溶け込む風景の一部になっている。

VI 前庭的アプローチ

front yard

ピロティの見え方は、建築物の街への振る舞い方の一部である。アプローチがピロティ空間を通過しなくとも、視覚的・あるいは動線的につながり、パブリックとプライベートの場所にある曖昧なピロティもある。選択的なアプローチが生まれる「前庭」のようなものである。

40

前庭的アプローチ

車庫と洗濯場と庭が繋がる日常空間のピロティ

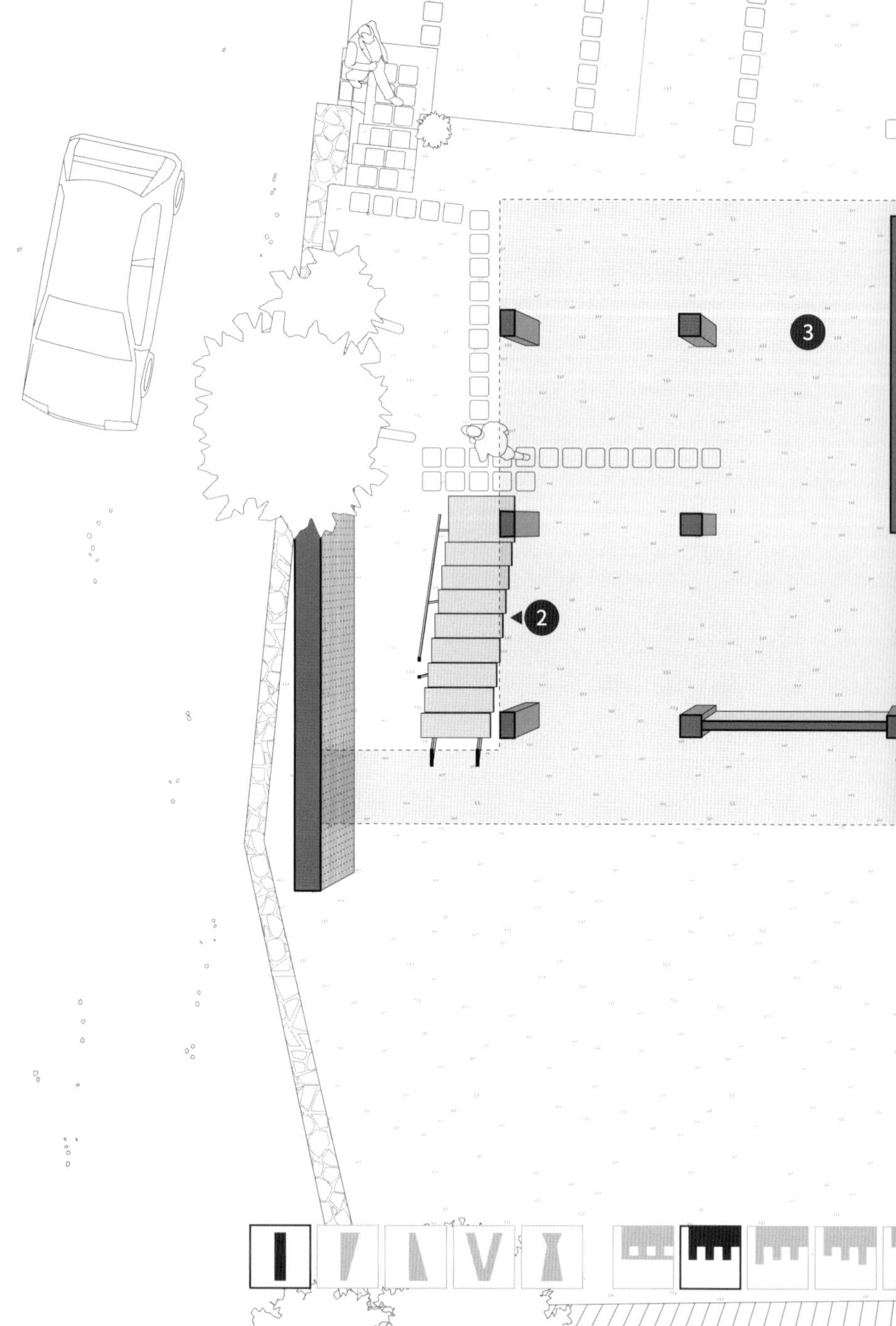

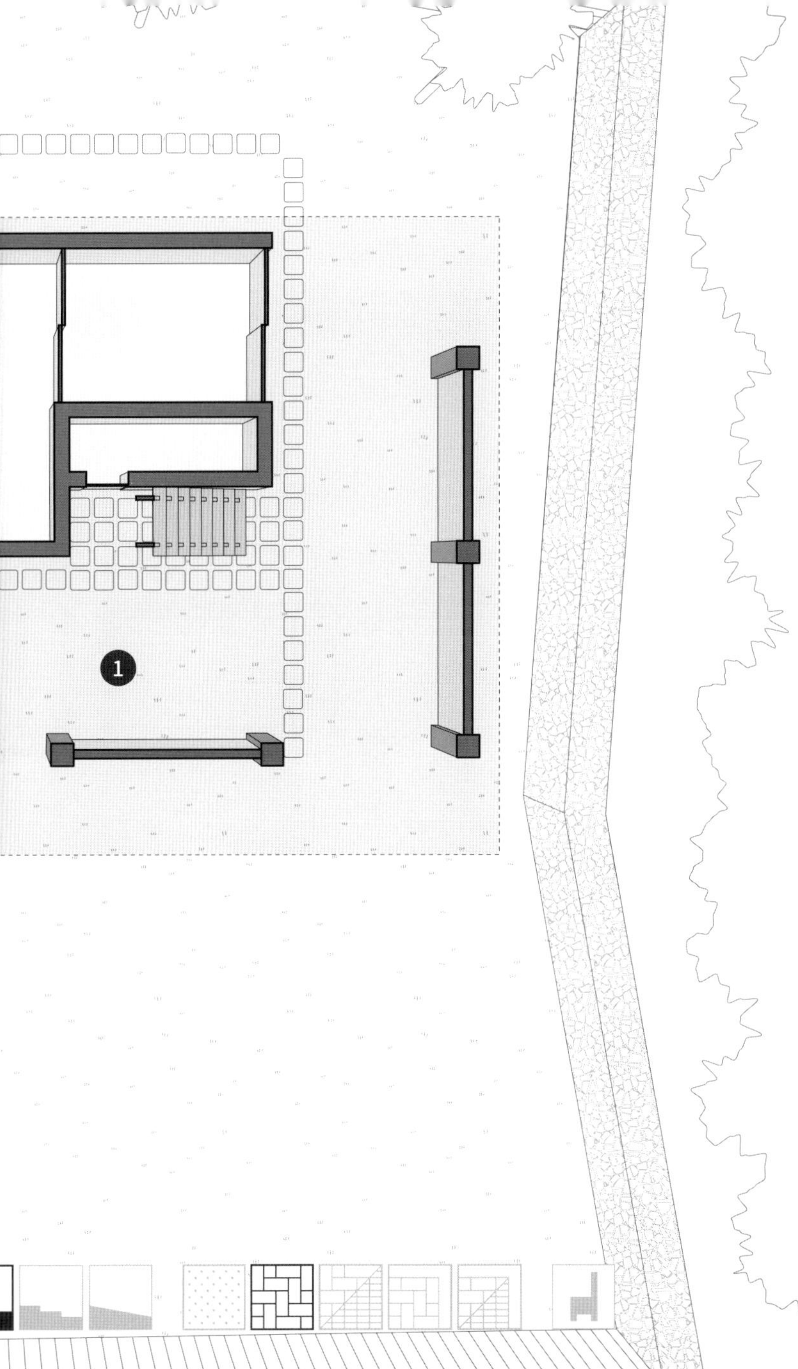

水馬さんの家

1958
- 田中清 -

1

ピロティは家の奥にある広い庭へのアプローチの手前にあり、玄関に上がる階段を横目に庭と一体的に利用することができる。

2

玄関を兼ねたサンデッキへ上る階段と踊り場は、透過度の高い板状の見付け納まりになっており、動線としての存在感を消している。

3

白いリシン吹付けの真壁、赤いレンガの大壁、黒い柱の３つの要素が、不均質にピロティに配置されることで、様々な居場所がつくられている。

41

前庭的アプローチ

地平線を強調する軽やかなトラスのピロティ

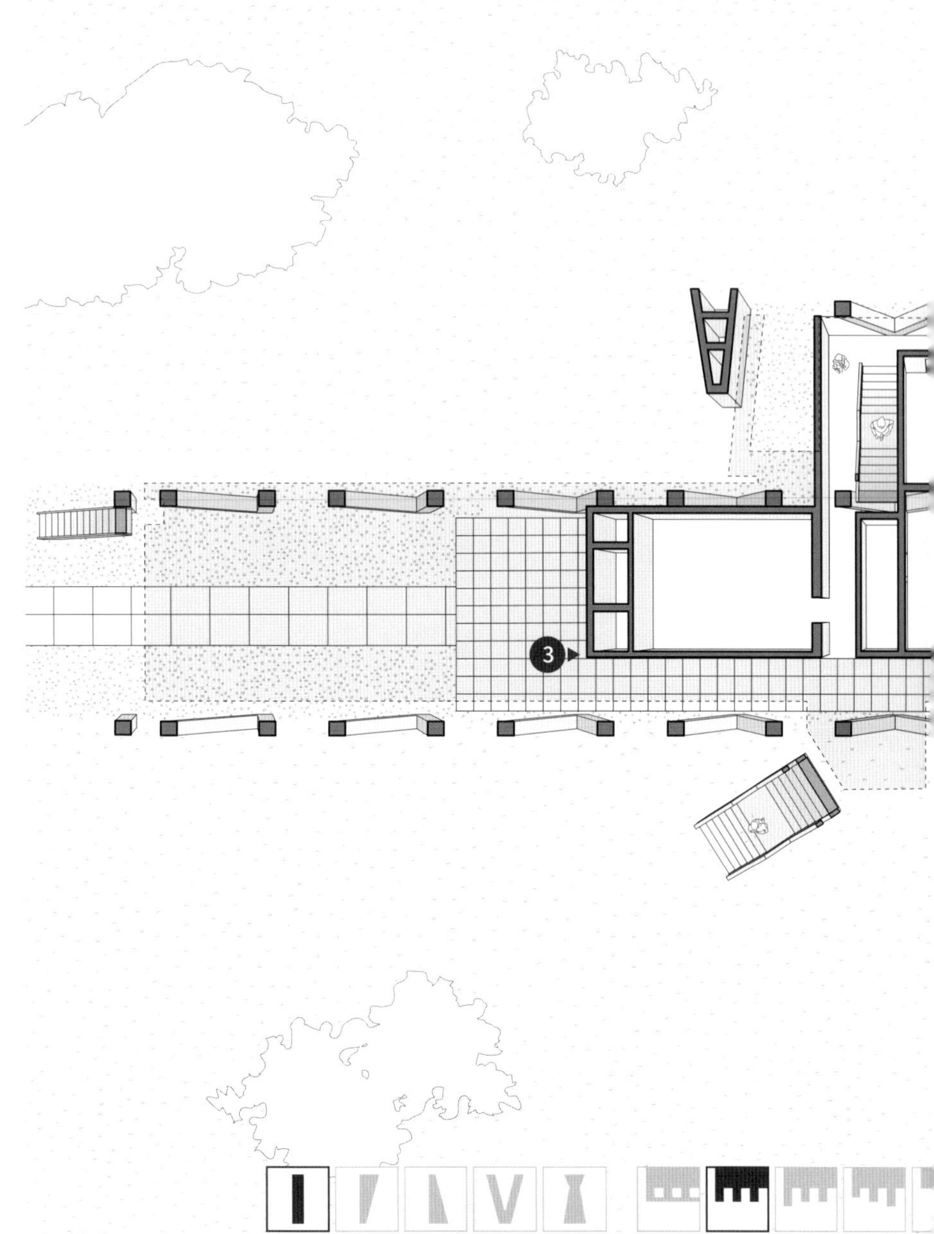

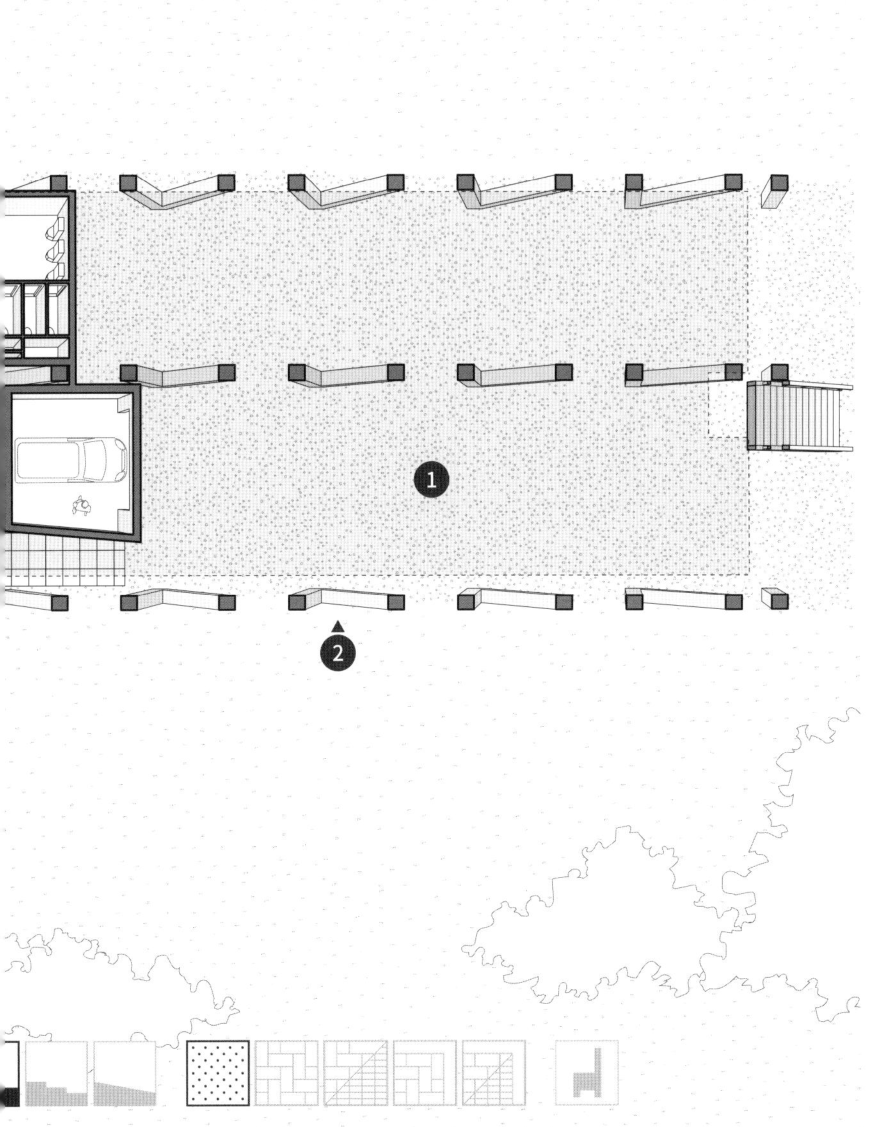

多雪地に建つ研究所

1961
- 梓建築事務所 -

1

直線状のボリュームが、隣接する道路と平行にピロティによって地面から浮くことで、広大な丘陵地の中でより水平の線を強調している。

2

トラス架構によって囲われたピロティ空間は、コンクリート造でありながら耐震壁や垂直な柱を必要とせず、軽やかな印象を与えている。

3

諸室を囲う壁は構造から縁が切れているため、駐車場やアプローチなど研究所の今後の増減築に対応できる余白としてのピロティになっている。

42

前庭的アプローチ

都市の変化に追随する立体的な拡張ピロティ

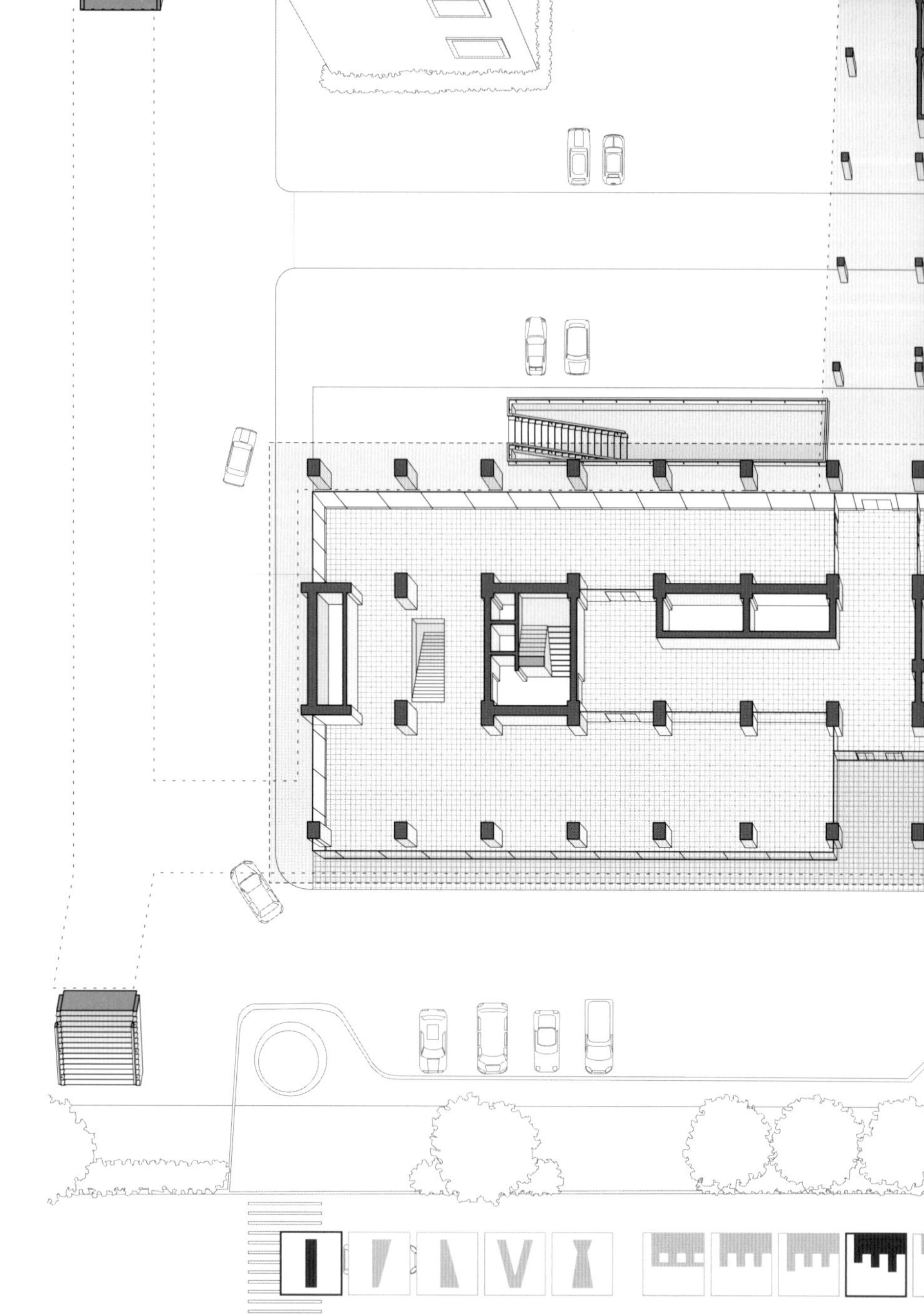

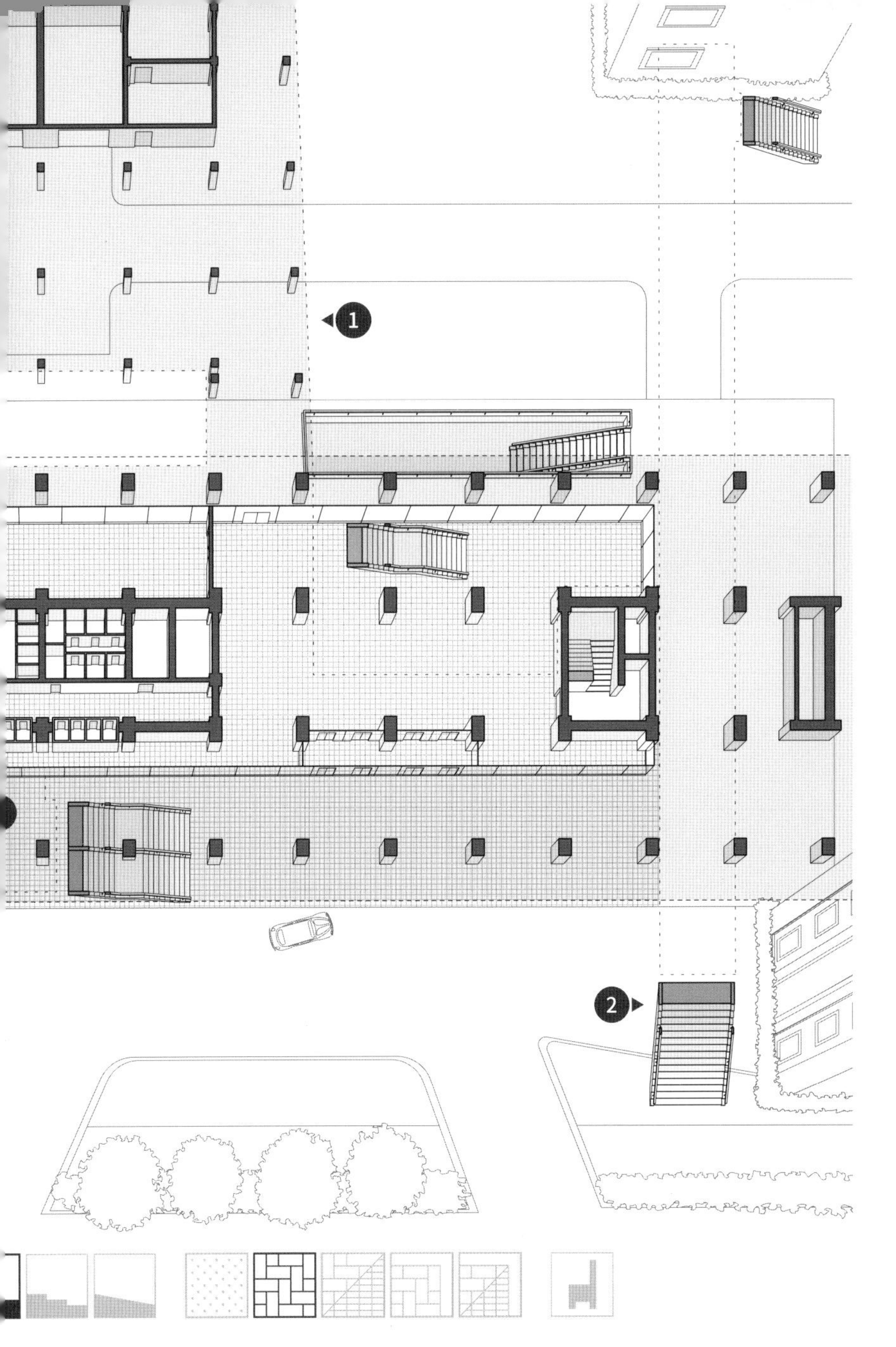

旧東京都庁舎

1957
- 丹下健三 -

1
ピロティは、車寄せのキャノピーやペデストリアンデッキと連続し、人間のための建築的スケールと交通のための土木的スケールが融合している。

2
2 層分のピロティが動線の立体拡張をもたらし、外部階段を通じて直接中 2 階にアクセスすることで、明快な歩車分離を実現している。

3
上階の執務スペースと地下の維持管理スペース、人工地盤の 3 者の機能空間の分離と統合を成立させる媒体としてのピロティになっている。

Ⅶ プライベートな裏庭

separation from ground

ピロティ空間がアプローチと全く関係をもたないか、あるいはアプローチの反対側に設けられた建築も存在する。ピロティ空間に辿り着くには、一旦、１階の内部空間に入る必要があるので内部空間と連続するプライベートな外部空間となる「裏庭」のような位置づけである。

43

プライベートな裏庭

直行する壁柱がビーチを囲う穏やかな庭

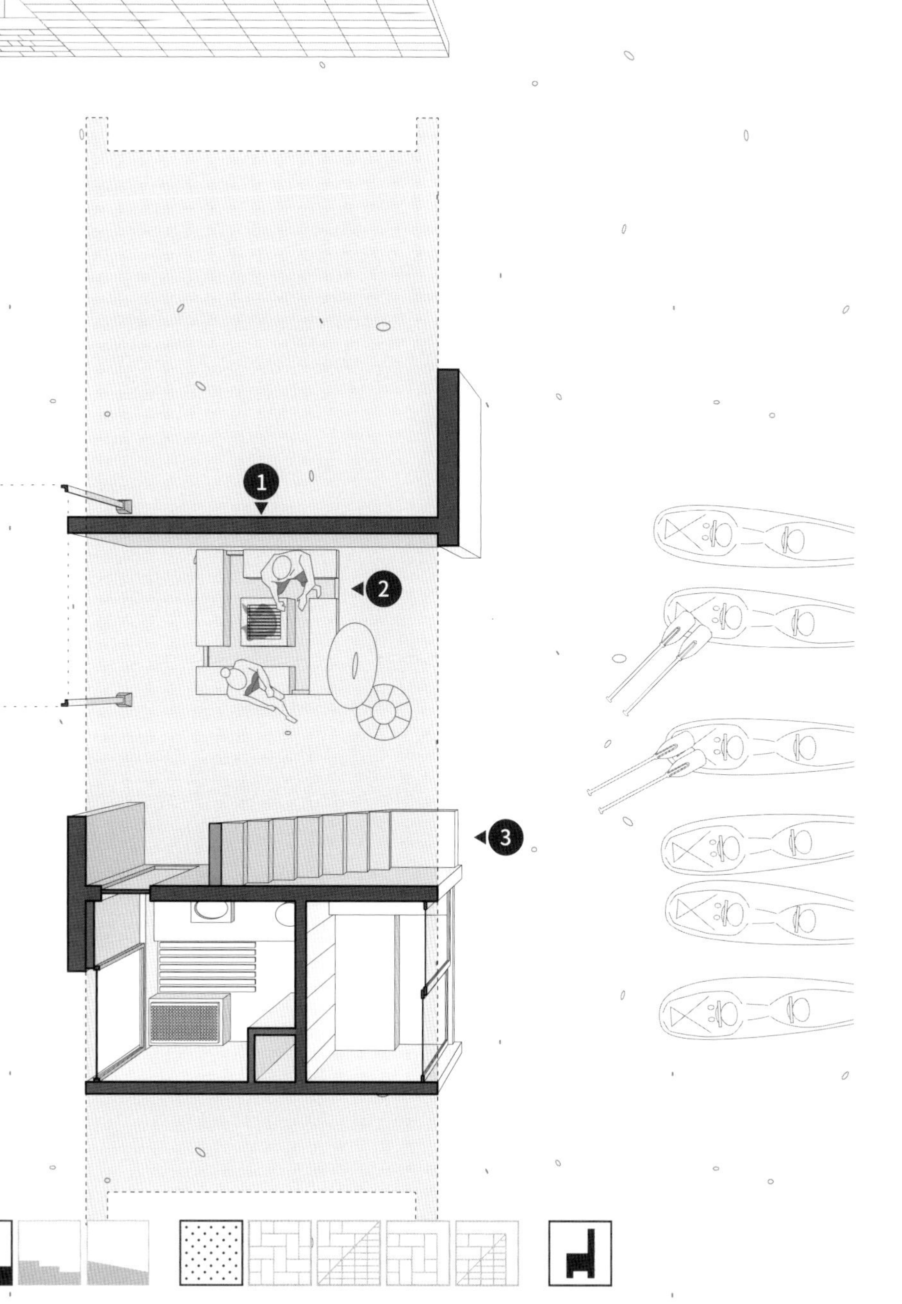

T 氏別邸

1960
- 菊竹清訓 -

1

壁柱を海辺と直行方向に並べることによって、海への視線の抜けをつくりながら、ピロティの中に３つの異なる性格の居場所をつくっている。

2

壁に挟まれたピロティは、地面にコンクリートのベンチと炉が掘られており、バーベキューなどの海辺の外部活動を家の袂に定着させている。

3

２階への階段は海へ向かって上ってゆき、跳ね上げ式の扉をあけて室内に入るため、ピロティは上階と視覚的にも身体的にも切り離されている。

44

プライベートな裏庭

軒の深いピロティがつくる静かな縁側

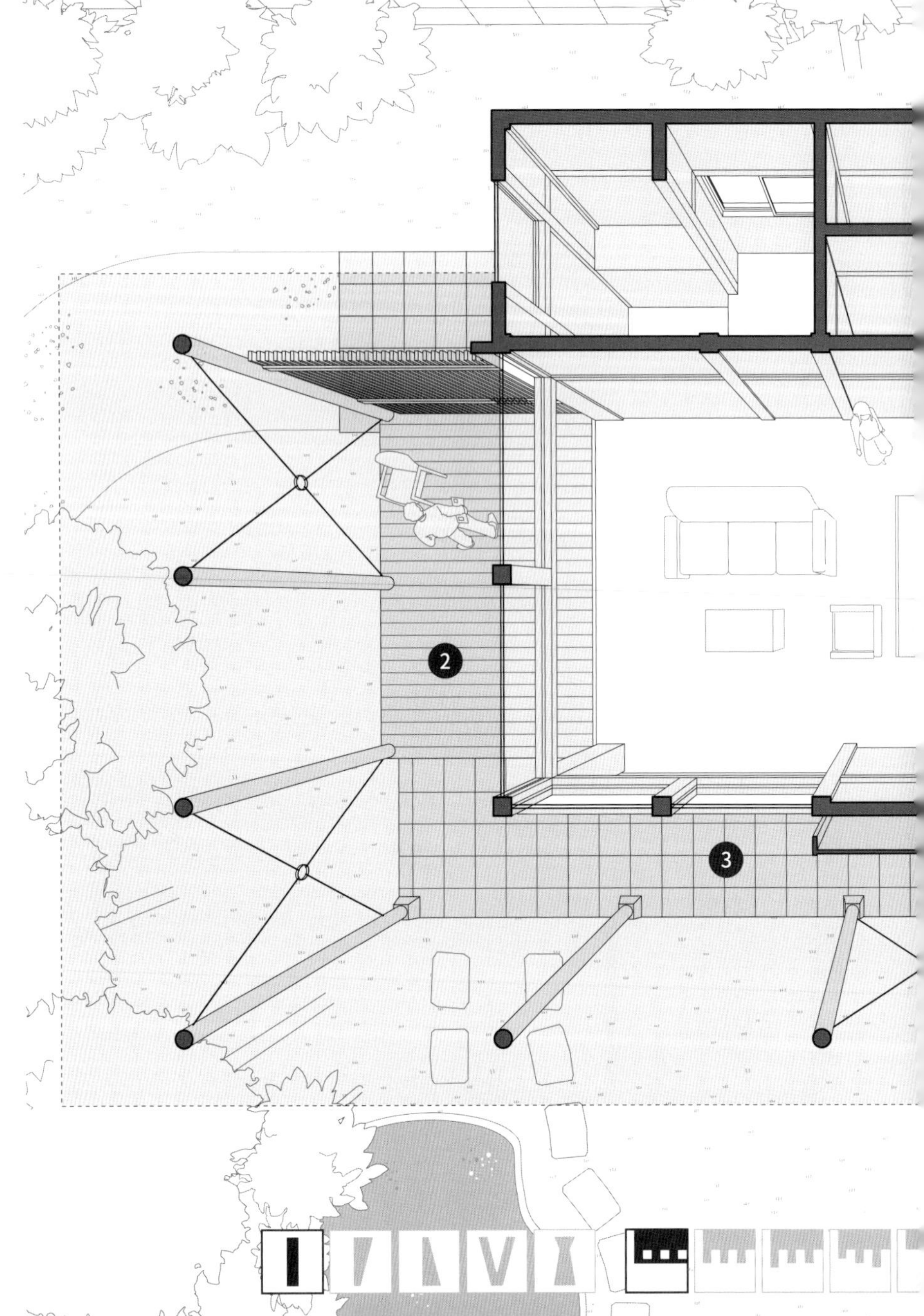

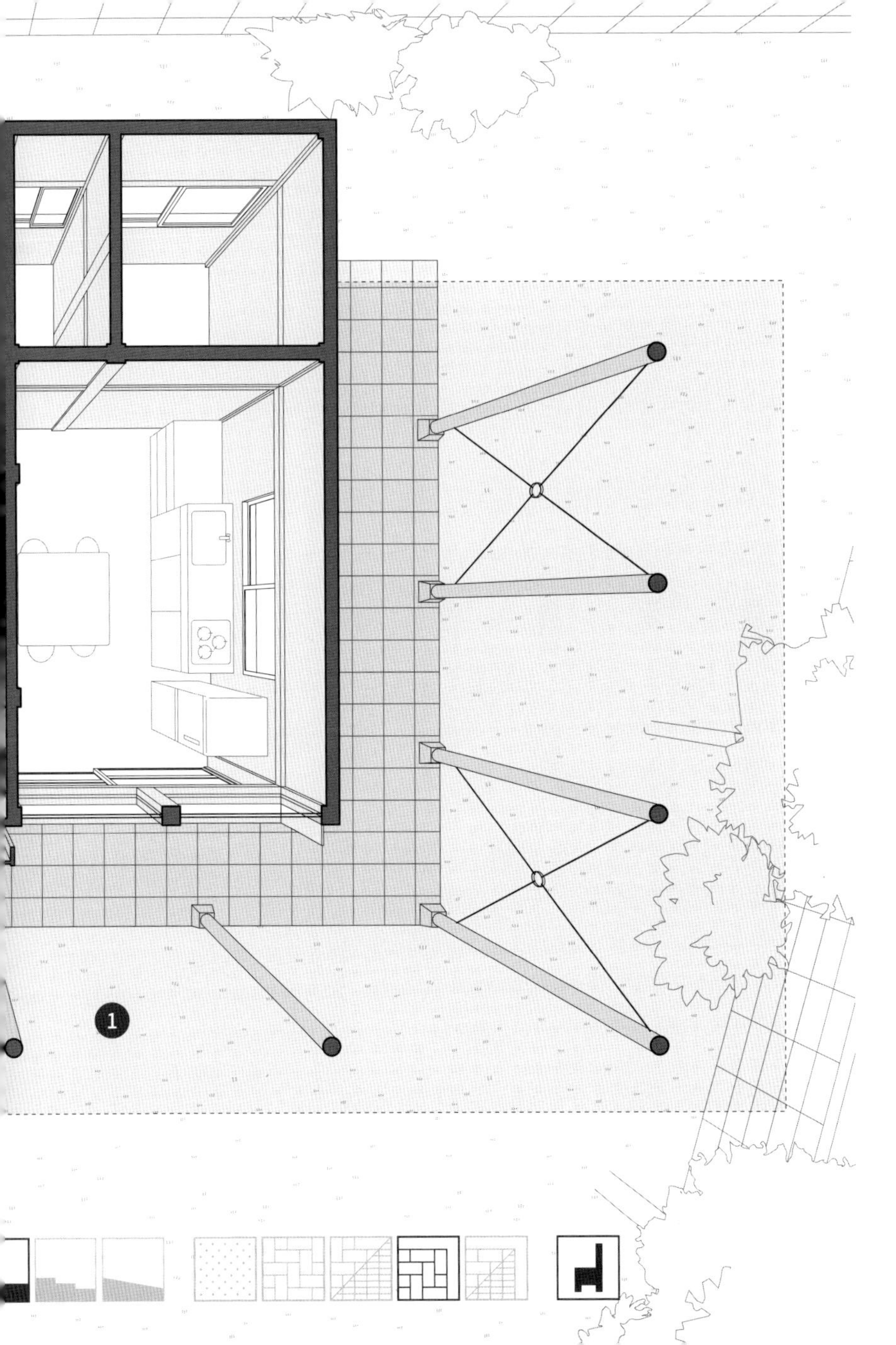

堀の家

1963
- 阿久井喜孝 -

1

ピロティはアプローチに近い位置にありながら、1階の内部空間を通過してからでないとアクセスできない裏庭的存在になっている。

2

奥行きの深い縁側的ピロティは雨天の利用も想定し、床をスノコ敷きとして、居間の一時的な拡張、あるいは家事スペースになっている。

3

庭に面したピロティ部分は、2世帯住宅の共用スペースとして庭との繋がりを重視して、室内より一段低い土間仕上げになっている。

45

プライベートな裏庭

設備を隠蔽した造形的な列柱と裏庭的玄関

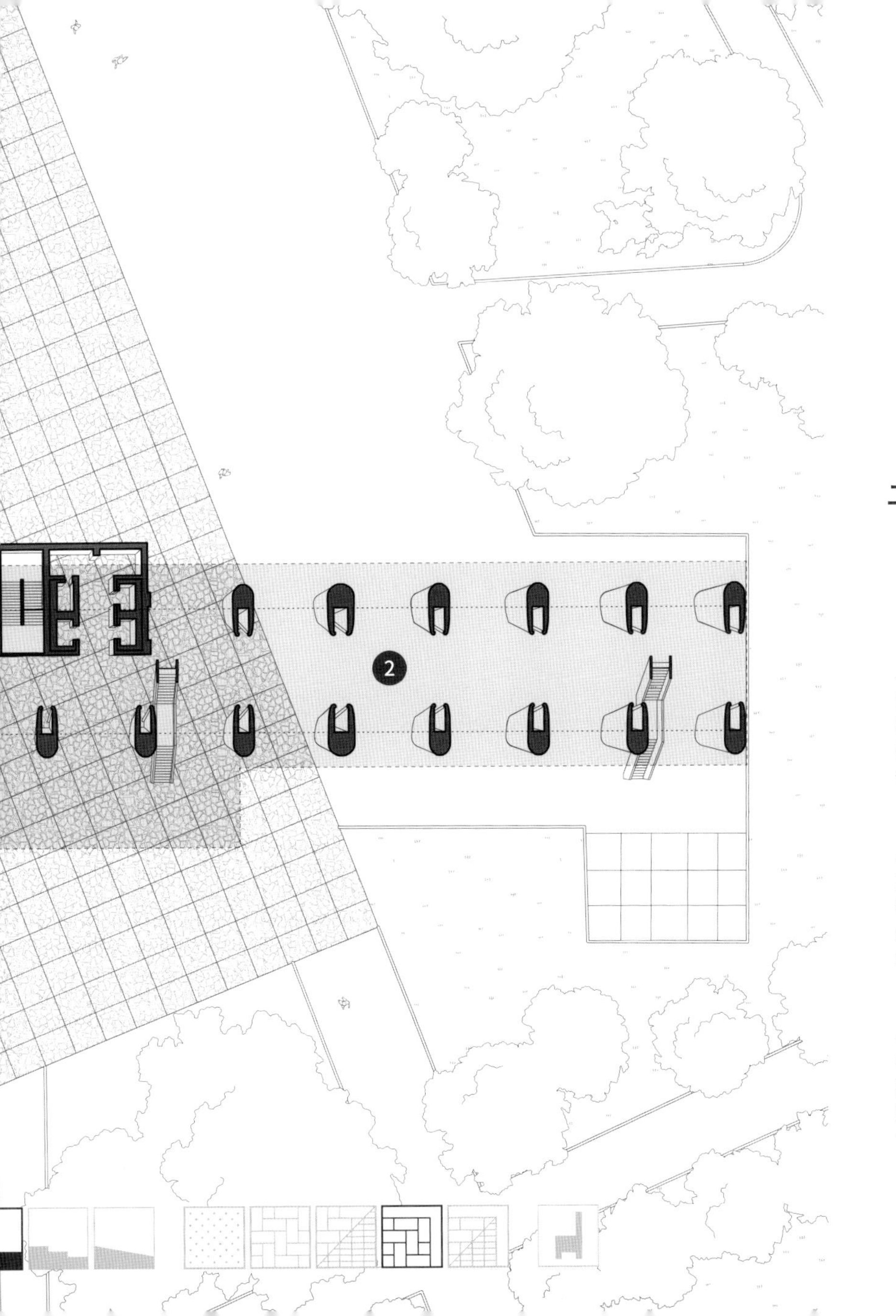

マルセイユの
ユニテ・ダビタシオン

1965
- ル・コルビュジエ -

1

ピロティの柱は楕円状の断面で、地面に近づくにつれ断面積を小さくすることで、コンクリートの圧迫感を軽減させ人々を優しく迎え入れている。

2

ピロティの外縁で蹴上がる天井は、設備配管の横引きや、全館換気ダクト、ダストシュートなど、上階の住戸を支える背骨として厚くなっている。

3

地面から住戸に繋がる設備配管を柱の断面の中に納めることで、ピロティを建築の裏にするのではなく、人間にとって活動しやすい場にしようとしている。

46

プライベートな裏庭

湾を望む土木的スケールで架かる客室の橋

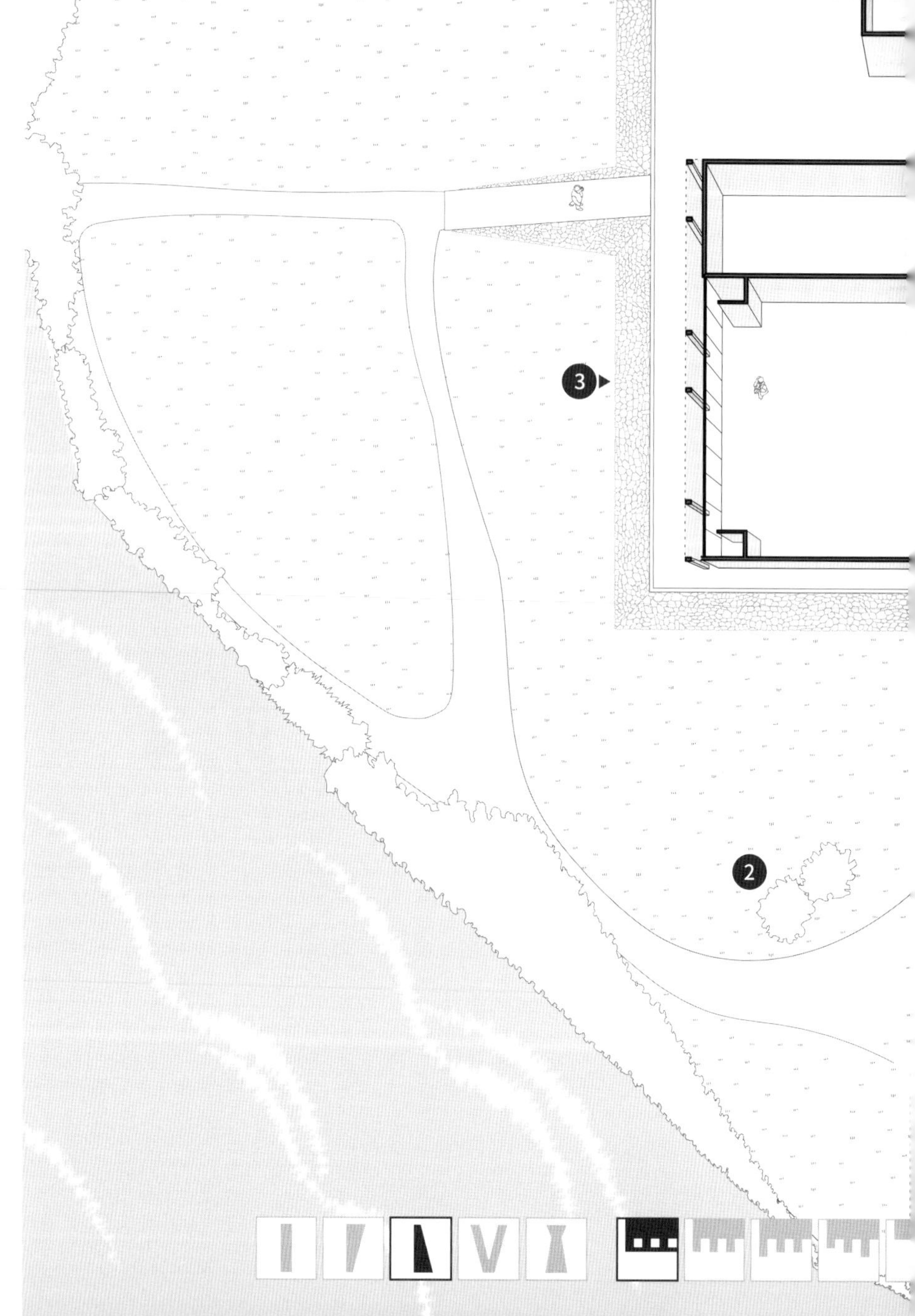

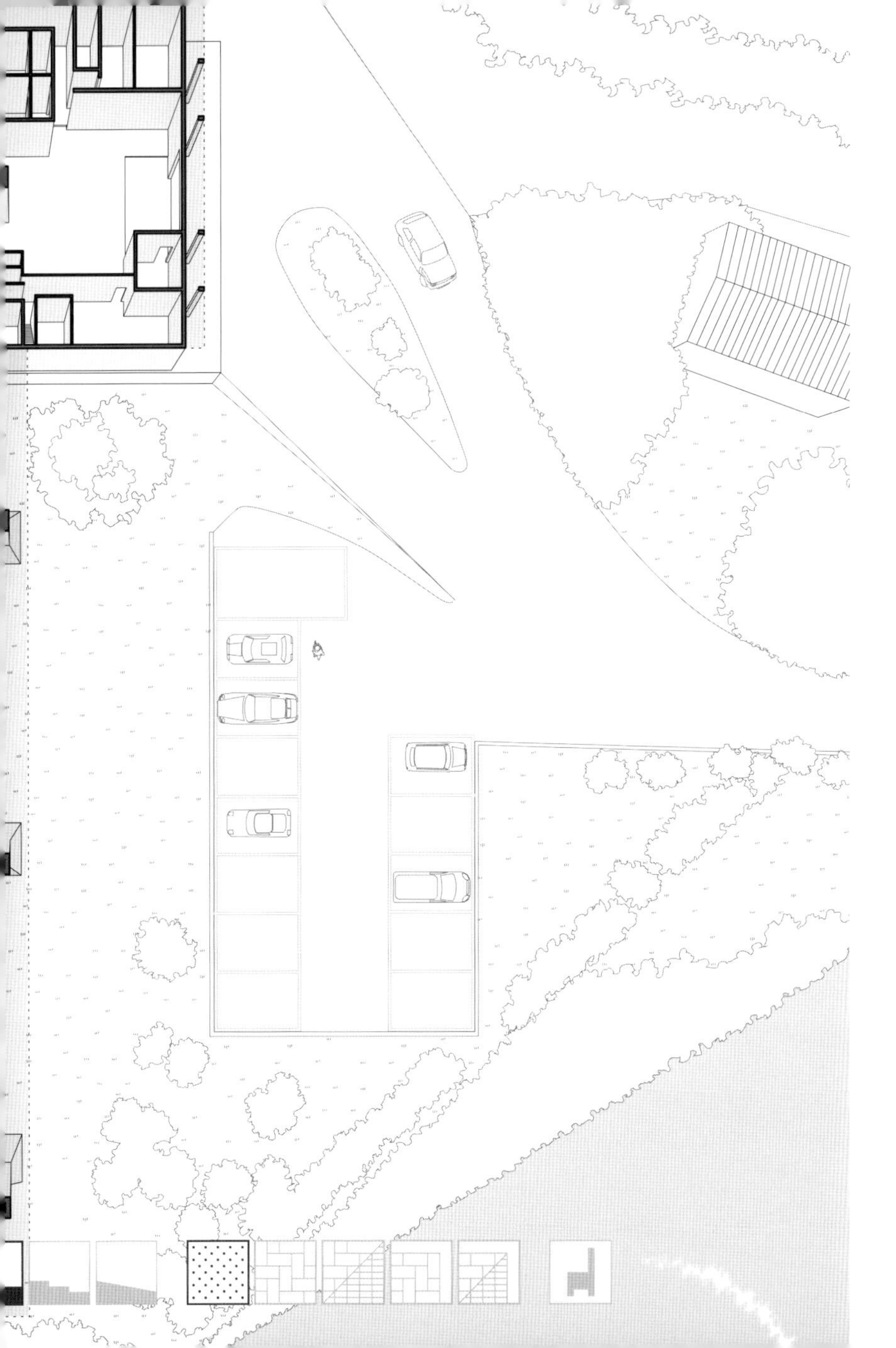

佐渡グランドホテル

1967
- 菊竹清訓 -

1

「橋」の架構による大きなスパンとそれに伴う高い天井のピロティは、自然と人間を結ぶ関係の象徴であり、建築の力強さも表出している。

2

ピロティはアプローチをするためにつくられたのではなく、雄大な自然の風景をダイナミックに切り取る額縁になっている。

3

軟弱地盤による40mの杭を少なくするために、巨大な基礎は仕上げをタイル貼りとして親しみやすい表情とし、最小限の箇所にとどめている。

47

プライベートな裏庭

庭と展示室を繋ぐシームレスな軒下

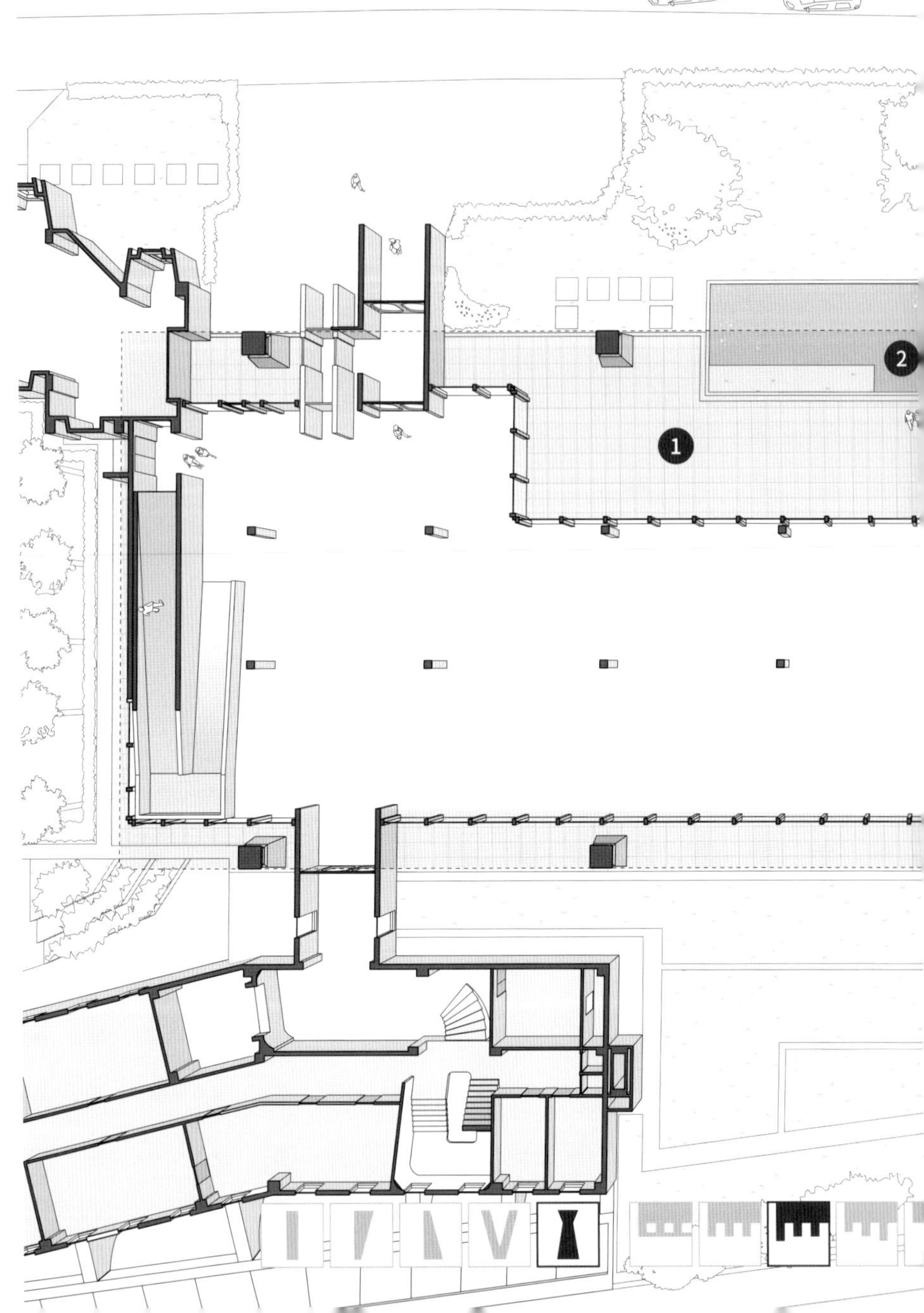

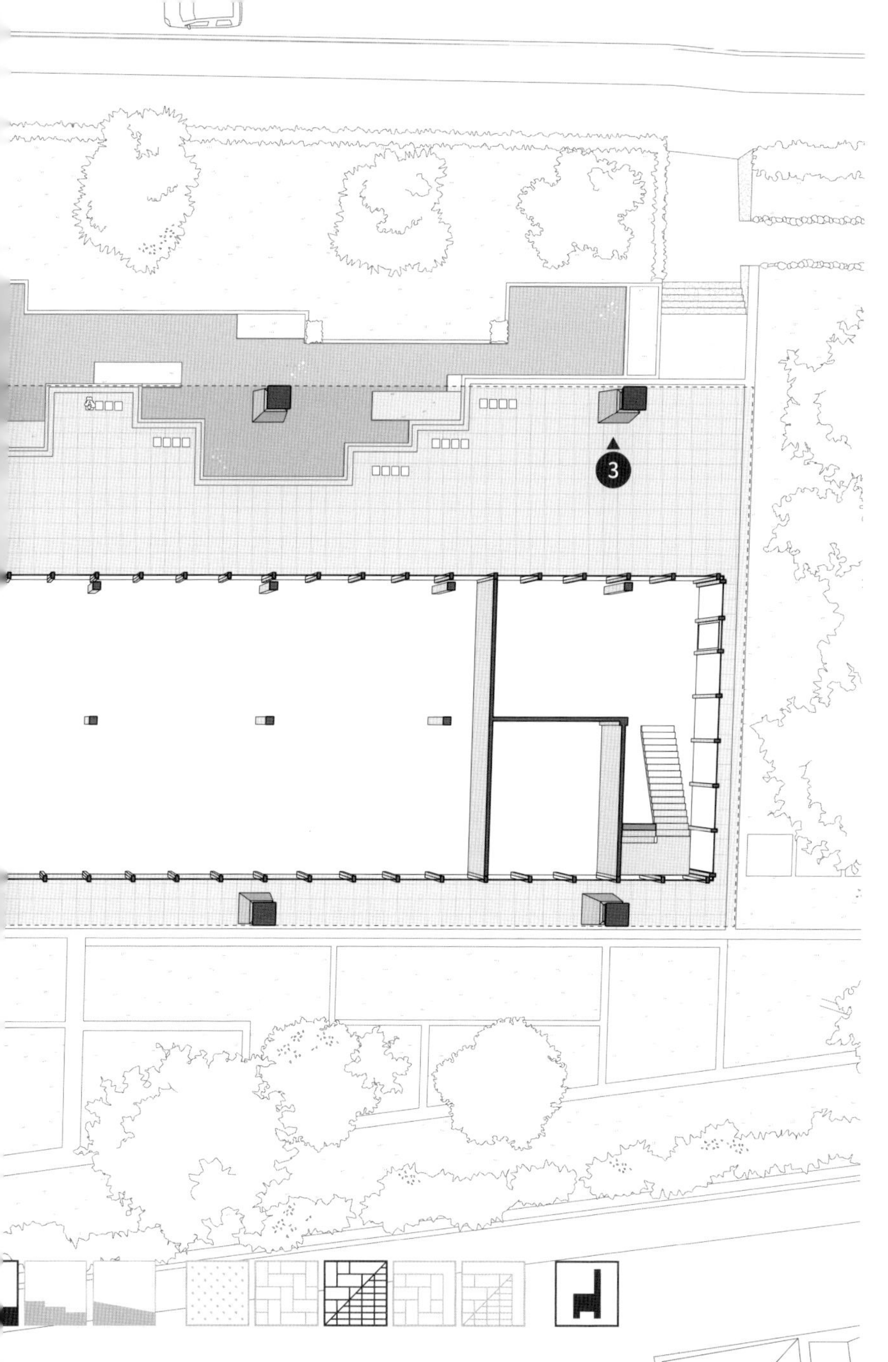

兵庫県立近代美術館

1970
- 村野藤吾 -

1

通りから美術館を見ると、1階のガラス壁の展示室を越えて、ピロティ空間とその奥にある庭園までの広がりを感じることができる。

2

ピロティ空間の輪郭を跨ぐように水盤が配されており、美術館の外部に利用者のための涼しげな憩いの場を取り入れている。

3

2階無柱空間の大展覧室を持ち上げる柱は鼓状型であり、上部のくびれ部分で柱が分節されていて、ピロティに軽快な印象を与えている。

Ⅷ 分散型エントランス

some entrances

ピロティ空間に内部空間を複数有するものもある。比較的規模の大きい建築に多く見られるのは、構造や設備の面から接地する箇所が多く必要だからである。一方で上層階へのアプローチ方法が複数存在し、ピロティ空間での人間の流動性が高いとも言える。

48

分散型エントランス

小川の橋と土手の傾斜が浮かせる橋上住居

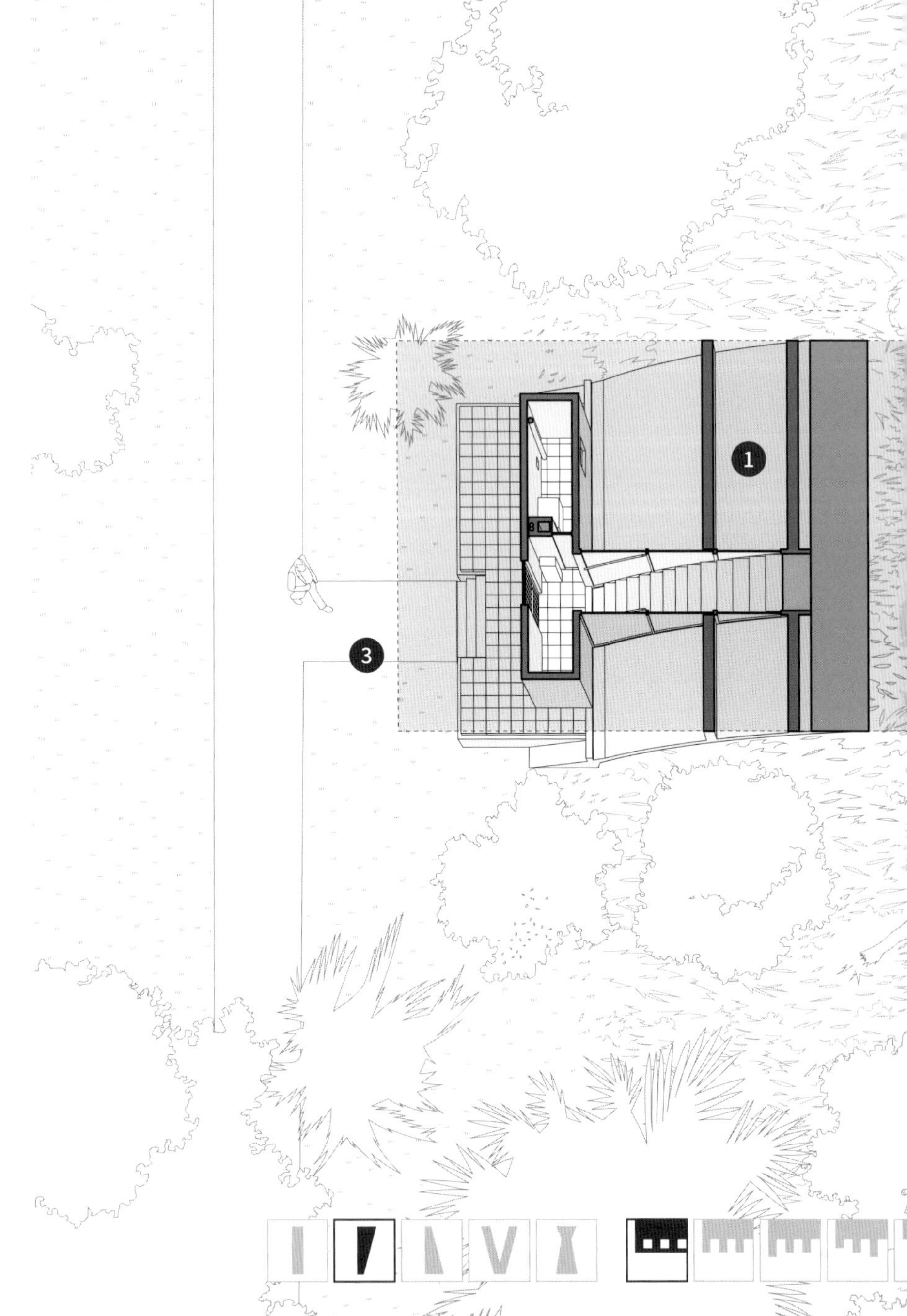

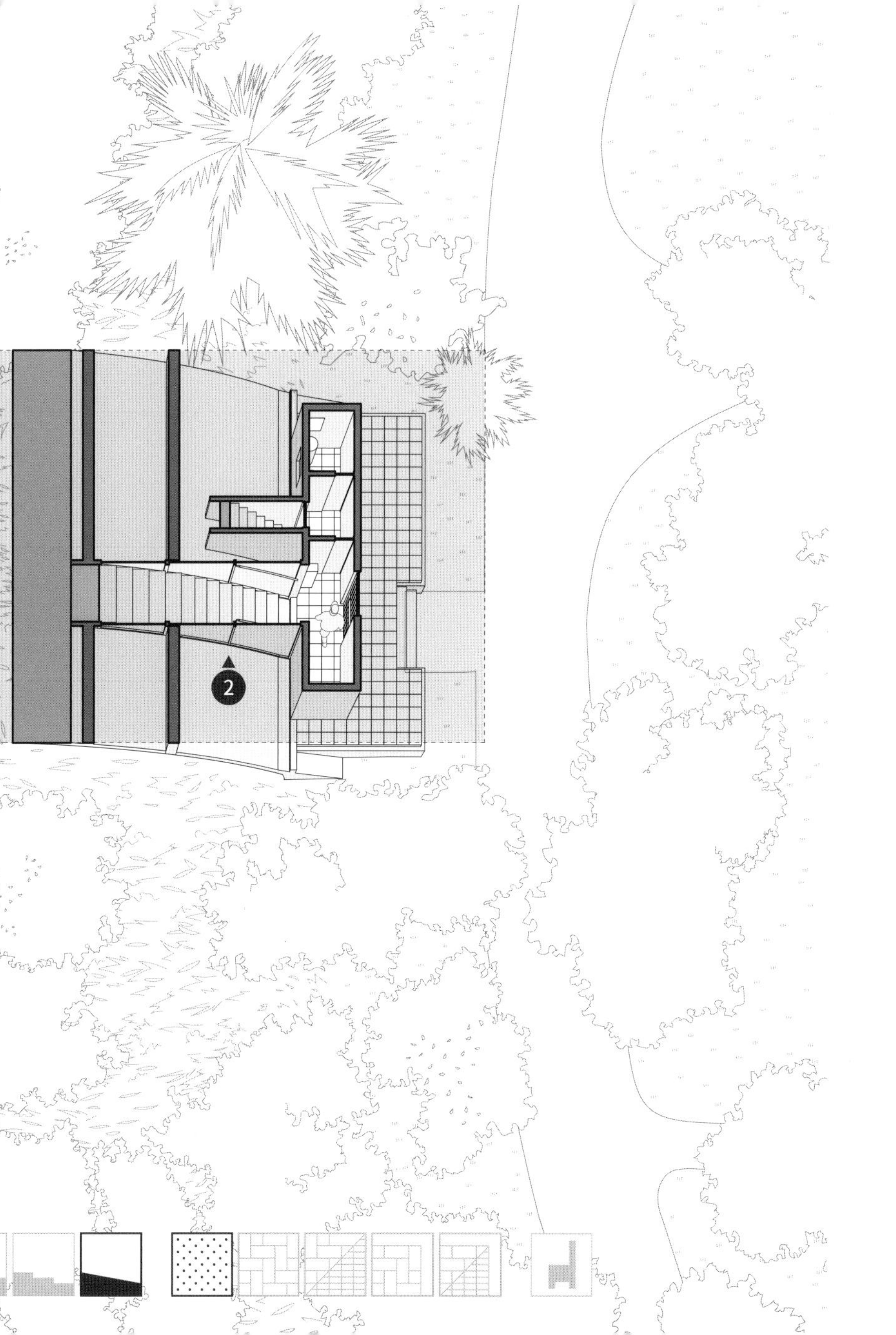

ブリッジハウス

1945
- アマンシオ・ウィリアムス -

1

コンクリートの大スパンアーチとスラストを抑える左右の基壇コアによって、川に架ける橋のように住宅を建てている。

2

アーチの傾斜を利用して階段が配置されており、上階の箱型ボリュームとアーチのすき間から外部の様子を伺い知ることができる。

3

川岸のボリュームでできる平らな天井のピロティと川にかかるアーチの天井のピロティは、人の流れと川の流れという直交する異なる方向性をもっている。

49

分散型エントランス

華奢な柱に支えられた池に浮かぶ美術館

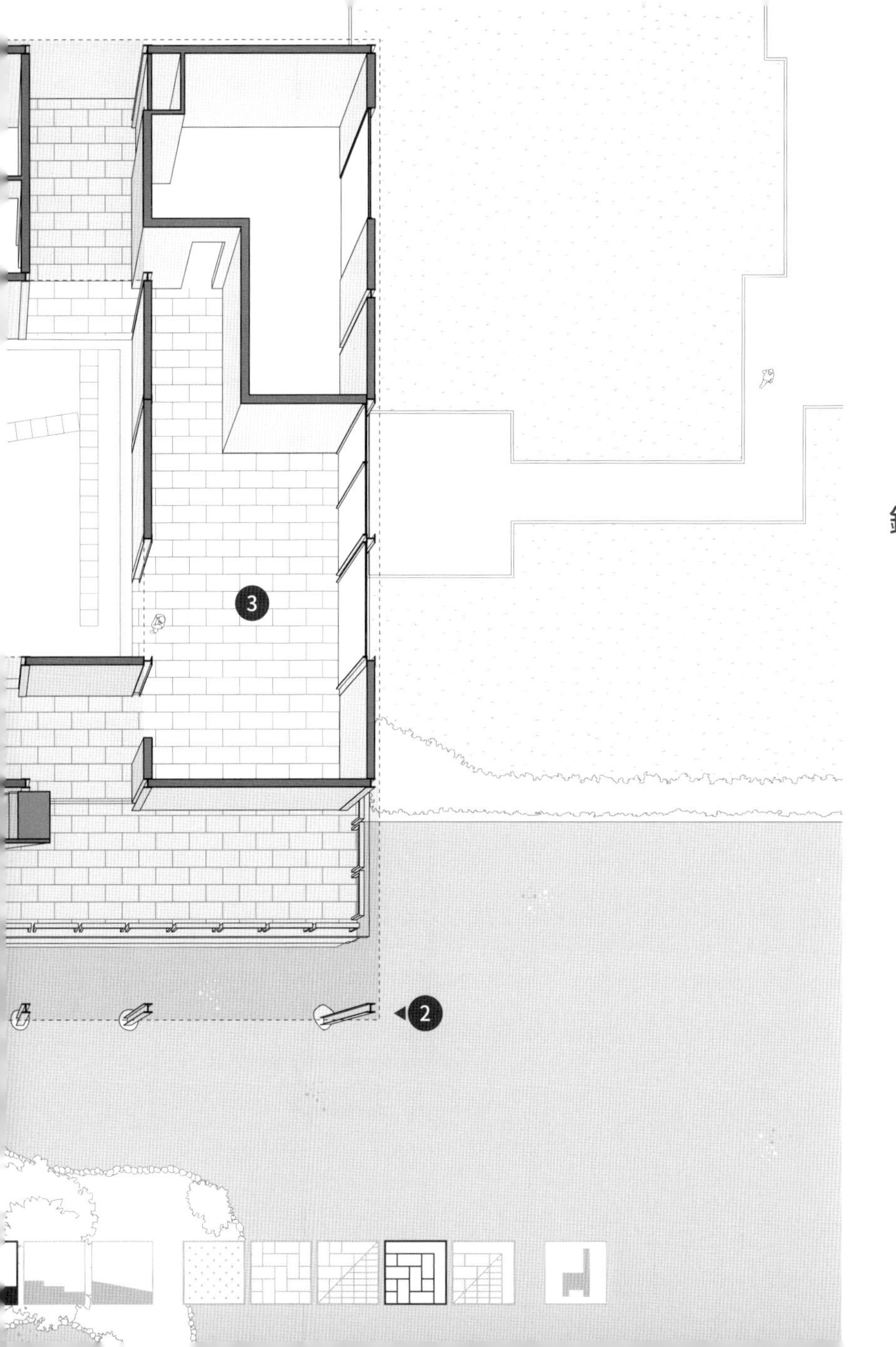

鎌倉近代美術館（鎌倉館）

1951
- 坂倉準三 -

1

展示室は上階に持ち上げられ、ピロティには中庭と池が入り込み、神社の境内が背景となって自然豊かな外部展示室になっている。

2

柱は水面に落ち、上階のボリュームが池に張り出し、手摺を寺社にみられる欄干の形態にすることで、自然をピロティ内に引き込もうとしている。

3

ピロティは諸部門の動線でもあり、展示品の鑑賞空間、さらには休憩場所にもなり、床を石張りにすることで、空間に一体感を与えている。

50

分散型エントランス

山の斜面に並ぶ壁柱の多様なリズムの修道院

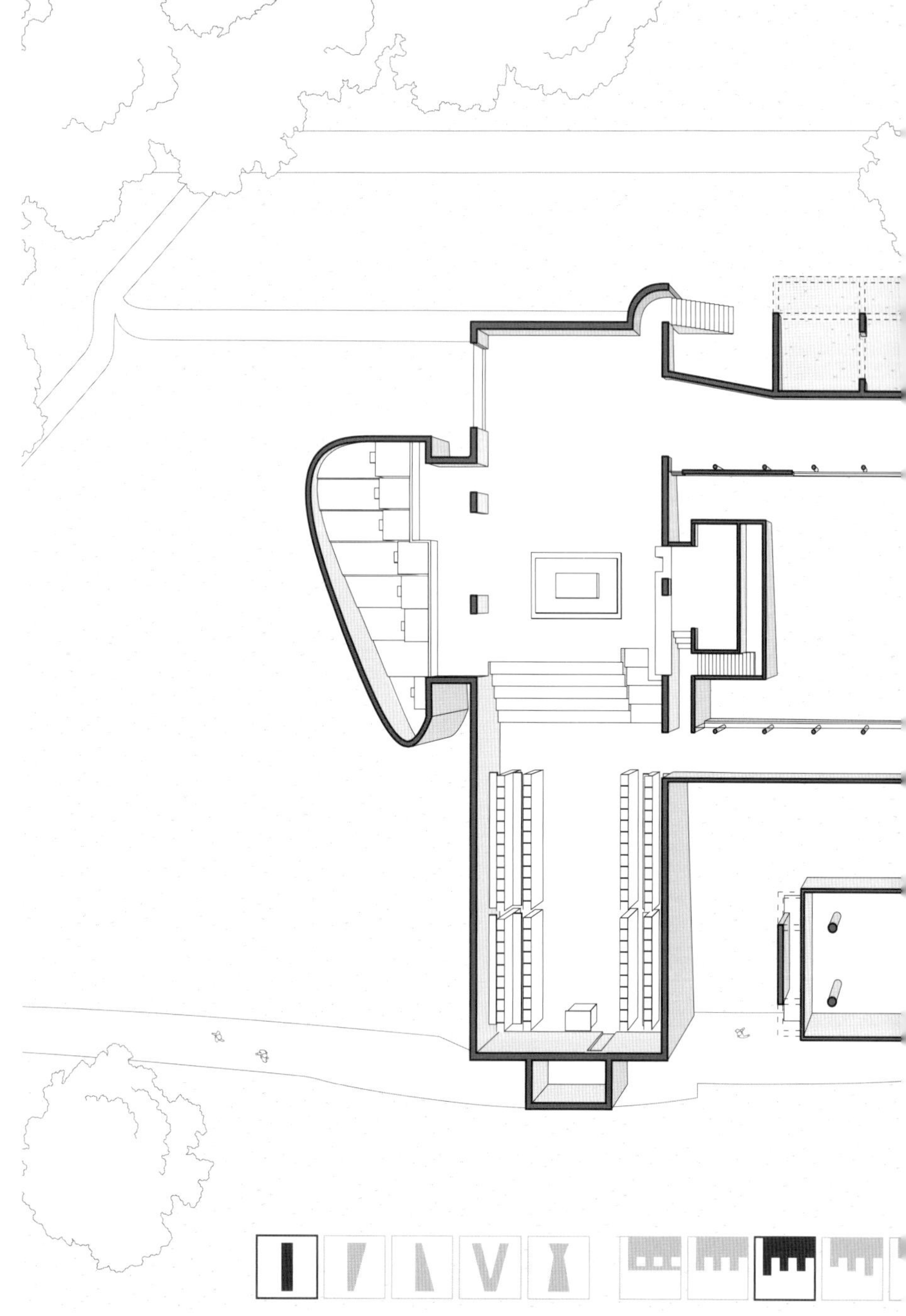

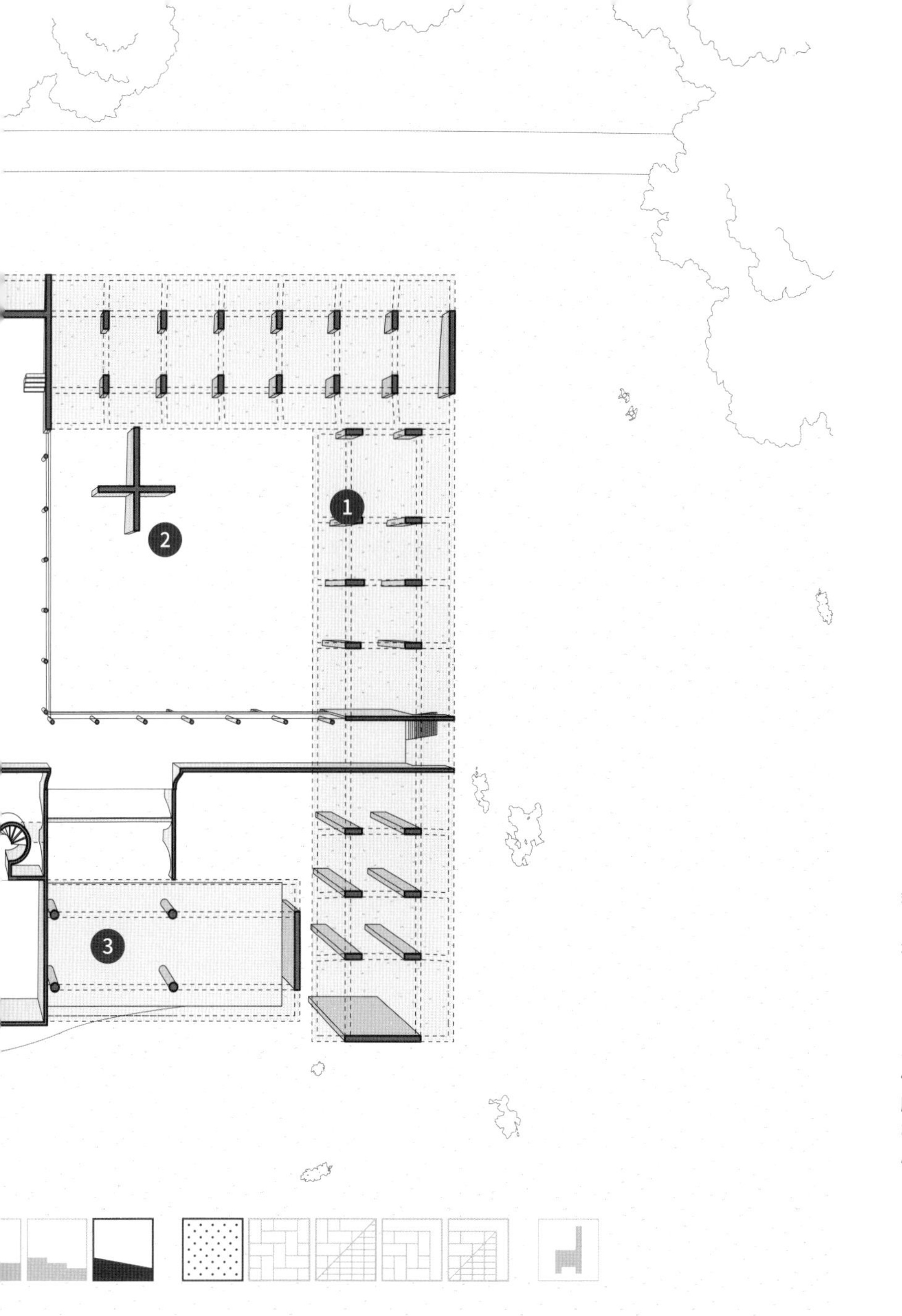

ラ・トゥーレット修道院

1957
- ル・コルビュジエ -

1

回廊状に並ぶピロティの壁柱は、傾斜した地面によって様々な高さが生まれ、人が入ることのない斜面において多様な表情をみせている。

2

斜面に対して力強くそびえ立つピロティの壁柱越しに、中庭を通して空が垣間見えることで、修道士との距離がありながらも開かれた外観になっている。

3

個室など専有部が壁柱なのに対して、廊下や食堂など共用部は円柱となっており、上階の室の性格がピロティにも反映されている。

51

分散型エントランス

荒野の段地に着地したY字が織りなす研究所

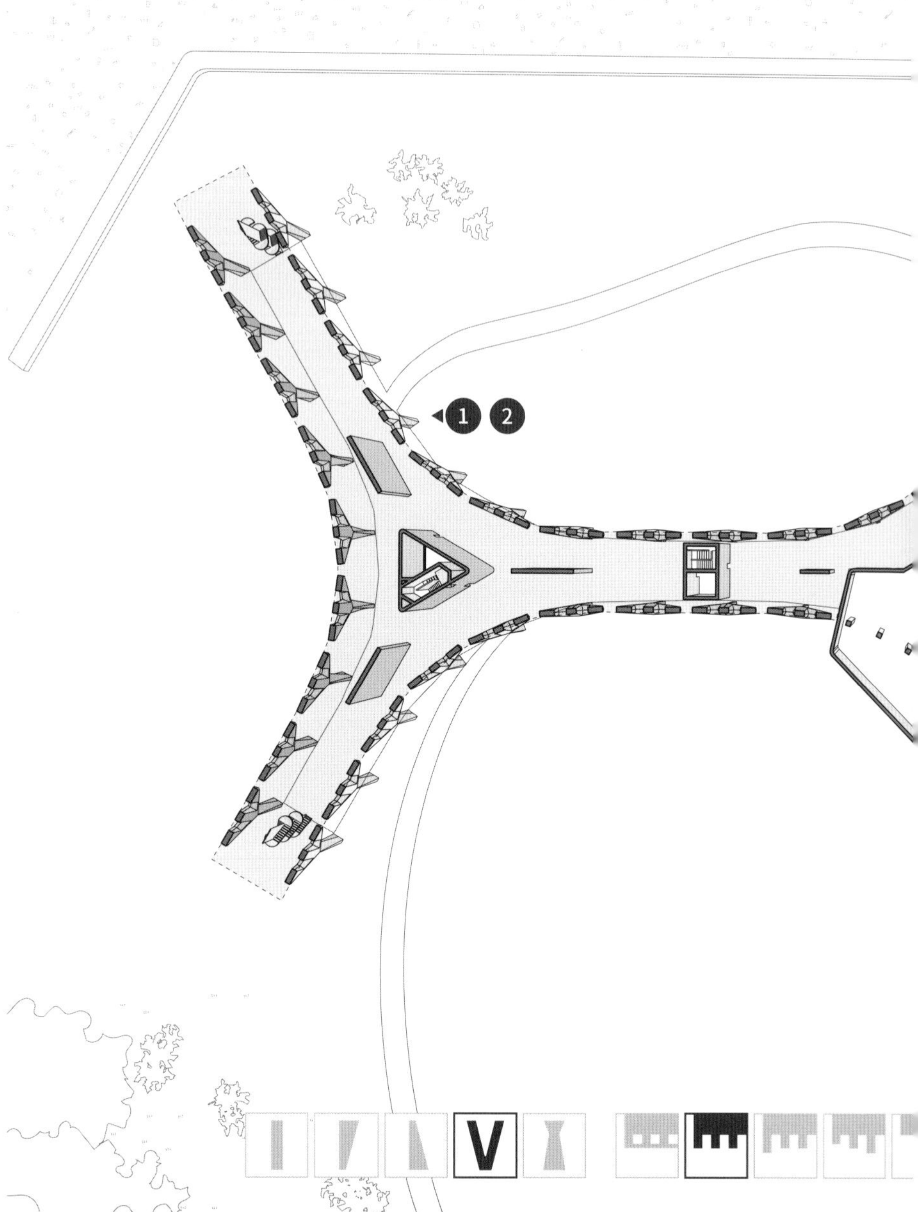

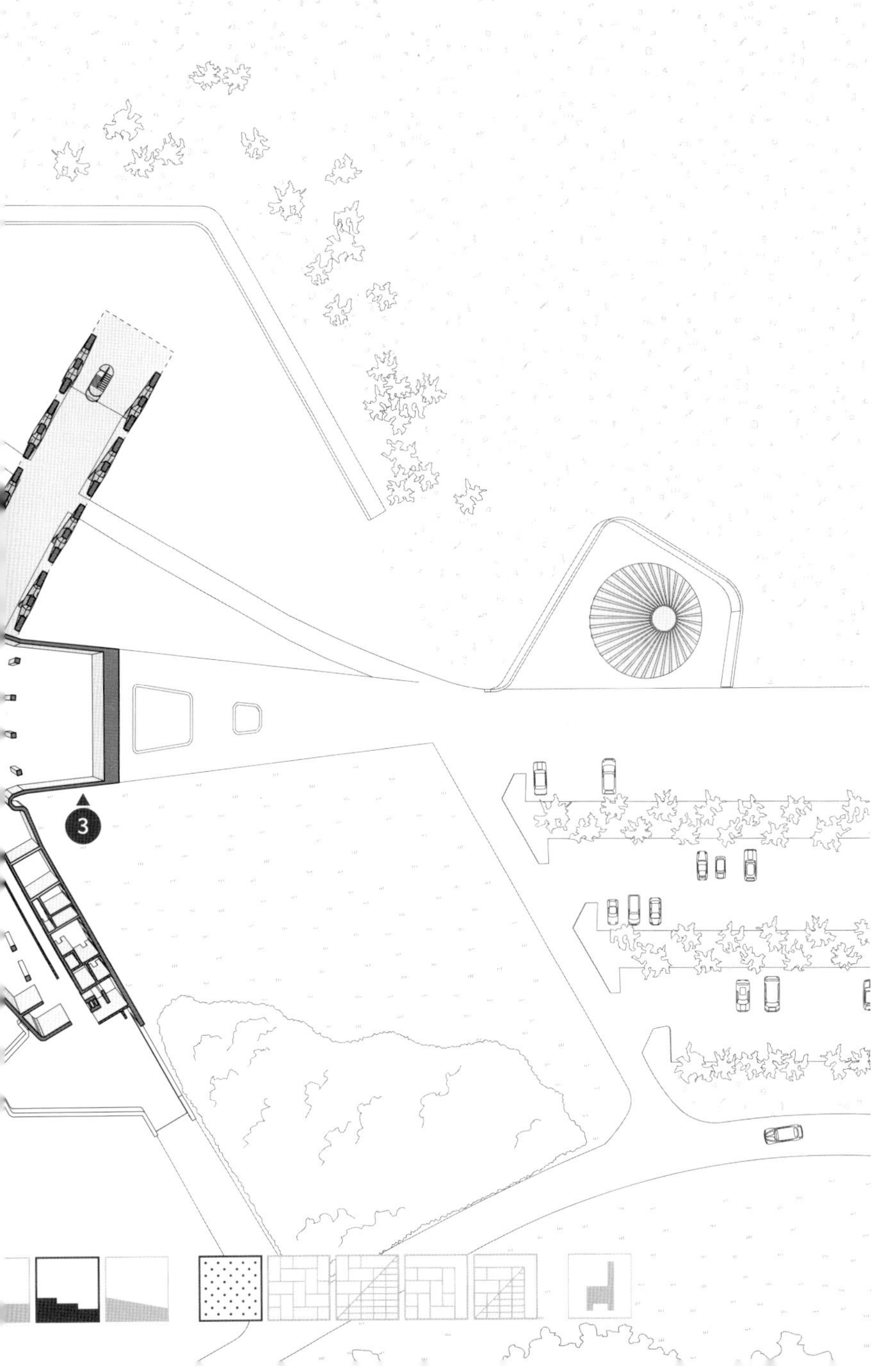

IBM 研究所

1962
- マルセル・ブロイヤー -

1

樹状型の柱で巨大な建物を持ち上げ、Y字平面を連結させながら敷地の高低差に順応することで、接地面を少なく、土地の性格を変えないようにしている。

2

外壁のユニットパネルのモデュールに合わせて3つに広がる樹状の柱は、彫刻的な多面体の形状にすることで、光と影の模様の変化を作り出している。

3

ピロティによって研究所のセキュリティの高さが視覚化され、内部へのメインアプローチも2階へと通じる大スロープにより区別されている。

52

分散型エントランス

ピロティと吹抜けが交錯する創作の場

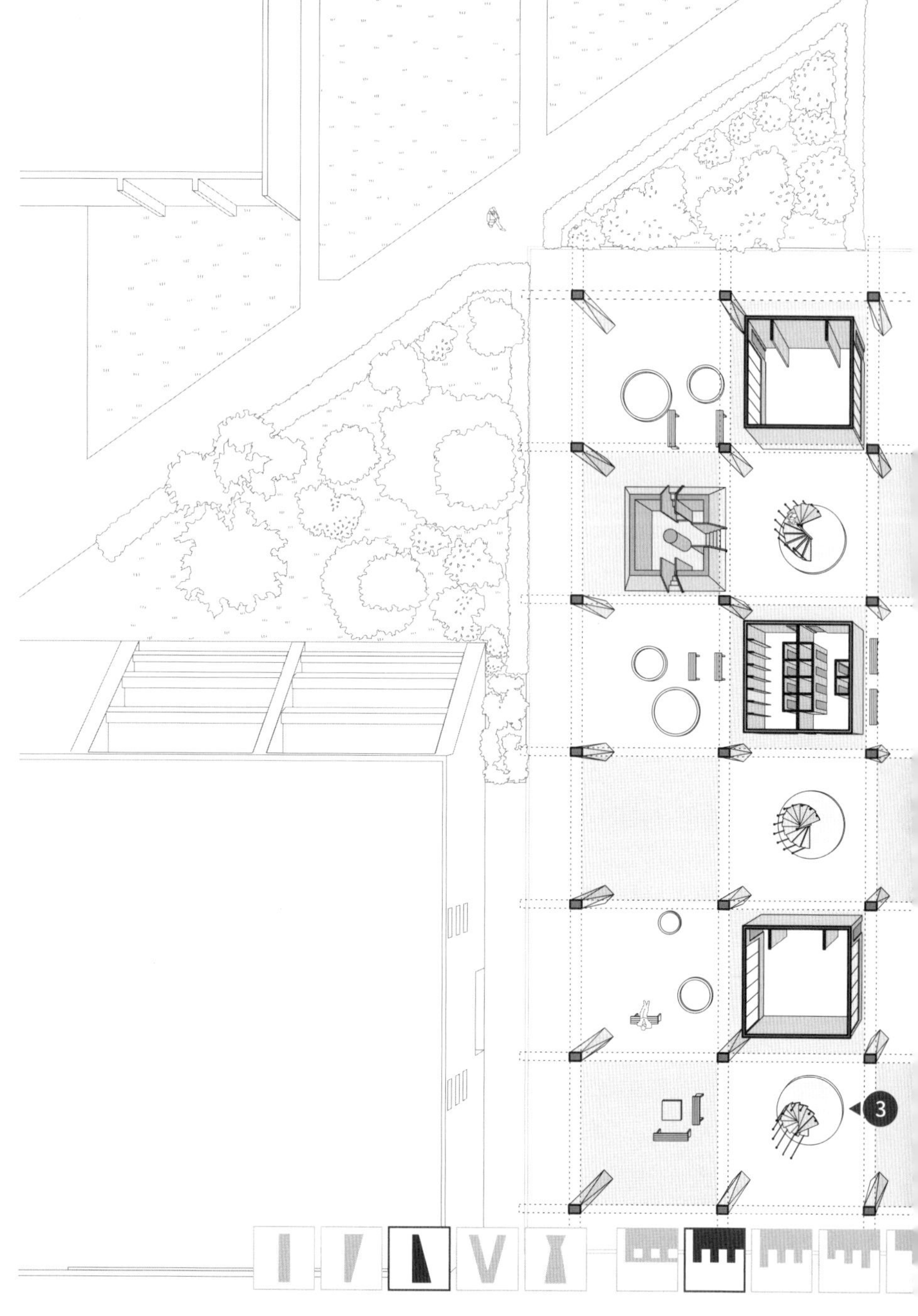

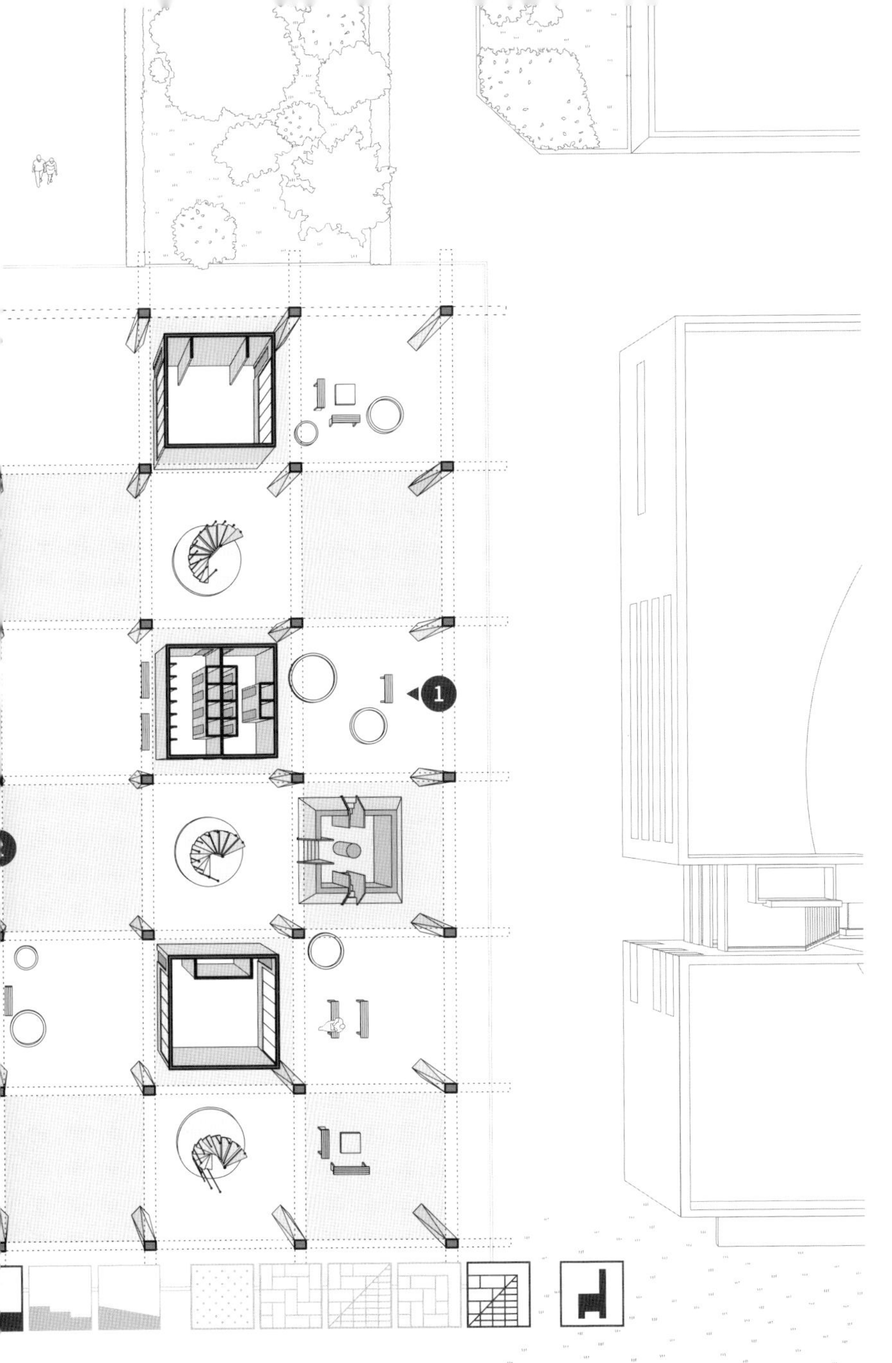

武蔵野美術大学鷹ノ台校舎・アトリエ棟

1964
- 芦原義信 -

1

ベンチやテーブル、手洗い場などが地面と一体に作られ、中央広場と連続した仕上げとすることで、キャンパス全体の中での溜まり場になっている。

2

グリッド柱による正方形のピロティは四方に拡張可能であり、吹抜けは低い天井高さの圧迫感を低減しながら、見通しの良い環境をつくっている。

3

上階へのアプローチは、方向性のない６箇所の螺旋階段から選択できるようになっており、利用方法の自由度が高いピロティになっている。

53

分散型エントランス

中庭につながる巨大ピロティが街のホワイエ

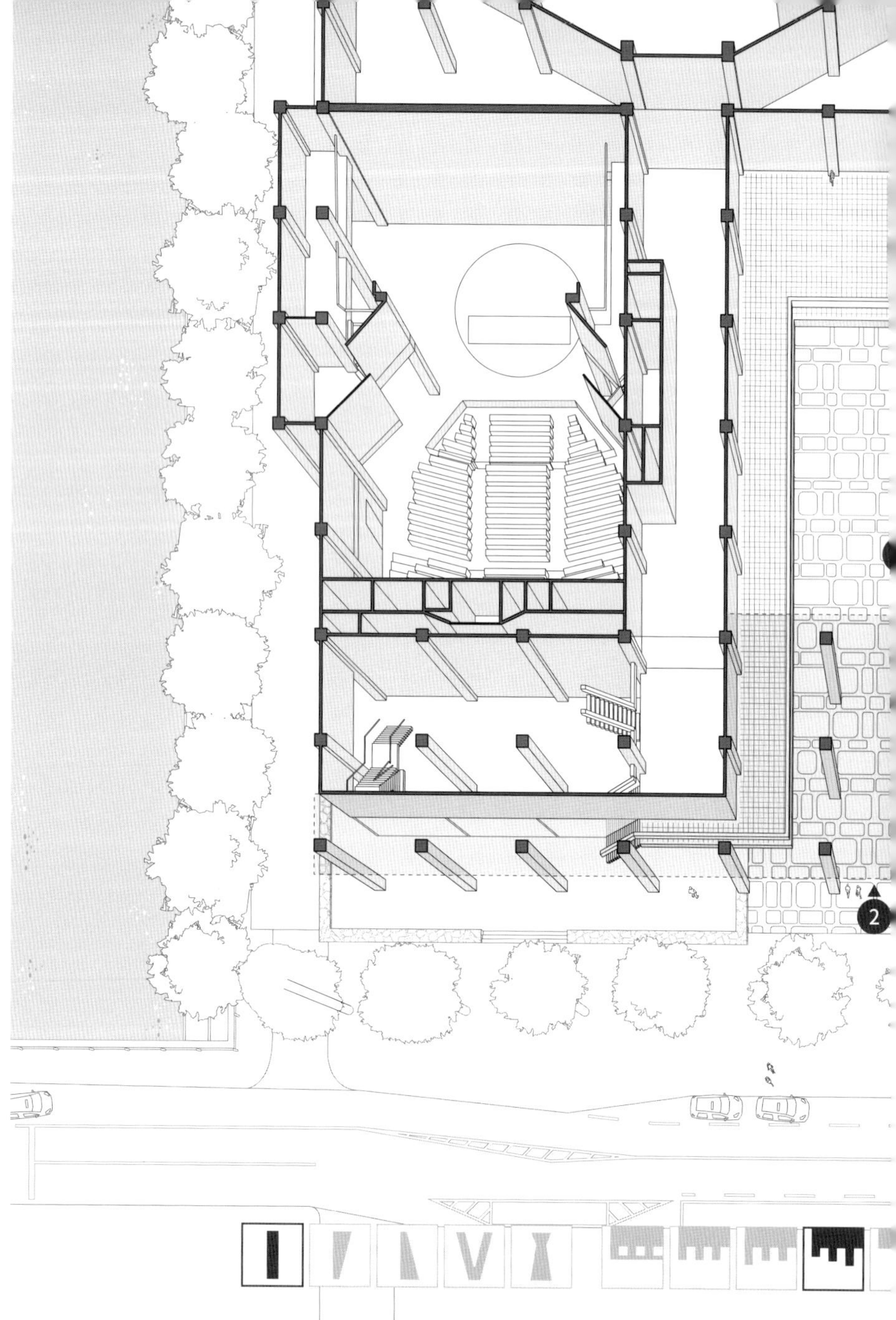

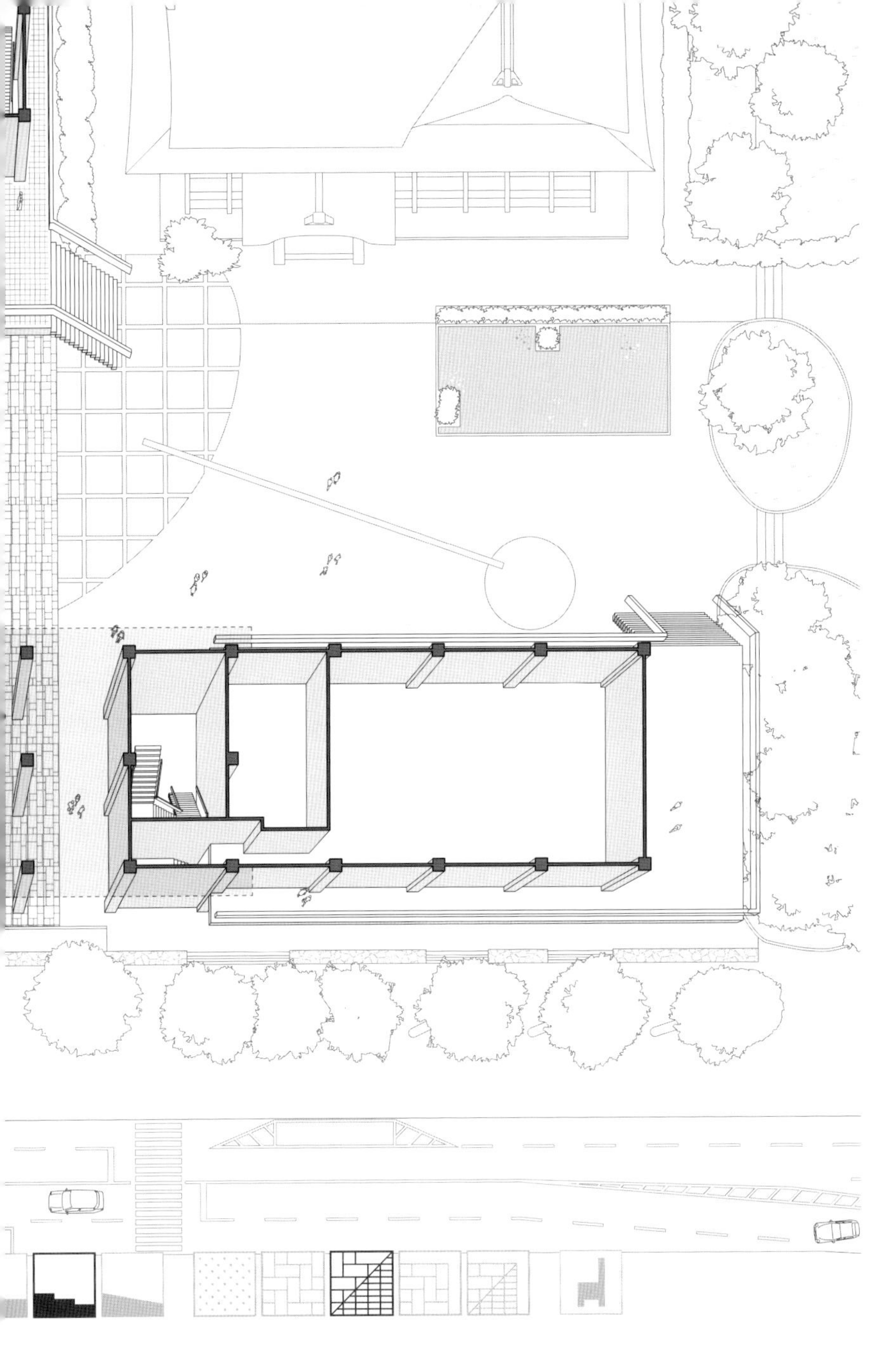

京都会館

1966
- 前川國男 -

1

ホールのエントランスや中庭をメインアプローチから軒先空間としてのピロティ越しに見せることで長大な建築のファサードを門のようにみせている。

2

コンクリートでつくられた太い柱、格天井の梁、丸められた軒先などは、寺に見られる構成要素であり、市民の憩いの場として現代の伽藍になっている。

3

歩道に面したピロティは、市民に開かれた広場として、また近くの学校への近道の通学路として、２つの通りを繋ぐ石畳のコンコースになっている。

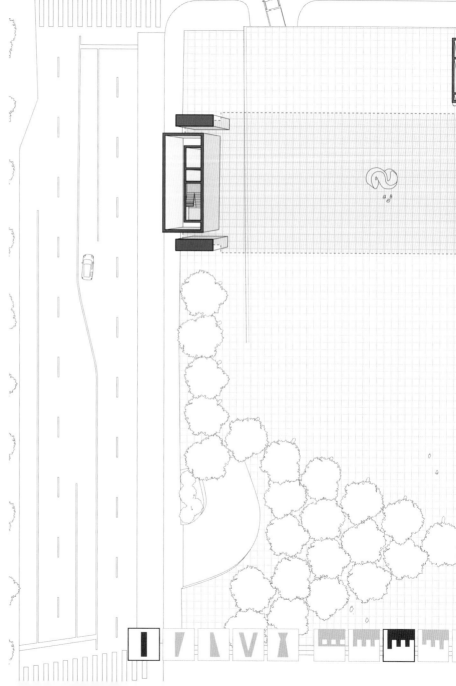

54

分散型エントランス

街区の幅がまるごとアプローチの空中銀行

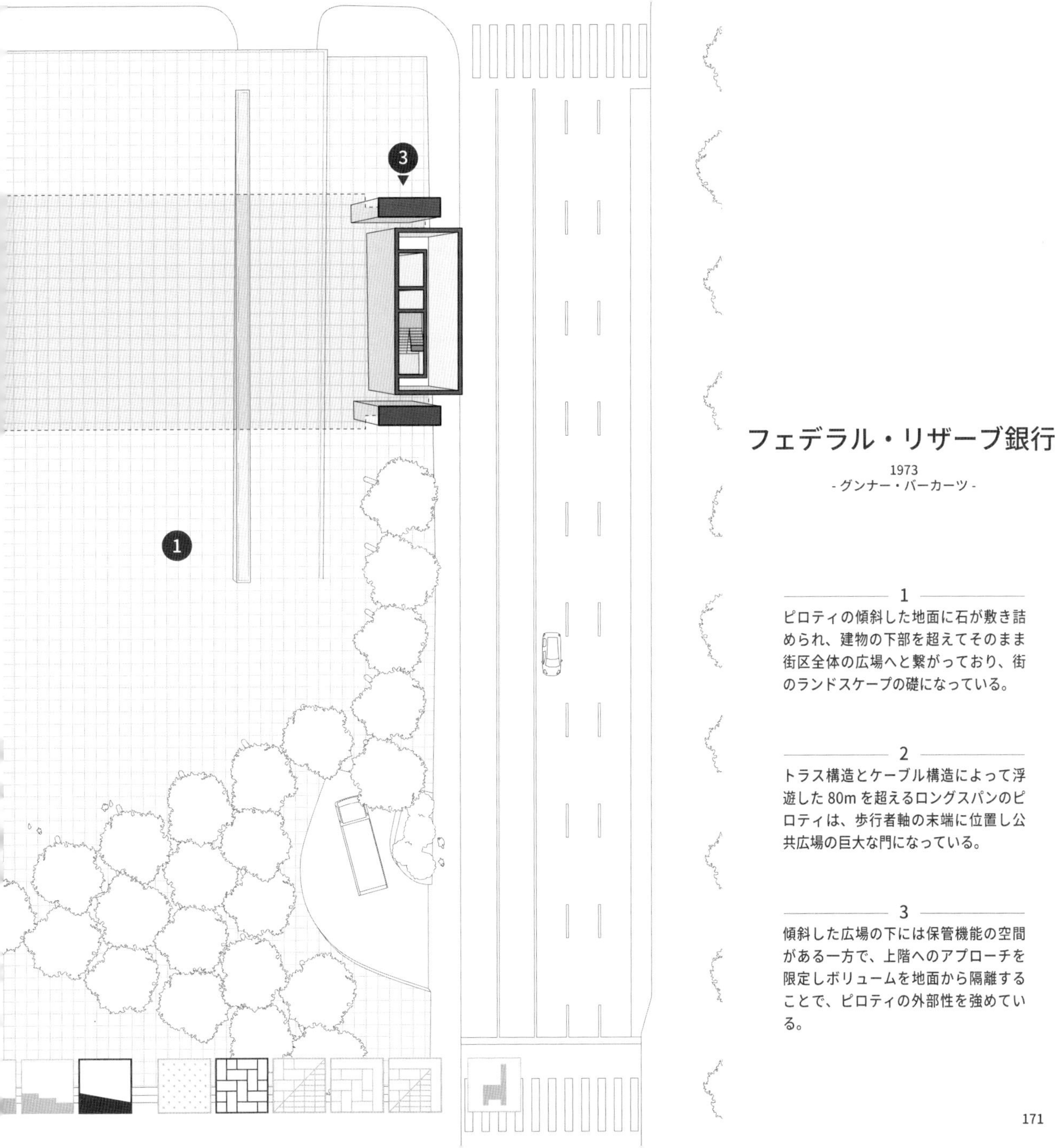

フェデラル・リザーブ銀行

1973
- グンナー・バーカーツ -

1

ピロティの傾斜した地面に石が敷き詰められ、建物の下部を超えてそのまま街区全体の広場へと繋がっており、街のランドスケープの礎になっている。

2

トラス構造とケーブル構造によって浮遊した 80m を超えるロングスパンのピロティは、歩行者軸の末端に位置し公共広場の巨大な門になっている。

3

傾斜した広場の下には保管機能の空間がある一方で、上階へのアプローチを限定しボリュームを地面から隔離することで、ピロティの外部性を強めている。

同スケールに見るピロティ

1/400 で見るピロティ

背の高いものから横に長いもの、柱が複雑なかたちだったり板状だったり、建築とそれを取り巻く環境の差が個性となってあらわれている。
本文と併せて比較することで、よりピロティに込められた思いをくみ取れるのではないだろうか。

純ピロティ

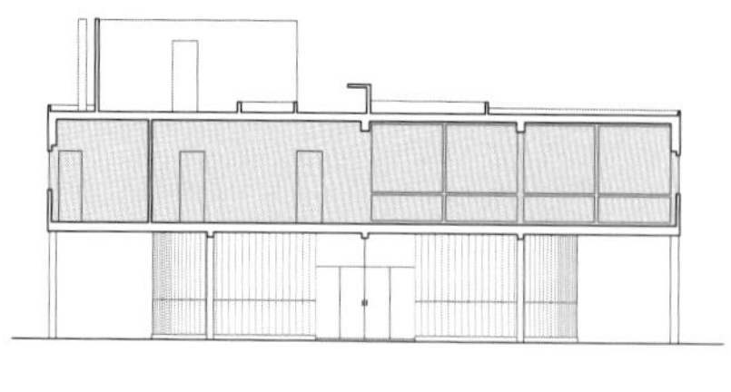

01 サヴォア邸

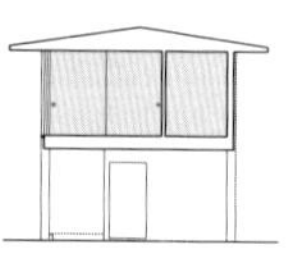

02 久我山の家

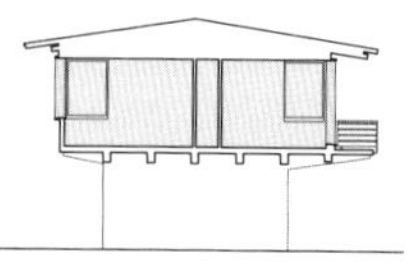

03 ケース・スタディ・ハウス

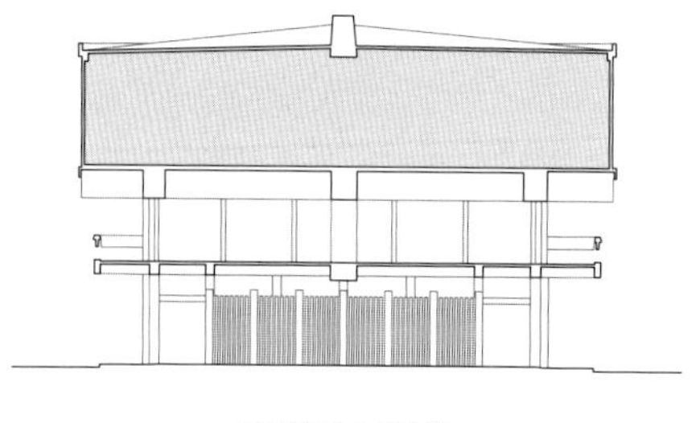

04 島根県立博物館

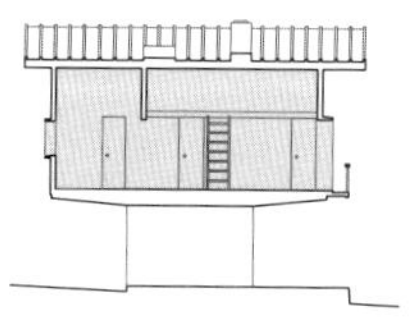

05 森の中の家

断面図　縮尺 S=1:400
網掛け部分は室内

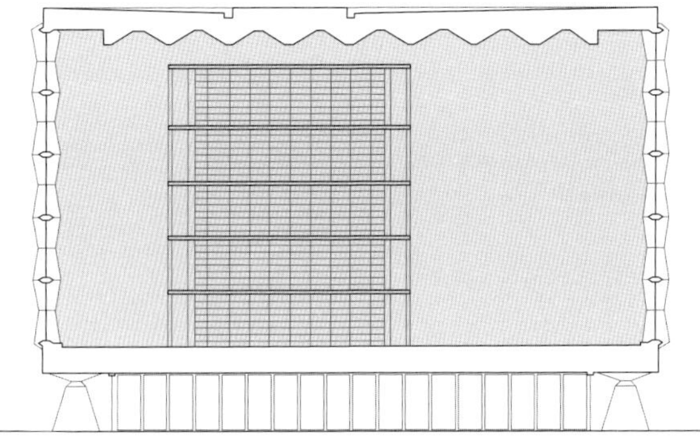

06 イエール大学図書館

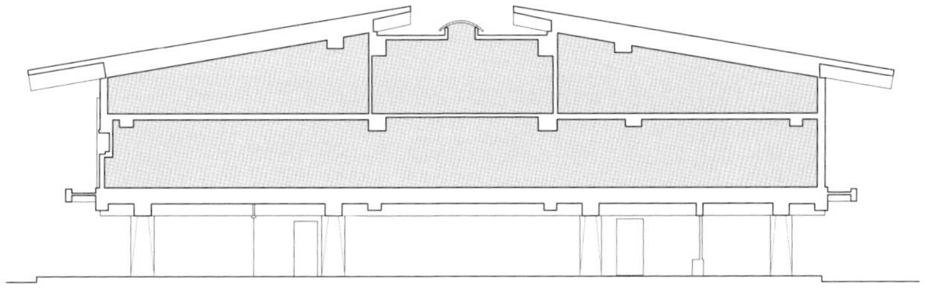

08 奈良国立博物館陳列館本館

10
5
2
0

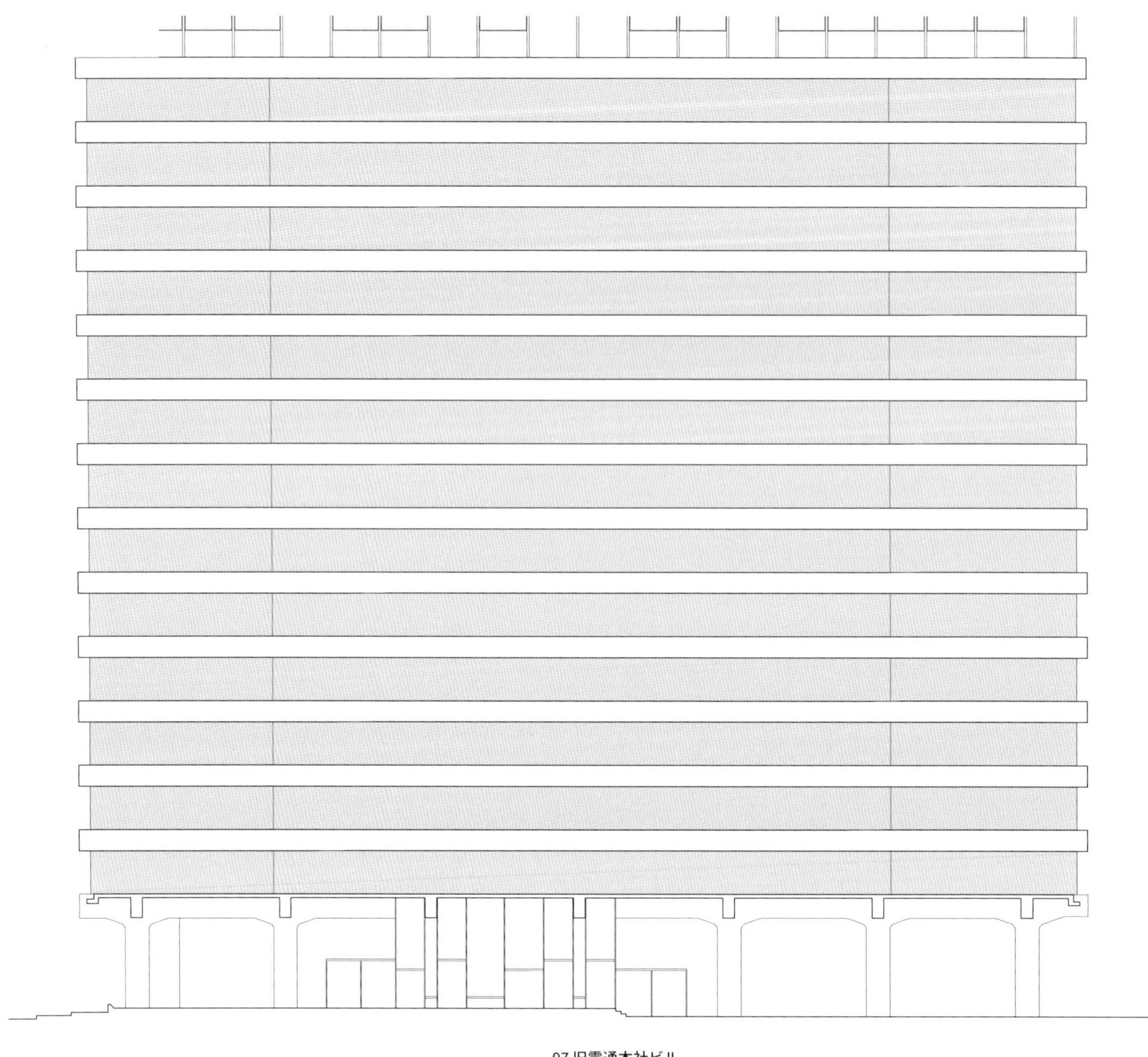

07 旧電通本社ビル

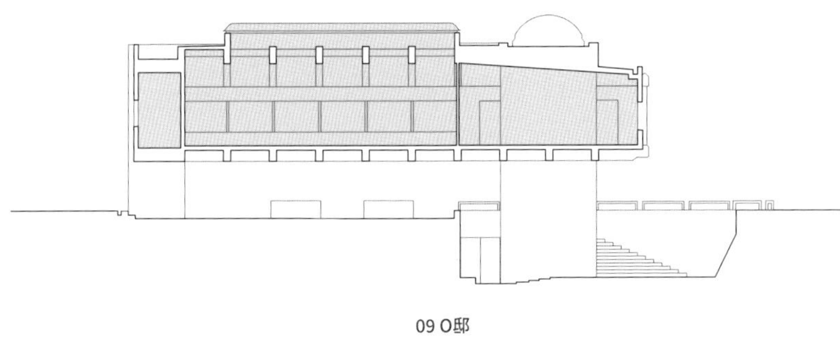

09 O邸

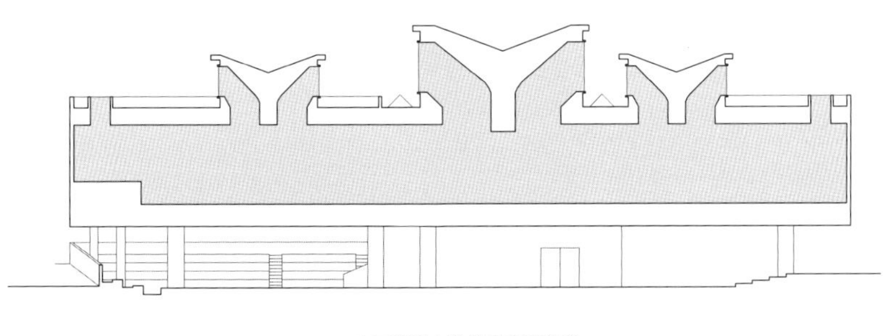

10 工学院大学八王子図書館

10

5

2

0

迎え入れる門

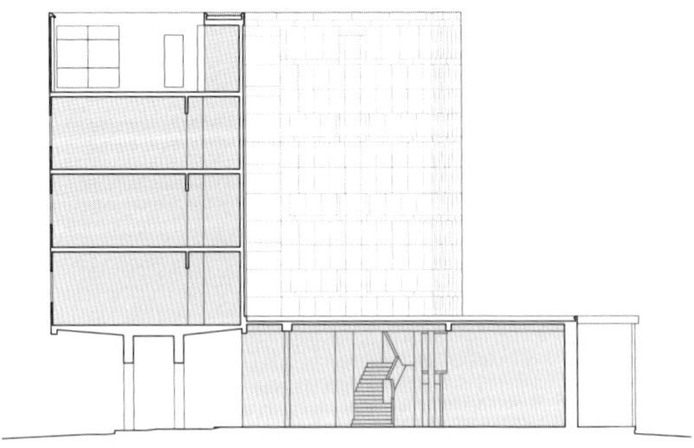

11 スイス学生会館

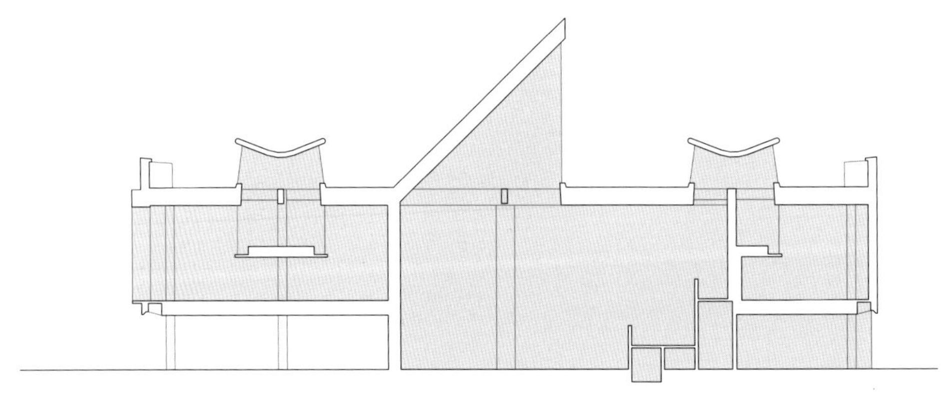

13 国立西洋美術館

平面図　縮尺 S=1:400
網掛け部分は室内

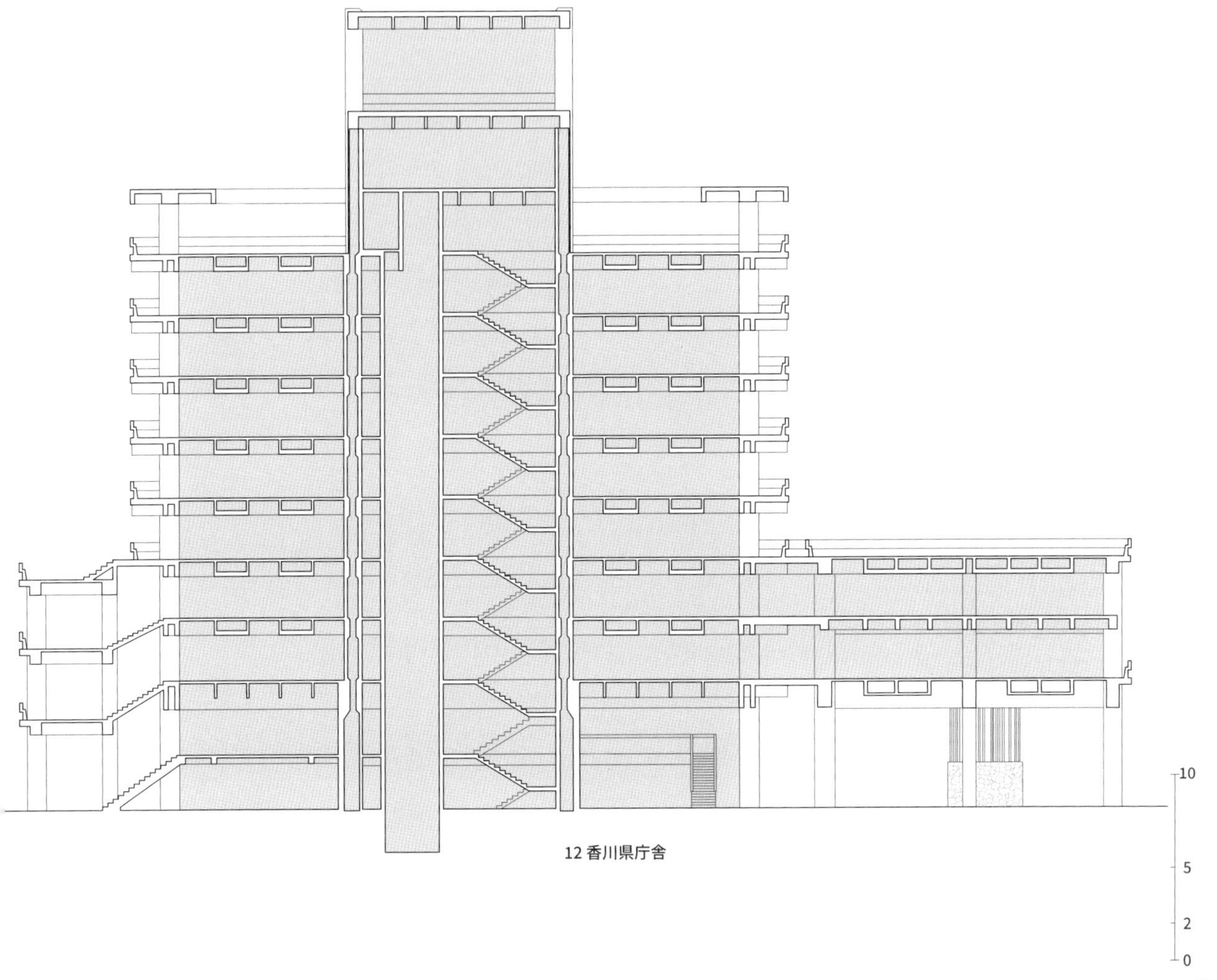

12 香川県庁舎

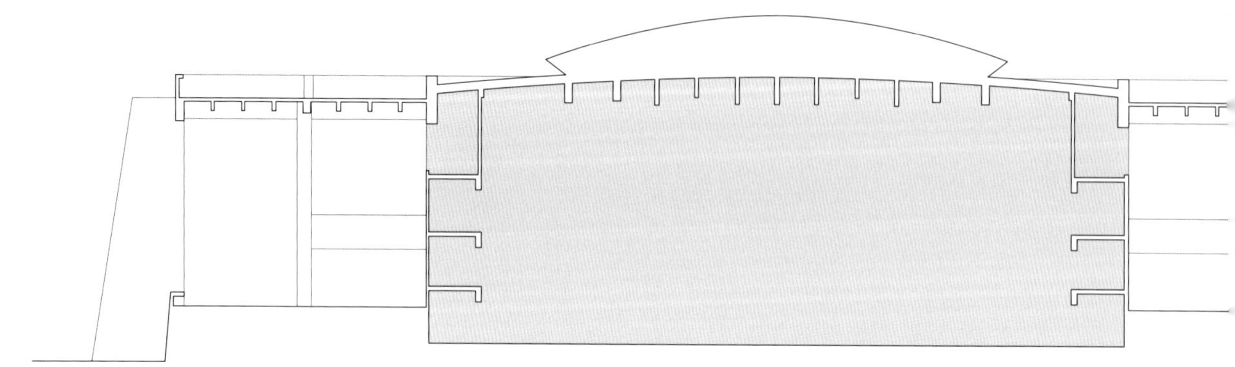
14 名古屋大学豊田講堂

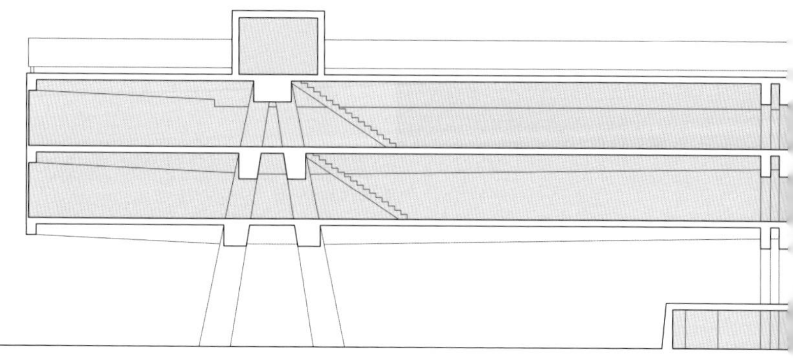
16 江津市市役所

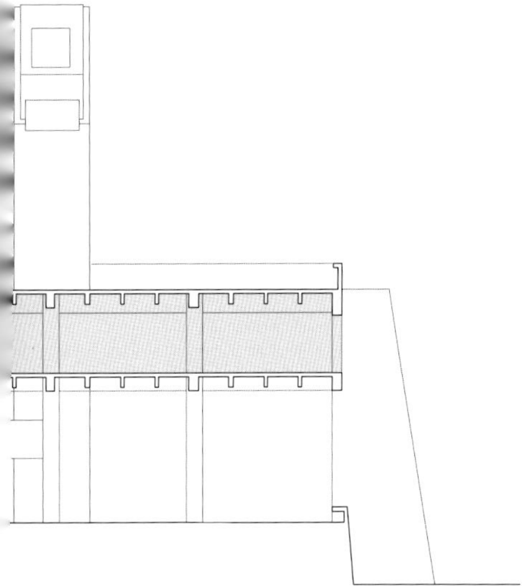

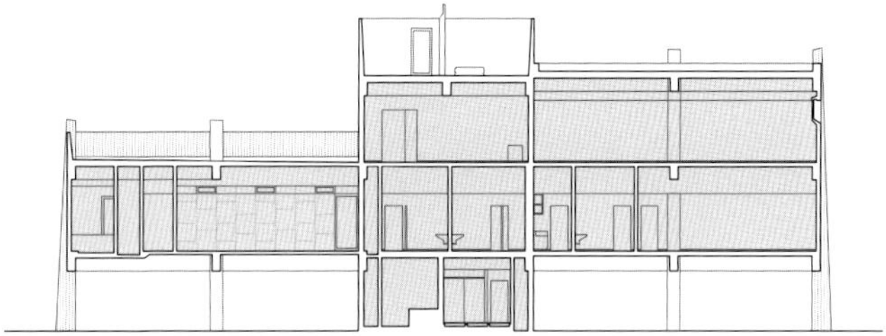

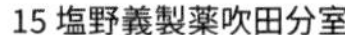

15 塩野義製薬吹田分室

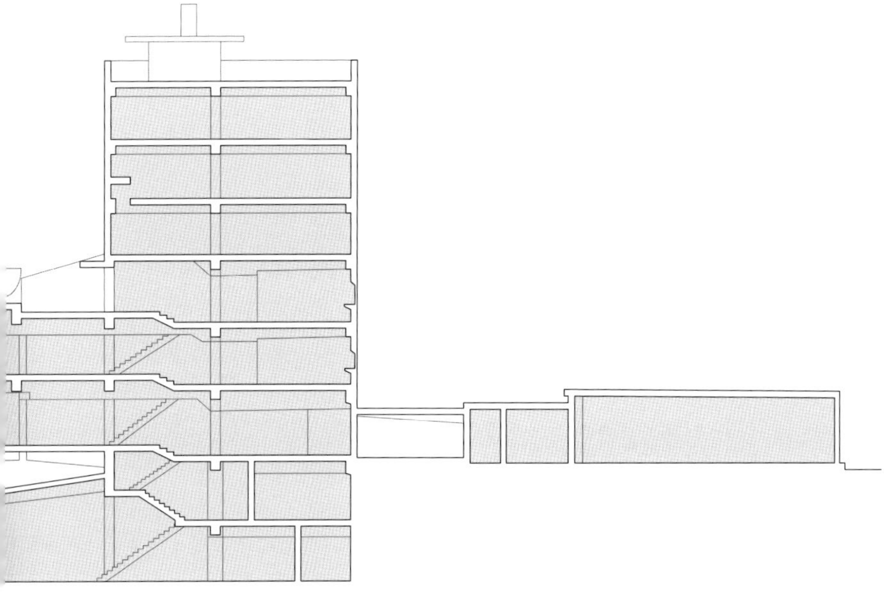

10

5

2

0

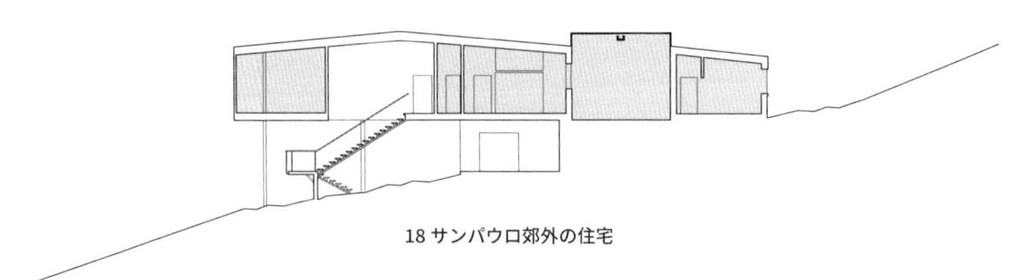

18 サンパウロ郊外の住宅

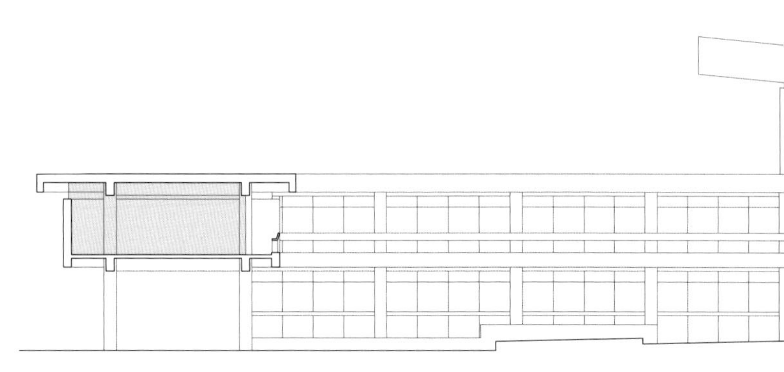

17 奈良県庁

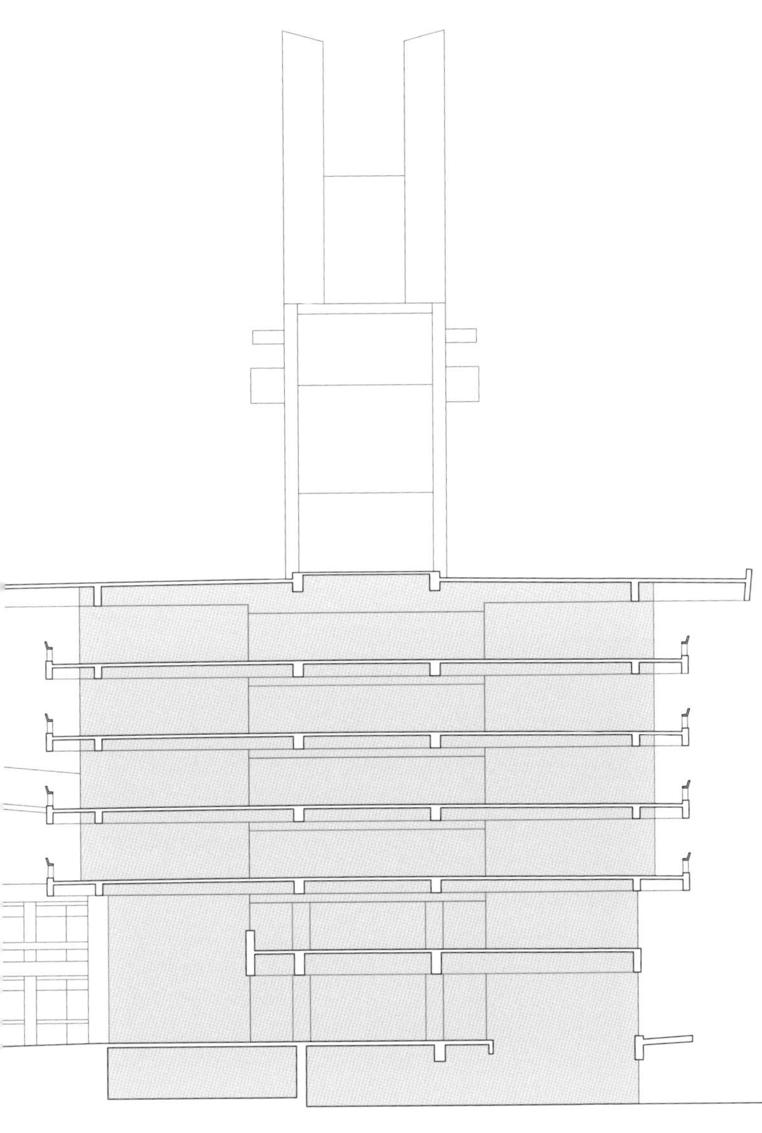
10
5
2
0

地形との対話

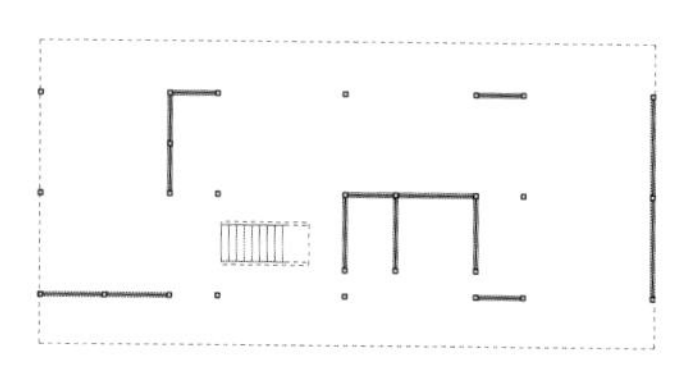

19 丹下健三自邸

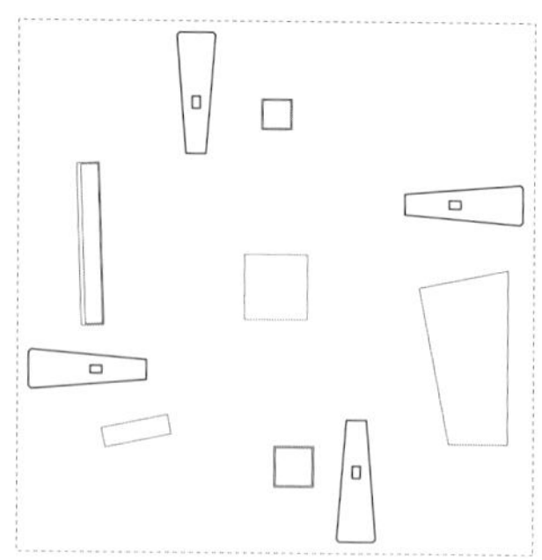

20 ヴェネツィア・ビエンナーレ日本館

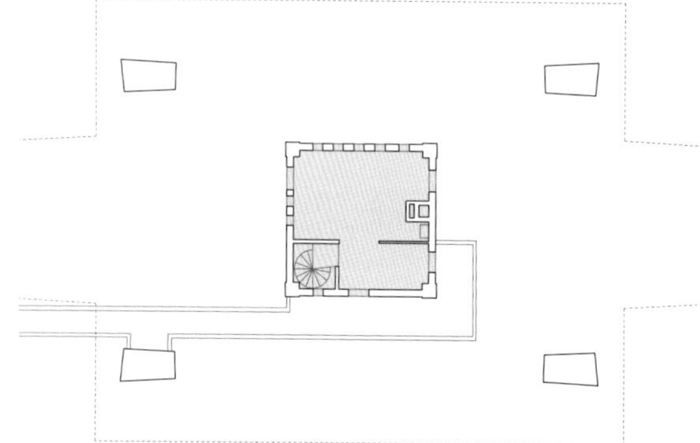

21 登別温泉科学館

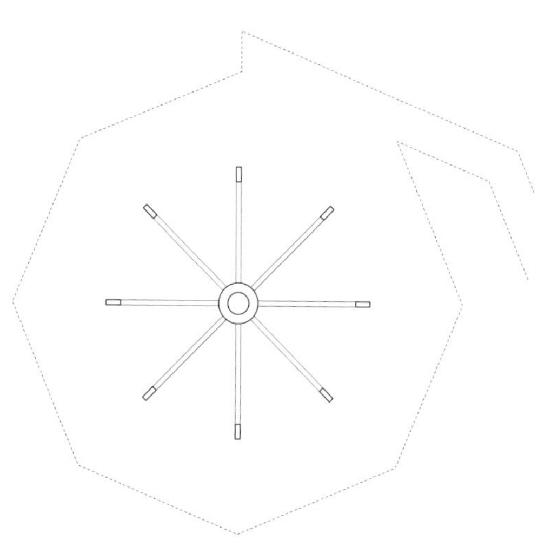

22 マリンハウス

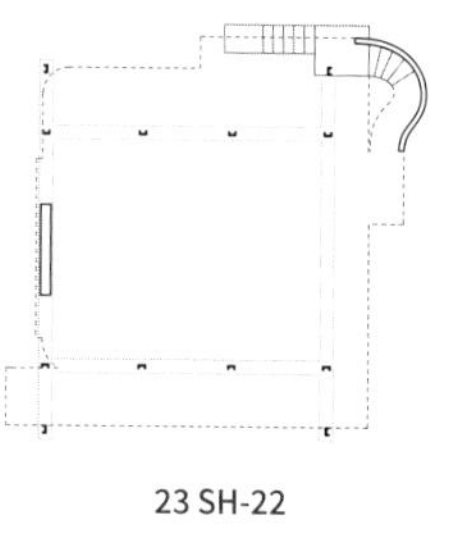

23 SH-22

断面図　縮尺 S=1:400
網掛け部分は室内

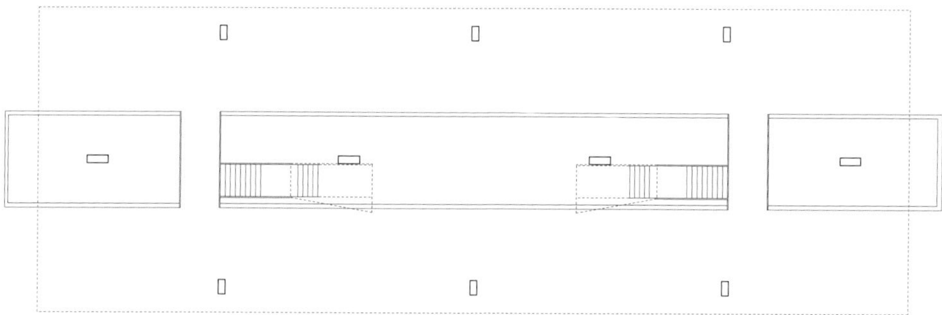

24 野球体育博物館

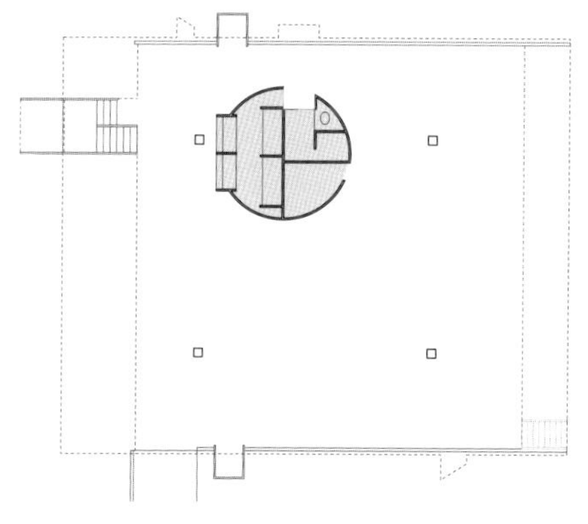

25 パウロ・メンデス・ロシャ自邸

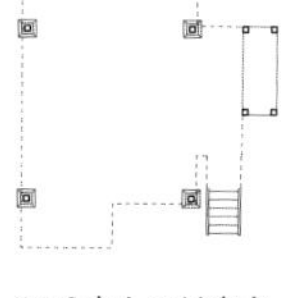

26 Sさんのはなれ

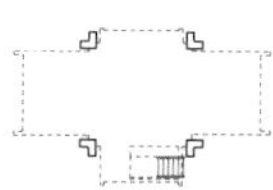

27 ヴィラ・クーペ

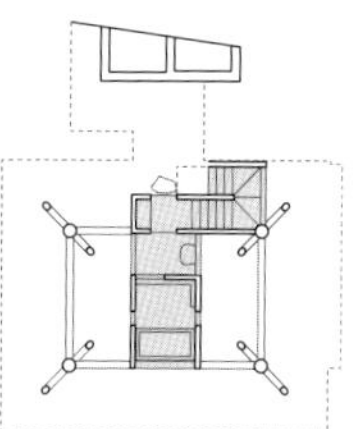

28 多賀の家

10
5
2
0

地面からの浮遊

29 ヴィラ・フィジーニ

31 スカイハウス

断面図　縮尺 S=1:400
網掛け部分は室内

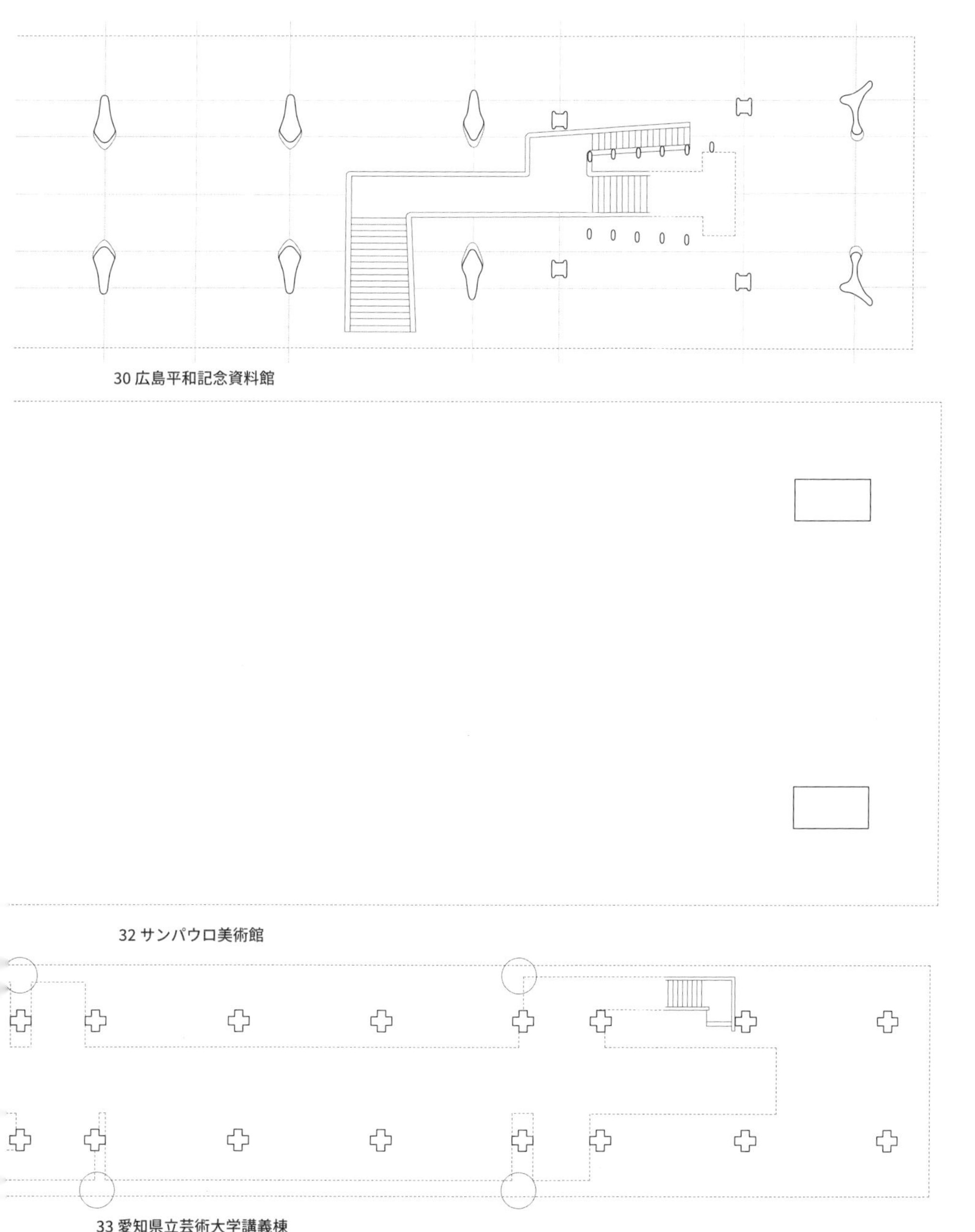

内外を隔てる間

平面図　縮尺 S=1:400
網掛け部分は室内

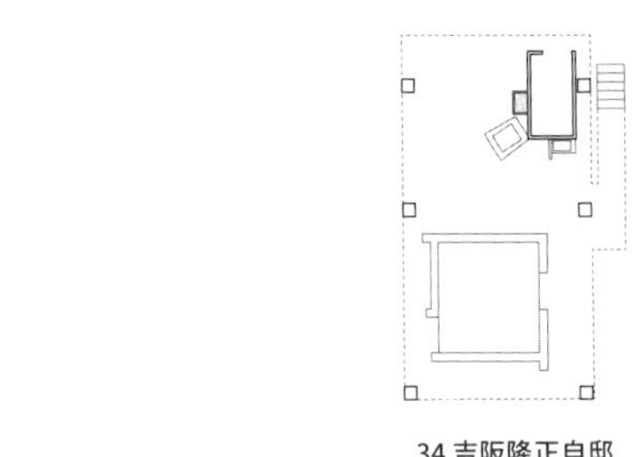
34 吉阪隆正自邸

38 ローマ英国大使館

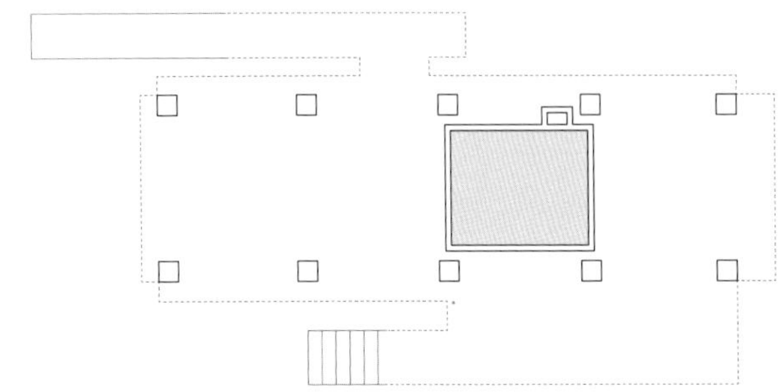
35 Kさんの家

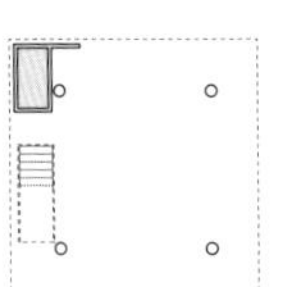
36 箱根・Os氏別邸

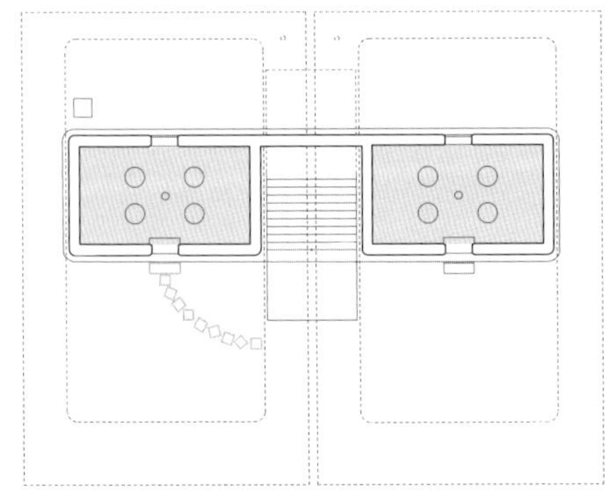
39 身延山久遠寺宝堂

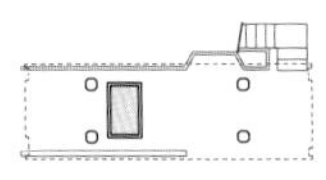
37 中野邸

断面図　縮尺 S=1:400
網掛け部分は室内

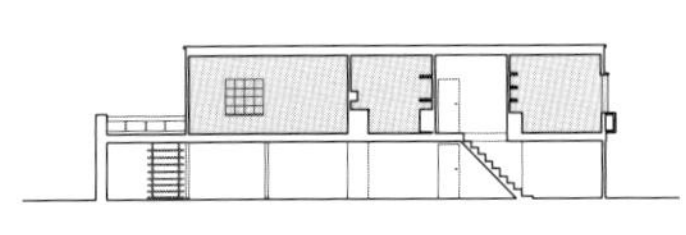

40 水馬さんの家

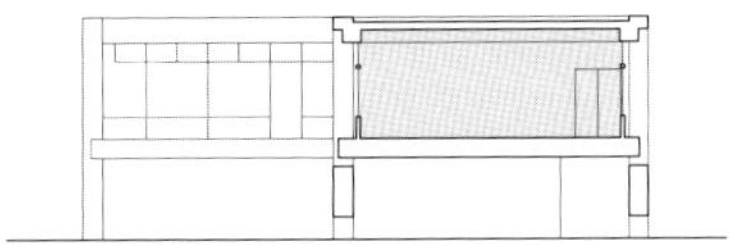

41 多雪地に建つ研究所

42 旧東京都庁舎

プライベートな裏庭

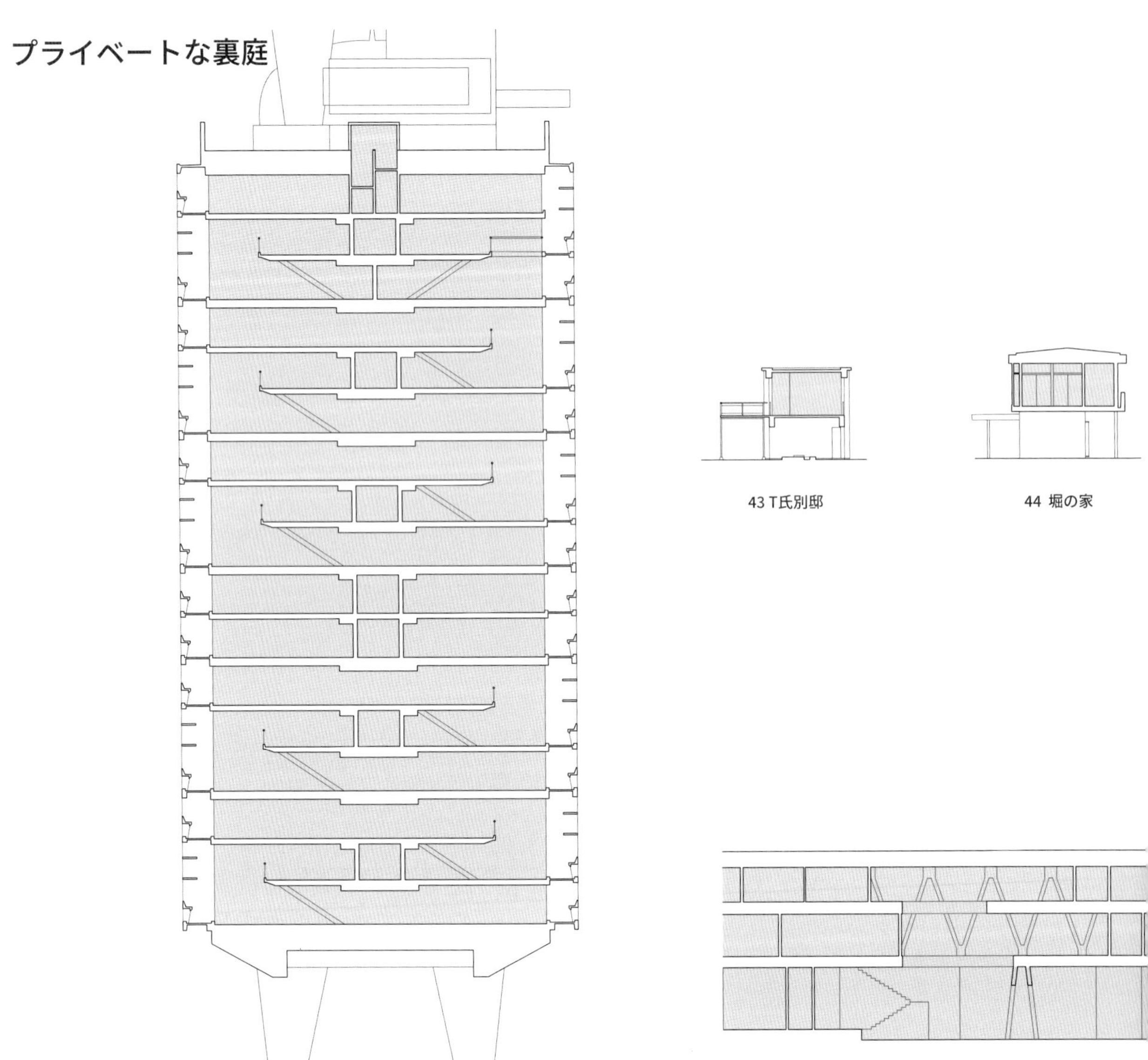

43 T氏別邸

44 堀の家

45 マルセイユのユニテ・ダビタシオン

断面図　縮尺 S=1:400
網掛け部分は室内

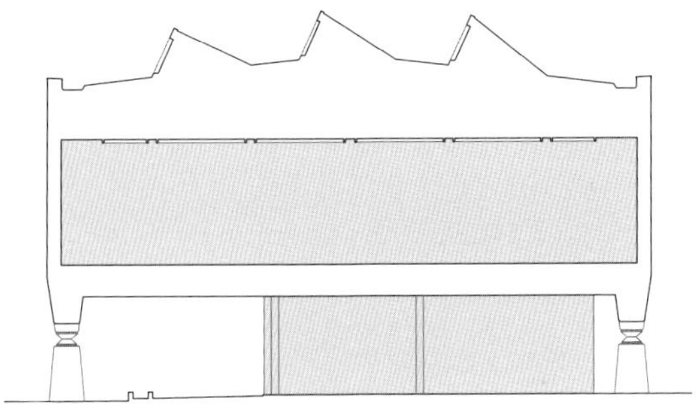

47 兵庫県立美術館

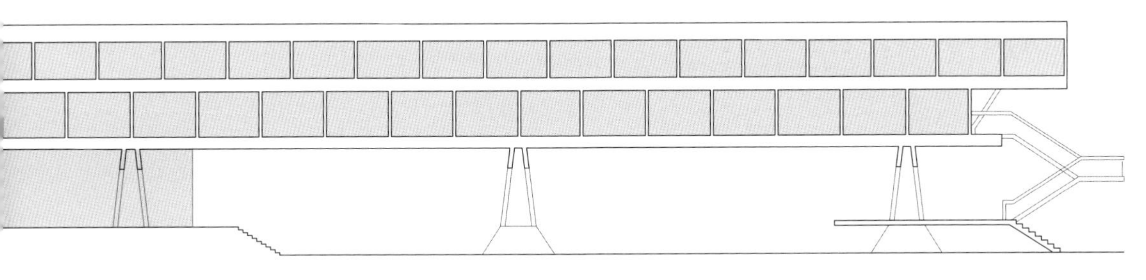

46 佐渡グランドホテル

分散型エントランス

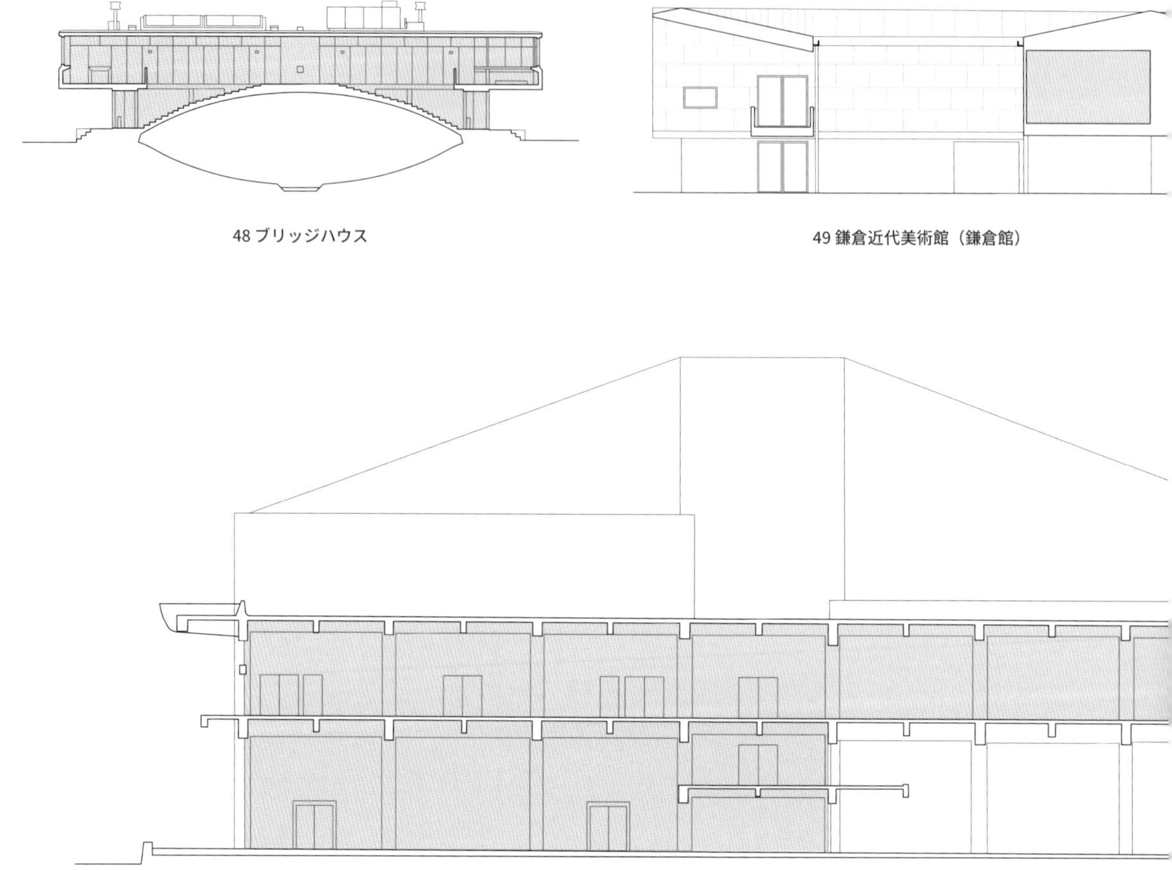

48 ブリッジハウス

49 鎌倉近代美術館（鎌倉館）

53 京都会

断面図　縮尺 S=1:400
網掛け部分は室内

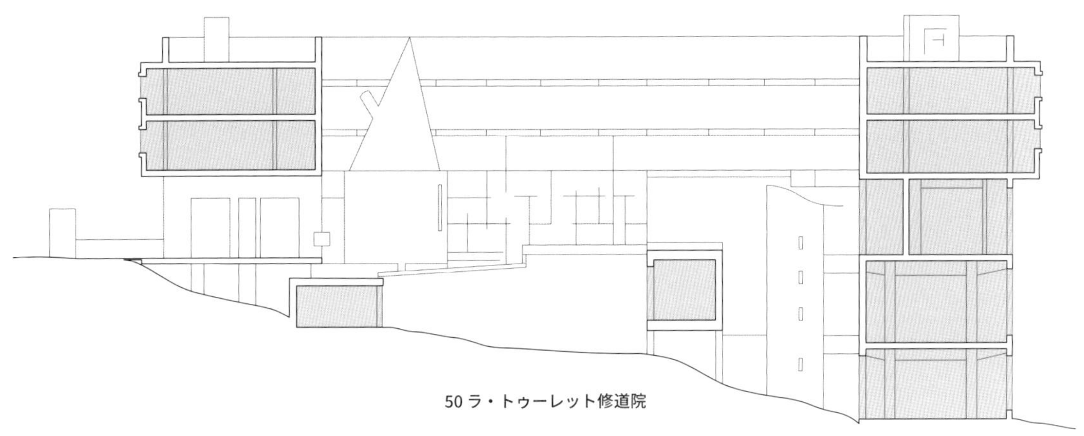

50 ラ・トゥーレット修道院

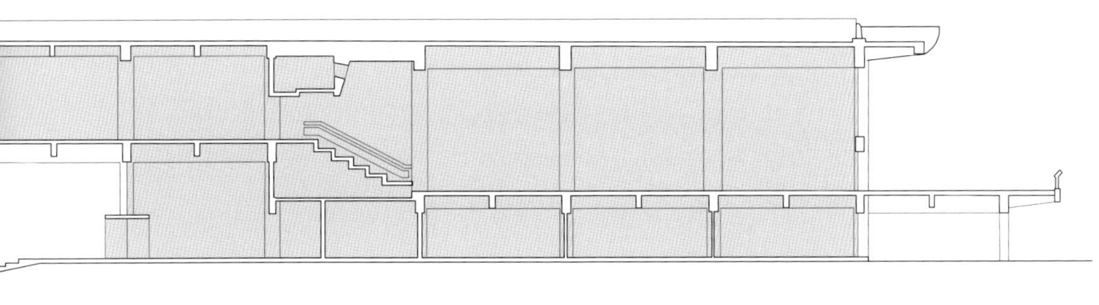

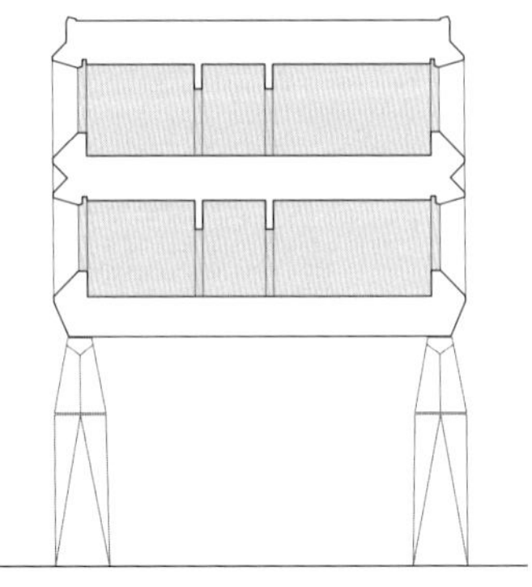

51 IBM研究所

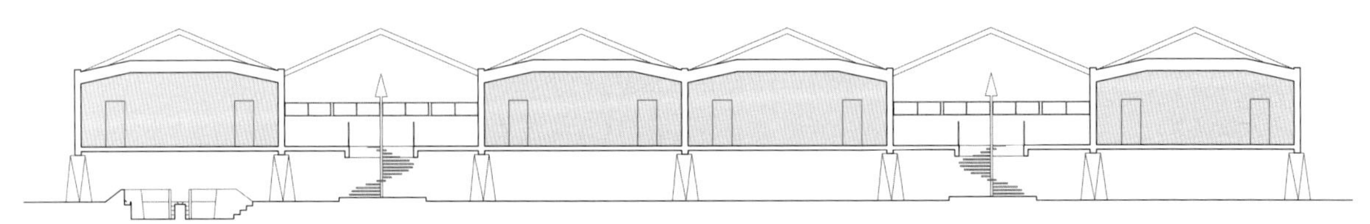

52 武蔵野美術大学鷹ノ台校舎・アトリエ棟

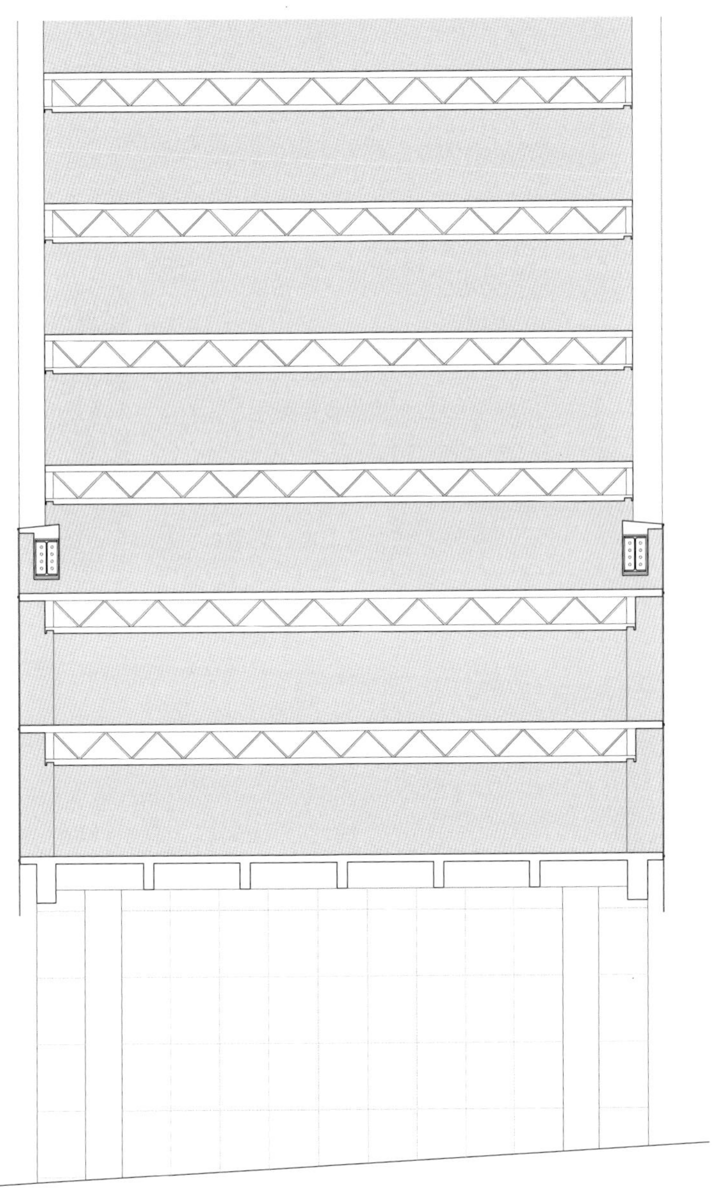

54 フェデラル・リザーブ銀行

あとがき

高校生の時にバイオリニストの諏訪内晶子氏と共演する機会があり、初めて本格的な音楽ホールを訪れた。坂倉準三設計の神奈川県立音楽堂である。ホワイエは観客席の段差のかたちをそのまま現した勾配天井で窓際は天井高さが高く開放的だったが、奥にゆくと天井が抑えられ、落ち着いた雰囲気だった。隣の図書館とも、上階の幅広いテラスで連続していたものの、通行は出来なかったと記憶している。建築に興味を持ち始めた私は、横浜の港が見える斜面地に、観客を自然と引き入れるような懐の深い開放的な佇まいに、建物自体の古さを超えて、感銘を受けたことを記憶している。

建築の道に進んだ私は、大学の設計課題で、再び劇場を考える機会に出会うのだが、エントランスのホワイエを広場と連続したピロティにした。あの高校生の時の体験が影響していたことは間違いない。講評結果は……「ピロティはお金がかかる割には環境が悪いので避けた方がよい」「ただの駐車場になってしまうから、空間としてもったいない」などと、否定的に捉えられて意気消沈した。時代はポストモダニズムの全盛期であった。

2020 年頃から急激に、ピロティのある住宅が増えている。道路境界や敷地境界を越えて、建築の１階部分を半外部空間として住人以外の他者に提供している。また、公共建築や駅前の商業施設など、不特定多数の利用者が集う場所においても、足元を通り抜けや広場としてピロティ状に街と連続させ、あるいは地下空間と一体化させて、大きな都市のボイドをつくったりしている。一時期は見られなくなったピロティが、再びモダニズム時代を彷彿とさせるかのように、その性格を変化させながら、多くの建築に取り入れられ、魅力的な場所を提供している。

本書は、日本初の本格的な「ピロティ」本である。ピロティの原点でもある近代建築に焦点を当てて構成しているが、そもそも「ピロティ」は主空間として扱われていないので、公開されている設計資料も少ない。よって、写真からの推測の域をでない状況で作成した図面であり、実際との相違があった場合はご容赦頂きたい。もし、詳細の図面をお持ちであればご連絡頂き、資料の正確性を上げることにご協力頂きたい。また、本の企画から構成・編集・作図を手伝ってくれた、研究室一期生の西健介君、藤田悠真さん、末次健太郎君、高垣崚君、有薗真一君、作図を担当した二期生の川崎蓮君、三澤知夏さん、イマハシ敬吾君、伊藤奈穂子さん、中井創太郎君、林竜吉君にこの場を借りて御礼を言いたい。特に本の製作の中心になって動いた西君は、現代建築のピロティを対象に、修士研究を引き継いでいる。今後、現代建築のピロティを対象にした「(仮) 続・ピロティ辞典」の発刊の予定があり得るのであれば、是非参考にさせて頂きたい。

最後に、この本は私の博士論文「境界空間としてのピロティに関する研究」を再編集して構成した。論文の執筆に多大なアドバイスを頂いた、関東学院大学の酒谷粋将氏には改めて御礼を申し上げたい。そして何より、昨今の厳しい出版情勢の中、私の初の著書の出版を快く引き受けてくださり、コロナ禍においても辛抱強くお付き合い頂いた、鹿島出版会の相川幸二氏にもこの場をお借りして御礼申し上げたい。

2022 年 10 月

著者略歴

武井誠（たけい・まこと）
1974 年　東京都生まれ
1997 年〜 1999 年　東京工業大学塚本由晴研究室研究生＋アトリエ・ワン
1999 年〜 2004 年　手塚建築研究所
2004 年　TNA を鍋島千恵と設立
東京大学大学院工学系研究科建築学専攻博士課程修了、博士 (工学)
現在、京都工芸繊維大学デザイン・建築学域特任教授

賞歴
2007 年　東京建築士会住宅建築賞受賞：「輪の家」
2008 年　Wallpaper Design Awards 2008 最優秀賞：「輪の家」
2009 年　第 25 回吉岡賞：「カタガラスの家」
2010 年　第 21 回 JIA 新人賞：「カタガラスの家」
2014 年　Brunel Awards 2014：「上州富岡駅」
　　　　第 6 回 JIA 中国建築大賞特別賞：「カモ井加工紙第三撹拌工場史料館」
2015 年　日本建築学会賞（作品）：「上州富岡駅」
　　　　Brunel Awards 2014：「上州富岡駅」
　　　　東京建築士会住宅建築賞受賞：「構の郭」
2016 年　Record HOUSES　2016 受賞：「旋の家」

ピロティ辞典(じてん)
2022 年 12 月 15 日　第 1 刷発行

著　者　　武井　誠(たけい まこと)
発行者　　新妻 充
発行所　　鹿島出版会
〒 104-0028　東京都中央区八重洲 2-5-14
電話：03-6202-5200　振替：00160-2-180883
作図・レイアウト　京都工芸繊維大学　武井誠研究室
カバー・デザイン　工藤強勝＋大竹優風
印刷・製本　三美印刷株式会社

ISBN 978-4-306-04697-9 C3052
©Makoto Takei, 2022, Printed in Japan

落丁・乱丁本はお取り替えいたします。
本書の無断複製（コピー）は著作権法上での例外を除き禁じられております。
また、代行業者等に依頼してスキャンやデジタル化することは、
たとえ個人や家庭内の利用を目的とする場合でも著作権法違反です。

本書の内容に関するご意見・ご感想は下記までお寄せください。
URL:https://www.kajima-publishing.co.jp/
e-mail:info@kajima-publishing.co.jp